教育部人文社会科学青年项目（09YJC820047）成果

江苏理工学院出版基金资助

纳税人基本权研究

NASHUIREN JIBENQUAN YANJIU

高军 著

中国社会科学出版社

图书在版编目(CIP)数据

纳税人基本权研究/高军著 . —北京：中国社会科学出版社，
2011.7（2017.6 重印）

ISBN 978-7-5161-0076-9

Ⅰ.①纳…　Ⅱ.①高…　Ⅲ.①纳税人—权益保护—研究—中国
Ⅳ.①D922.220.4

中国版本图书馆 CIP 数据核字(2011)第 177817 号

出 版 人	赵剑英	
责任编辑	王　茵	
责任校对	王有学	
责任印制	王　超	

出　　　版	中国社会科学出版社	
社　　　址	北京鼓楼西大街甲 158 号	
邮　　　编	100720	
网　　　址	http://www.csspw.cn	
发 行 部	010—84083685	
门 市 部	010—84029450	
经　　　销	新华书店及其他书店	

印　　　刷	北京君升印刷有限公司	
装　　　订	廊坊市广阳区广增装订厂	
版　　　次	2011 年 7 月第 1 版	
印　　　次	2017 年 6 月第 3 次印刷	

开　　　本	880×1230　1/32	
印　　　张	11.125	
插　　　页	2	
字　　　数	265 千字	
定　　　价	32.00 元	

凡购买中国社会科学出版社图书,如有质量问题请与本社营销中心联系调换
电话:010—84083683

序:纳税人基本权与税文化

　　较大规模的人类社会中都有税，不管其名目如何。但是"纳税人"及"纳税人权利"观念却是西方特产。理解这一问题首先得从"税"的词源说起。

　　现代汉语中的"税"是国人从西文 Tax 迻译而来，但是其实"税"与 Tax 可谓"形同而实异"。相同的是，两者都是人民向国家的一种货币或实物交付，此是一种基于权力的交付，而不是基于交换的交付，带有强制性。但是，两者所承载的文化却是完全不同的。

　　据中国最早的字典东汉许慎的《说文解字》，"税，租也"。"租"的本质是财产供他人使用所得之孳息，最典型的租是田租。税、租文意相通表明中国的"税"是以财产所有人"财产收益"的面貌出现的。或者说，在中国的税文化里，"税"被看做财产所有人从供他人使用的财物上所获得的一种"孳息"，它类似于"租金"或者"利息"。这可以从两方面证明。第一，在中国古代，交给国家的土地税又称"公租"，交给田主的租金叫"私租"，它们都叫"租"，本质相同，只是交给不同的主而已。第二，中国古代放贷所收取的利息也叫税："今富商大贾，多放钱货，中家子弟，为之保役。趋走与臣仆等勤，收税与封君比入。"
这里的"收税"指放贷之利息。① 税租相通的典型是唐代的租庸
调税制。在唐代的均田制下，丁男由政府授田百亩，其中八十亩
口分田，二十亩永业田。相应的是，每丁每年向政府缴纳粟二石
或稻三斛，叫"租"，由口分田支付；缴纳贡品（绫、绢、绝、
麻、布等），谓之"调"，由永业田支付。在均田制下，政府规定
口分田种粟、稻，永业田种桑、麻，正好是"租"和"调"所要
求之物。在此制下，国家作为土地所有人收取实物地租的形象清
清楚楚。我姑且称这种税文化为"收益型税文化"。这是一种从
国家角度来观察税的税文化。

"收益型税文化"建立的基础有两个：经济上的国家所有制
和政治上的"家产制国家"（韦伯用语）。在东方家国一体的"家
产制国家"中，这两个东西其实是二而一的。什么是国家？近中
国古代通行的理解，国家有三要素：土地、人民、社稷，而这三
者都是国王的私产。所谓"普天之下，莫非王土；率土之滨，莫
非王臣"，此之谓也。不要以为这是皇帝的"意淫"，它在中国是
实实在在地存在着的。中国周代实行的分封，它的重要功能其实
是分配"土地使用权"，土地的最终所有人是周天子。孟子笔下
的"井田制"虽然有点过于理想化，但是绝非空穴来风。唐代实
行"均田制"，国家定期对土地进行分配，人死了土地（口分田）
要上缴国家，不准买卖。随着土地使用权的转让，"附着于"土
地上的对人民的统治权也随之转让。在进入民国之前，中国人的
财产权只有对抗平权主体的意义，不具备对抗国家的意义——起
码在终极意义上如此。因为国家享有财产（主要是土地），因此，
生活在这块土地上的人当然要向国王交"土地使用租金"——

---

① 《后汉书·桓谭冯衍列传·桓谭》。

税。如果说得更直白一点，人本身是国家的财产，人民生产的成果本身就是人民主人的收益。这就如同母牛生产的小牛也是母牛主人的财产是一个道理。知道了这一点，就可以理解中国古代为什么长期收"人头税"，因为"添丁"也被看做是臣民作为财产的"自然孳息"。这就是家天下的逻辑。这一点还可以从税的用途来证明。《汉书·刑法志》云："有税有赋，税以足食，赋以足兵。"这里的"足食"是谁"足食"？当然是收税的人，而不是纳税的人。这告诉我们，税和赋是两种不同的收益，"税"用来供土地所有者食用，而赋则用来养兵，它不是用于公益。用现代人的观念来看，"税"、"赋"、"徭役"只是税的不同名称而已。

在这个税文化里，税是国家作为财产主体处分财产的方式，课税的正当性依托于国家的统治权，而这个统治权是"天"给的，与人民无干。臣民的纳税义务基于臣民身份，而不是臣民的同意。你生活在这个国家，就有义务向国家缴纳税收，这是一种绝对的义务，没有讨价还价的余地。这也可以理解为什么中国古代可以"正当地"禁止老百姓出境，因为人本身是皇帝的财产，出境对于国家来说意味着"财产流失"。在这个税文化里，人民只是"为国家生产税"的工具。这样，"纳税人"的概念，更不用说"纳税人权利"这样的概念，在中国税文化里闻所未闻。它的结果之一便是，在纳税问题上，无法形成国王与臣民法律意义上的关系，只有绝对的统治与服从。

这个税文化当然有它的长处：简便易行。收什么税、收多少税是皇家的事，不需要繁琐的讨论与决定程序。但是，它是有政治代价的。由于只有国家单方面的课征，不存在纳税者的讨价还价，一个不可避免的结果就是税收与生产消费的失衡，重税难免。通常的结果是随着王朝的老化，食税者人口日增，税赋日重，民生日艰，周期性王朝更迭将不可避免。所以，中国古代明君贤相的一个重要"信条"常常是"轻徭薄赋",与民休养生息。不过,实行轻徭薄赋并不是法律,也不是人民的权利,是帝王对人民的"仁政",是一种恩惠,是否实行全仗帝王自律。如果人民要求低税,那简直就是造反了。知道了这一点,我们就可以理解为什么孔老夫子变着法儿告诫统治者"苛政猛于虎也"!其实苛政何止吃人,它最终也吃统治者:老虎吃得人绝了种,它自己迟早也会玩完儿。

西方的 Tax 则不同。牛津《现代高级英语辞典》对税的释义是"公民缴给政府用于公共目的的资金"。《布莱克法律词典》的"税"条说:"政府对个人、公司或信托所得以及房地产或赠与物价值征收的费用。征税的目的是获得财政收入以满足公共需求。"从中可以看出 Tax 的核心含义有两条:第一,税是施加于财产上的一种"负担";第二,税当用于"公共目的"。这个税文化与中国税文化差异的根本之处在于,它不认为税是财产的收益,而认为税是财产的"负担"。姑且称此种税文化为"负担型税文化"。

负担型税文化也有两个重要的经济、政治基础:经济上的财产私有制和政治上的公民国家。财产私有制大家都清楚,它是一种财产归公民(个人及个人的联合)所有的制度。虽然私有制不绝对排斥国家拥有财产,但是它主张区分政治与经济两个领域:市民社会与政治国家,前者管财富的生产与分配,后者管公共事务。正是这种社会分工为"负担型税文化"提供了可能。因为从逻辑上说,只有财产所有人才可能承担附加于财产上的义务,如果公民没有财产,就谈不上真正意义上的税——没有财产何来财产负担?而公民国家则为负担型税文化提供了政治上的可能。因为只有公民联合的国家,它为公民服务,公民才有义务为国家的活动支付费用,人民才可能成为国家的主人。人民主权的主要标志是人民拥有税收决定权,并以此作为控制国家机关的重要手段。可见此种税文化中,税的"话语权"在公民,而不在国家。

财产私有与公民国家是现代税制的两大基础这一理论,可以从中西税制的历史发展中得到解释。在西方,现代税制的完善,是与私有制的发展同步的。在中国,在计划经济时代,实行完全的公有制,与此相应的是,税收对于中国人来说几乎是陌生的。因为生产的财富都是国家的,国家需要多少就留多少。国家用多少,老百姓留多少,只是国家计划问题,不需要税收。改革开放以后,公民私人财产的合法性得到承认,国家所需除了国有资产的利润(包括卖地)外,就得靠税收。随着改革开放的深入,税收在国家公共开支中的地位日益重要。有报道说,2010年,我国税收首超8万亿,占财政收入的88%。

"收益型税文化"与"负担型税文化"折射出来的政治差别是,在"收益型税文化"中,收税人是主人,在"负担型税文化"中,纳税人是主人。正是这一根本性的差别决定了在"收益型税文化"中税收的擅断,而在"负担型税文化"中必须实行税的法定主义。在税收擅断主义下,收不收税,怎么收税,民众只是通过官文"透露"才知晓,无法通过程序参与,更谈不上决定税收。在税收法定主义下,收不收税,怎么收税,由人民通过法律决定,收税问题上出了纠纷,由法律解决。这构成人民对政府的有效牵制:如果统治者不按民主原则组建政府,人民可以不纳税,所谓"不出代议士不纳税",此之谓也。而它的潜台词就是,如果政府乱征税,它根本就玩不转。

正是在"负担型税文化"形成的过程中,西方逐渐形成了课税原则。例如,亚当·斯密的"平等"、"确定"、"便利"、"经济"四大赋税原则。这些税收原则中承载的就是纳税人权利。这些权利是为政的边界,也是人民控制政府的辔策。

近年来，纳税人权利研究开始进入国人的视野。1994 年至今，期刊网上文题中含有"纳税人权利"字样的文章共 140 篇，而含有"纳税人基本权"字样的文章仅见一篇。[①] 可见相关研究仍处于起步阶段。放在我们前面的这本《纳税人基本权研究》就是这个研究的一个可贵的尝试。

作者在对纳税人基本权进行立法史和学术史梳理的基础上，将纳税人基本权界定为是一种与纳税人非基本性权利相对应的基础性权利。纳税人非基本性权利主要表现为税收征管法或行政程序法中具体规定的税收征收过程中纳税人所享有的权利。而纳税人基本权则是体现在宪法或税收基本法中的纳税人权利，在纳税人权利体系中处于核心地位。在界定纳税人基本权后，作者进一步对纳税人基本权加以分类，并将纳税人基本权的研究范围限定在严格意义上的、实体性的纳税人基本权上。作者特别强调此种意义上的纳税人基本权是宪法性的权利，它是一种综合性的权利，内容上具有自由权和社会权的双重属性。就自由权层面而言，强调国家对公民财产的剥夺必须遵循依法行政原则、比例原则、平等原则，由此衍生出公民的依法纳税权、不受过分征收权、不受过度执行权、公平纳税权等权利。从社会权的层面来看，一方面，强调税法整体秩序所彰显的价值体系必须与宪法的价值体系相一致，在税法上不得有侵犯人性尊严，危害纳税人生存权的情形；另一方面，强调税款必须真正地"用之于民"以实现征税的目的，纳税人享有社会保障权。

由于纳税人基本权兼具自由权与社会权双重属性，难免存在内在的紧张，即私有财产权与社会保障权的紧张，法治国与社会

---

① 中国期刊全文数据库 http：//202.195.136.22/kns50/Navigator.aspx？ID＝1。2011 年 1 月 26 日访问。

国的紧张。作者在对历史上两种不同的解决紧张关系的模式进行了评价以后，提出"租税国"体制的理念，即国家不自行从事营利活动，国家机关所需的经费，主要依赖人民依据量能原则平等牺牲的税收来充实。租税国使国民与国家之间产生距离，为法治国家创造条件。

纳税人基本权观念的确立，为实现对政府征税、用税行为的"法的统治"提供了逻辑支点，相信对它的研究将促进税收体制和我国财政预算收支体制的法治化，同时也将更好推进政府行为的理性化与法治化，从根本上保障民权并促进社会的长治久安。

是为序

周永坤

2011 年元月 28 日

目　　录

导　论

第一节　研究背景

从人类发展史来看，税收是一个与国家之间有着本质联系的范畴，它与国家同时诞生，是国家赖以正常运转的基础，"赋税是官僚、军队、教士和宫廷的生活来源，一句话，它是行政权力整个机构的生活来源。强有力的政府和繁重的赋税是同一个概念"[①]，现代文明政体就是以厘清征税权的界限为其起点的。在现代社会，国家由于任务的多元化，既为法律秩序的维护者，同时也是社会秩序的促成者，以形成保护、教养、预防、重分配等功能，而财政需求大量膨胀，现代国家必须仰赖人民的"金钱"给付，故"财政国"是以"金钱"作为国家核心要素的同义词。而人民相对于国家的公法上金钱负担，税收是最主要且普遍性的财政工具。致使国家活动对人民生活影响之深、持续之久莫过于课税。[②] 因

---

① 马克思：《路易·波拿巴的雾月十八日》，《马克思恩格斯全集》第 8 卷，人民出版社 1961 年版，第 221 页。

② 黄俊杰：《纳税者权利保护法草案之立法评估》，《月旦法学杂志》2006 年第 7 期。

此，人民与国家的基本关系即体现为税收关系。

"税收是文明的对价"，如果没有税收支持的有组织国家力量的保护，生活和自由将无法得到保障。[①] 但是，从本质上来看，税收法律具有侵权法的特征，纳税是对公民宪法基本权的限制[②]，美国最高法院大法官约翰·马歇尔指出，"征税的权力是事关毁灭的权力"，征税所造成的财产减少在规模和数量上都是任何私人犯罪（如盗窃、抢劫）所无法比拟的。"租税之征收，其本身即隐含扼杀个人自由之危险"，"宪法所保障之一切经济自由，如将租税效果纳入计算后，则均不免逊色，盖公权力借由课税行为而无孔不入，成为法治国家不设防之侧翼"[③]。特别是租税的征收和使用都表现为一种行政权力，财税机关为了达到课税目的，在进行税法解释、颁布政策和采取行政措施时，难免比较偏重财政收入的目的及征收效率的提高，而忽略了纳税人在宪法上的各项权利。无论是征税权还是用税权都摆脱不了权力会被滥用的危险，并且相对于国家的这种权力，纳税人往往处于弱势的地位。"正是在税收这个领域，政府政策专断的趋势，要比在其他领域更为凸显。"[④] 因此，现代国家必须确实加以警觉，"如不实时加以防阻，则宪法所保障之自由与权利，亦将失其意义"[⑤]。故宪政秩序对国家课税及用税权力进行规制，乃是法治国家不可

---

① ［美］菲利浦·T.霍夫曼、凯瑟琳·诺伯格编：《财政危机、自由和代议制政府（1450—1789）》，储建国译，格致出版社、上海人民出版社2008年版，第1页。

② 黄俊杰：《宪法税概念与税条款》，传文文化事业有限公司1997年版，第11页；黄俊杰：《税捐基本权》，元照出版公司2006年版，第23—43页。

③ 葛克昌：《租税规避与法学方法——税法、民法与宪法》，载葛克昌《税法基本问题（财政宪法篇）》，北京大学出版社2004年版，第5页。

④ ［英］哈耶克：《自由秩序原理》，邓正来译，三联书店1997年版，第72页。

⑤ 葛克昌：《租税规避与法学方法——税法、民法与宪法》，载葛克昌《税法基本问题（财政宪法篇）》，北京大学出版社2004年版，第5页。

回避的重要课题。

　　随着世界民主潮流的变迁以及对国家与社会之间关系的反省，许多国家的公民社会已认识到虽然纳税被认定为一种公民义务，但并不是无限义务，"纳税不只是义务——纳税者也有不容侵犯的权利！"[1] 20 世纪 80 年代，在全球范围内掀起了一场纳税人运动，许多国家在此期间公布了保障纳税者权利的宣言，揭示纳税者有权对国家税收的征收用途、使用进行了解，而国家征税不但需保障人民的生存尊严，也应保障人民的司法救济权等权利。例如，日本于 1982 年在民间社团组织"自由人权协会"中设置了"维护纳税者权利小委员会"，广泛开展收集判例、研拟立法等活动，在 1985 年发表了《纳税者权利宣言》。加拿大亦于 1985 年公布《纳税者权利宣言》（Declaration of Taxpayer Rights）。1986 年，美国公布《纳税者权利宪章》（Taxpayer's Charter），并在 1988 年制定了《总括的纳税人权利保障法》（Omnius Taxpayer Bill of Rights Act），上述立法对学理及实务界产生了深远影响。

　　当代，增强纳税人权利保障已成为世界税制改革主流，纳税人权利被视为人权保障水准的重要指标，特别为国际组织所重视。例如，国际范围的民间组织"租税正义联盟"（Tax Justice Net），在跨国串联散播纳税者的权利意识、检举逃漏税、务求税制发挥重分配的功能方面发挥了重要的作用。经济合作与发展组织（OECD）各成员国将纳税人保护原则列入会员宪章中，OECD 更在 1990 年公布了调查报告，敦促纳税人权利保护，并为成员国制定了《纳税人宣言》范本。2000 年 9 月 7 日，在德国慕尼黑召开的国际财政协会全球会议，特对纳税人权利的法律保护问题进行

---

　　① 　一些国家和地区的法律规定，非本国国民（本地区居民）的消费在离境时可以退税，即清晰地表明"无纳税人权利即无纳税义务"的思想。

了专题研讨。与会专家达成一致共识：为了保障人权，应制定各国纳税人权利保护的最低法律标准，并在适当的时机制定《纳税人权利国际公约》，以加强纳税人权利保护的全球合作与进步。

改革开放以来，我国放弃包揽一切的计划经济，转向市场经济，从"企业者国家"逐步转向"租税国"①，传统的执政具有"天然合法性"的意识正面临挑战，时移势易，相应的要求合法性论证方式必须予以转换。由于国家的财政收入主要依赖于纳税人所缴纳的税收，而税收则来源于纳税人的财产，纳税人之所以同意放弃自己的部分财产作为税收上交给国家，是因为纳税人与政府之间存在的隐含契约，这种税的内在逻辑受到关注实为市场经济发展的题中之义。但遗憾的是，长期以来我国公民只有纳税的义务，在税收问题上没有很好体现公民的存在和意义，无论是收税，还是怎样运用这些税金为社会提供公共服务，公民都几乎没有发言权，也难以进行有效的监督，更没有正常渠道进行申诉和抗辩。这一不合理的现象已经产生了一些严重后果，它成为当前各类社会矛盾产生与激化的深层次原因。②

当前，中国已从改革开放前"均贫"的国家转变为基尼系数超过国际警戒线、贫富悬殊的国家。计划经济向市场经济转轨过程中，旧的计划经济时代形成的福利体制已基本解体。在城市，"单位"的社会保障体制正在逐渐退出；在农村，人民公社式的社会保障体制已经解体，农民几乎完全被排除在社会保障体系之外，承担着巨大的风险。这一现象由于计划生育政策的长期消极

---

① 所谓"企业者国家"，是指国家控制生产资料，组织生产，国家的财政收入主要依赖企业上缴的利润的国家模式，这是我国计划经济时代所采取的模式。"租税国"则是指国家财政收入主要依赖税收的国家模式。

② 2009 年度全国"维稳"经费高达 5140 亿元，超过了当年的国防预算 4806.86 亿元人民币。参见《社会科学报》2010 年 5 月 27 日。

效应而显得更加严重，社会"未富先老"。一个处于快速工业化、城市化进程中的"迅速老化"的社会，无疑提出了更高的社会保障与社会福利需求。这一切均要求政府善用财政，改善民生。但是，当前中国政府在财政收支上尚未实现法治化：一方面，作为宪法性原则的"税收法定"原则未被严格遵守，纳税人尚未实现对征税权的控制，至于税外形形色色的各类巧立名目的收费则更为混乱，其规模几乎与税收相当，纳税人负担十分沉重。另一方面，由于公共财政体制尚未建立，政府财政支出乱象明显，"经济建设型政府"、"吃财政饭政府"挤兑了对民生福利的财政投入，特别是长期以来各级政府"三公"消费居高不下，官员贪污、腐败、浪费等现象严重。这表明，我国的税收制度及纳税人权利保障的规范输出严重不足，它与不断增长的社会需求明显不匹配。

随着市场经济发展和民主法治建设的进一步深入，中国纳税人已从幕后走向前台[1]，特别是私有财产权保护入宪，人们开始意识到既然私有财产权受宪法保护，那么对私有财产进行征收就必须要取得公民的理解和同意，"无声的中国纳税人"[2] 权利意识已开始苏醒。近年来，从企业所得税法出台到个人所得税起征点的提高、从取消利息税的讨论到是否开征遗产税、从燃油税的艰难推出到关于开征房产税和调整车船税的讨论、从修改预算法的呼吁到转移支付法的起草以及整个社会对公共财政改革目标达

---

① 计划经济时代，虽然名义上的税收收入微乎其微，但采取普遍的低工资制，国家通过直接收取工业利润以及通过"剪刀差"的形式汲取农业的收入，事实上也是一种隐形的"税收"。

② 著名财政学者李炜光教授指出，税收反映出作为征税方的国家（政府）和纳税方的纳税人合作和互动的关系，但在中国我们看到和听到的，更多的是来自其中一方——政府的信息和声音，而另一方则一直沉默不语，几乎是一片寂静，因此，他把中国的纳税人称为"无声的中国纳税人"。参见李炜光《无声的中国纳税人》，http：//nczhuw. blog. bokee. net/dailymodule/blog _ view. do? id＝51778。

成的共识等，可以发现越来越多地出现纳税人的声音。公众对财税立法的关注程度日益提高，税收中纳税人"同意"的因素为广大纳税人普遍关注，特别是公民要求政府对纳税人负责、要求政府公开预算及"三公消费"等呼声日益强烈。在浙江、广东、上海、湖南等地，出现了民众自觉参与、地方政府积极推进并且已经取得初步成效的"参与式预算"改革。可以说，"取之于民，用之于民"的宣示开始受到纳税人的认真对待。①而从 2001 年修订的《税收征收管理法》写入税收征管过程中大量纳税人程序性和实体性权利②，到 2009 年 12 月国家税务总局发布《关于纳税人权利与义务的公告》，首次对纳税人的权利和义务进行明确的告知③，都反映了我国政府已经开始正视并积

①　2007 年 5 月 30 日凌晨，财政部突然宣布将股票交易印花税从 1‰上调到 3‰，造成股市重创，从而引发社会热议，其中利益相关的行政部门是否有权不通过人大或人大常委会而单方面宣布提高税率引起关注。近年来，媒体曾公开报道了"中国纳税人诉讼第一案"——蒋石林诉财政局案以及上海律师严义明要求公布四万亿"救市"资金具体去向、沈阳律师温洪祥向沈阳市 60 个政府部门和各区县政府申请公开收支报告、河南南阳王清要求南阳市 171 个行政部门公开公款消费等信息、北京市民朱福祥向国家审计署申请公开北京市违规使用了多少土地出让金信息等多例纳税人公益维权案例，虽然法院不予受理或得到的答复大多是"无依据公开"、"事关国家机密不便公开"，但纳税人通过具体行动发出了声音。不过，与纳税人积极行动相比，政府官员尊重纳税人的意识仍有待提高。例如，蒋石林诉财政局案中，有当地财政局官员就认为蒋是多管闲事，甚至认为国家已取消了农业税，对蒋是否具备纳税人身份表示了质疑。2009 年"两会"上，面对公众和媒体要求官员公开财产的呼声，一位官员代表甚至发出"我凭什么要公开财产"、"老百姓为什么不先公开"的疑问。

②　但这些权利方面的规定没有系统性、规范性和可操作性，甚至"连税法专家、学者面对《税收征管法》时，找到涉及纳税人权利的条款都不尽一致"。孙红梅：《论纳税人权利》，北京大学 2001 年硕士论文，第 43 页。

③　但该公告仅仅是对《税收征收管理法》及其实施细则和相关税收法律、行政法规中规定的纳税人在征税过程中享有的程序性权利进行了明确列举，并未涉及更深层次的、真正体现"纳税人"这一名称的宪政内涵与意义的纳税人基本权。当然，由于纳税人基本权涉及国家整体的权力架构、政府与民众的政治关系和对宪政制度的理解，这是税务部门所不可能决定的。

极采取措施努力走向税收法治化，保障纳税人权利，不过，这一切还处于起始阶段，这告诉我们，在当代中国，纳税人权利保护是一个极具现实意义的话题。

第二节　研究综述

近年来，在我国台湾地区，税法学研究较为活跃，无论是研究专著还是学位论文、期刊论文等方面的研究成果都蔚然壮观。其中，相当一部分成果围绕纳税人权利而展开。这种状况，实与自 1987 年台湾解除"戒严"实行民主化转型，民众权利意识的伸张分不开。在台湾地区，历年"行政法院"所受理的案件中，有六成为税务诉讼案件，而在"大法官会议"所作的解释中，有关税收方面的解释也占据了相当的比例。

在我国内地，纳税人权利的研究近年也已开始受到学术界的关注，但与人权、消费者权利的研究相比，纳税人权利方面的研究总体上尚为薄弱。中国内地税法教材共同特点是：通常都是围绕现行税收法律、法规的规定而展开，理论含量严重不足，其中大部分对纳税人权利的内容竟付之阙如。[①] 在一些税法研究的专著里，通常安排有纳税人权利的章节，但由于并非著作研究的主旨，故无法充分展开，往往只是浅尝辄止。[②] 有关纳税人权利的

---

① 笔者参阅的十余部税法教材中，仅有两部涉及了纳税人权利的内容。徐孟洲《税法》列举了现行《税收征收管理法》中所规定的 17 种纳税人权利；张守文《税法原理》（第四版）也仅是简单地列举了纳税主体限额纳税权、税负从轻权、诚实推定权、获取信息权、接受服务权、秘密信息权、赔偿救济权等 7 项权利。徐孟洲：《税法》，中国人民大学出版社 2006 年版；张守文：《税法原理》，北京大学出版社 2007 年版。

② 例如，刘剑文、熊伟：《税法基础理论》，北京大学出版社 2004 年版；杨小强：《税法总论》，湖南人民出版社 2002 年版。

研究著作亦不多见，现有的为数不多的成果主要是对我国现行税法特别是《税收征收管理法》中所规定的纳税人权利进行了梳理，同样普遍存在着理论含量不足的缺陷。[①] 期刊论文和学位论文虽然数量庞大[②]，但笔者认为，这只是表面上的虚假的"学术繁荣"，遍览现有的研究成果，发现主要存在以下问题：

（1）相当多的研究成果只是泛泛列举纳税人权利的类型，而对每一种权利的具体内涵、其中的学理等缺少详尽的甚至必要的论述。

（2）在对纳税人权利的研究中，主要侧重于税收征纳过程中纳税人程序性权利研究，甚至将纳税人程序性权利等同于纳税人权利的全部。同时，对税收征纳过程中的程序性权利的研究主要围绕着《税收征收管理法》的相关规定而展开，"注释法学"的味道浓厚，大部分文章均比较浅显，所刊发的刊物总体上层次较低，研究成果低水平重复现象十分严重，学术价值不大。

（3）忽略税的征收与使用的统一。虽有部分研究成果提及纳税人"宪法性权利"、"基本权利"等涉及税款使用内容的概念，但表述过于笼统、抽象，缺少展开性的论述。

笔者认为，相较于纳税人征税过程中的程序性权利，纳税人基本权（宪法性权利）[③] 体现了纳税人与国家的深层次关系，

---

① 甘功仁：《纳税人权利专论》，中国广播电视出版社 2003 年版；辛国仁：《纳税人权利及其保护研究》，吉林大学出版社 2008 年版；杨文利主编：《纳税人权利》，中国税务出版社 1999 年版；莫纪宏主编：《纳税人的权利》，群众出版社 2006 年版；许善达等编著：《纳税人的权利与义务》，中国税务出版社 2002 年版；岳树民、张松编著：《纳税人的权利与义务》，中国人民大学出版社 2000 年版。

② 笔者在中国期刊网（CNKI）上以"纳税人权利"为篇名关键词，共搜索到 43 篇硕士学位论文和 3 篇博士学位论文，170 篇期刊论文。至于纳税人具体程序性权利方面的论文，在数量上更是不胜枚举。

③ 本书的纳税人基本权概念渊源于日本著名税法学家、"北野税法学"的创始人北野弘久教授。

研究纳税人基本权对转型时期的中国法治建设具有重要的意义。因此，本书将研究方向定位于纳税人基本权的内涵及其保护途径。

第三节　研究的目的与意义

（1）有利于建立以纳税人权利为本位的税制，实现良性的税收征纳关系。政治学常识告诉我们，在任何一个社会，"实质上正是信任感，才是社会和政治机构得以持续和持久地建设和运作的基础。只有在信任存在的地方，或信任能被建立起来的地方，制度和权威才有实施的基础"[1]。哈特用"最终承认规则"这一概念表述了同样的观点，指出最终承认规则涉及的是法的最终权威、法律规则的合法性以及法的效力问题。一国法律制度之所以具有法律效力是因为该法律制度得到了社会中的社会成员，包括政府官员、民众对该法律制度的承认和接受，把它当作法律来对待。[2]因此，"确保遵从规则的因素如信任、公正、可靠性和归属感，远较强制力更为重要。法律只在受到信任，并且因而并不要求强力制裁的时候，才是有效的；依法统治者无须处处都依赖警察"[3]。现代的税收体制如果要实现高效率的运行，很大程度上取决于纳税人的合作，"因为国民相信赋税是缴纳给自己的，因此愿意纳税"[4]。因此，税收作为"维系一个民族命运的大血

---

① ［美］安东尼·奥罗姆：《政治社会学导论》（第 4 版），张华青等译，上海世纪出版集团 2006 年版，第 3 页。

② ［英］哈特：《法律的概念》，许家馨、李冠宜译，法律出版社 2006 年版，第 89 页。

③ ［美］伯尔曼：《法律与宗教》，梁治平译，三联书店 1991 年版，第 47 页。

④ ［法］孟德斯鸠：《论法的精神》（上册），张雁深译，商务印书馆 1997 年版，第 221 页。

脉",没有纳税人真切的认同和参与,是难以畅行的。① 学者研究亦表明,实行代议制的政体比实行专制王权的政体更有利于汲取财政收入。② 优良的税制设计对任何一个国家均意义重大,"不妨碍公民的勤勉也非不必要地干涉其自由的征税方法,不仅有助于保存国家财富,而且有助于增加国家财富,并鼓励个人能力更积极地发挥出来。反过来说,一切有碍于增进人民财富和道德的财政和税收上的错误,如果达到足够严重的程度,肯定也可能使人民贫困化和道德败坏"③。李炜光教授亦指出:一个纳税人权利缺乏的社会,一定是纳税人偷逃税现象极为严重的社会,而且偷税之风不可抑制。因此,只有建立以纳税人权利为本位、尊重纳税人基本权的税收制度,才能取得纳税人的信任与支持,改变税收征稽机关与纳税义务人之间"猫与老鼠"式的关系,进而建立起良好的税收征纳关系。

(2) 有利于维护社会的稳定。一国政治的全部经济内容就是财政,而税收则是国家财政的核心内容,有一种说法甚至认为"所谓政治,就是如何征税和用税的问题",因此税收不是"纯粹的"经济问题,它反映的是政治、法律和权力。税负不公容易成为革命的火种,中外历史上的抗税革命、农民起义、独立战争等实际上都是一种"纳税人运动"。英国"争取自由的斗争从一开

---

① 刘剑文:《税法专题研究》,北京大学出版社 2002 年版,第 172 页。

② 实证研究以 15 世纪至 18 世纪的欧洲为例,在赋税方面,实行代议制的荷兰和英国比实行专制政体的西班牙和法国要重得多。参见王绍光《美国进步时代的启示》,中国财政经济出版社 2002 年版,第 8 页。在 18 世纪,英国光荣革命后的平均税率远远高于当时专制主义的法国,人民却似乎乐于缴税。法国的国王收更低的税,反而收得加倍艰难,人民也更加怨声载道,最终甚至导致了摧毁性的大革命。这就是一个新兴宪政国家的赋税和专制国家的赋税之间的天壤之别。参见杨小凯《土地私有制与宪政共和的关系》,http://blog.blogchina.com。

③ [英] J. S. 密尔:《代议制政府》,汪瑄译,商务印书馆 1984 年版,第 22页。

始正是主要围绕税收这个问题而展开的"①。而美国独立、法国大革命的爆发亦同样是源于税制的不公。② 在当今世界，税负不公亦容易导致政局的动荡及政权的更迭。西方各国民主政治实践中，税收一直是最为敏感的话题，竞选总统或议员，竞选演说中税收政策是很重要的，直接关系到选票的多少，在税收问题上惹怒纳税人将不可避免地带来政治的失败。对西方政治家而言，不懂税收是不可思议的，他不会是一个合格的政治家，政治家的每一项税收主张、税收决策，都是政治决策，无不掀起波澜。例如，马克思在《1848 年至 1850 年的法兰西阶级斗争》中曾指出：在法国历史上，酒税的恢复和废除对法国政权的更迭产生过巨大的作用，拿破仑垮台的最大原因，就是恢复了酒税。又如，英国首相撒切尔夫人就是因为推行了不合时宜的人头税，英国民众认为人头税的征收严重违反了公平原则而引发大规模的抗议，不仅导致该税流产，而且也直接导致撒切尔夫人的下台。1989 年日本所引入的一种适度的销售税，被广泛认为是当年夏季自民党选举中糟糕表现的主要原因之一。同样的，1991 年 4 月德国举行的州选举，从许多方面来说是一次为统一所需资金而增加税收的全民公决。在这些选举中，德国总理科尔所属的政党，在他自己家乡所在的州中失败了，并且首次在上议院中沦为少数党。考察表明，在增税之后举行的选举，俨然是一场针对税收的公决，选民将让领导人付出政治代价。③ 可以说，"几乎从西方国家政府（包括地方政府）的每一次更迭中都可以找到直接或间接

---

① ［美］理查德·派普斯：《财产论》，蒋琳琦译，经济科学出版社 2003 年版，第 147 页。

② 参见许志雄等《现代宪法论》，元照出版公司 2008 年版，第 368 页。

③ ［美］B. 盖伊·彼得斯：《税收政治学——一种比较的视角》，郭为桂、黄宁莺译，江苏人民出版社 2008 年版，第 187—188 页。

的税收因素"①。因此，政治领袖必须尝试着找出一些办法，既能使税款充盈以支持公共服务，又不惹恼选民。正如一位评论家所说的，他们非得从鹅身上拔下最大限度的毛，而只能让它发出最小的嘤嘤声。②

与西方尊重纳税人不同的是，传统中国社会，皇权至上，"普天之下，莫非王土；率土之滨，莫非王臣"，从终极意义上讲，整个社会的所有财富均属皇权所有，对皇权征税的正当性及应遵循的原则等缺乏系统的、科学的政治学解释，皇权对税款实施"强权征收"，并不征求纳税人的意见或同意。对臣民而言，缴纳"皇粮国税"乃天经地义，对于来自皇权及其各级代理人的苛捐杂税，只有承担的份儿，过于超出容忍底线，实在无法忍受则只有揭竿而起进行搏命一途。在中国历史上，历次农民起义多源于赋税过重，起义者们所高呼的"轻贡赋"、"不纳粮"、"均田免粮"等口号，就是对封建苛捐杂税敲骨吸髓般的盘剥的抗议。中国古代历史长河中，历代开国君王都因为亲自体验到民众反抗的强大力量，王朝建立之初一般会采取"轻徭薄赋"、"休养生息"的政策，将税率固定下来并承诺"永不加税"，但专制体制的内在逻辑决定了这样的政策无法坚持长久。虽然不乏明智之士对统治者偶尔发出"不竭泽而渔"的警示及"苛政猛于虎"的叹息，亦曾有过唐代杨炎的两税制、北宋王安石变法、明代张居正的"一条鞭法"、清代"摊丁入亩"等各式减轻农民负担的改革，但自身范围内局部的修补，难以最终扭转农民起义、王朝更迭的命运，整个中国封建社会始终无法逃避"威权主义与黄宗羲定

① ［美］B. 盖伊·彼得斯：《税收政治学——一种比较的视角》，郭为桂、黄宁莺译，江苏人民出版社 2008 年版，曹钦白代前言。

② 同上书，第 153 页。

律"的宿命。① 当代中国正处于转型时期，社会矛盾凸显，社会运行系统失调，群体性事件频发。事实上，这些频发的群体性事件并未昭示新的内容，其本质上仍然是一个自近代以来中国所面临的"控权"问题。② 笔者认为，只有基于纳税人基本权的角度，从政府财政制度改革、建立公共财政、实现财政收入与支出的法治化入手，进而推进我国政治体制改革，才能从根本上摆脱频发的群体性事件困扰，重构政府的合法性。

（3）有利于完善财税法学基础理论。当前在我国，财税法学作为一门新兴的学科，基础理论方面还比较薄弱。一方面，财税法研究成果大部分还局限于行政法学层次，尚未上升至宪法层面，而且研究过程中大量借鉴了经济学尤其是财政学的理论和观点，不利于财税法学科的独立，"这种完全站在国家财政权力的立场上构造出来的概念，无法向纳税人提供富有实践性、建设性的法理"③。另一方面，很多财税法研究成果往往只是围绕现行

---

① 黄宗羲指出：每个王朝进行赋税制度改革后，农民负担虽短时间有所下降，但很快就会反弹，而且比改革前更重，这就是著名的"黄宗羲定律"。"黄宗羲定律"是指封建朝廷赋税改革，将前面滥征的各种摊派与附加，与正税合在一起一并征收。然而改革后，政府"忘了"这一合并征收的赋税本身已包含了摊派和附加，再次另行摊派。结果是改一次，赋税增加一回。参见秦晖《并税式改革与"黄宗羲定律"》，《农村合作经济经营管理》2002 年第 3 期；李炜光：《威权主义与黄宗羲定律》，《经济活页文选》2003 年第 4 期。

② 高军：《转型时期中国群体性事件的法理思考》，《延边大学学报》2009 年第 6 期。频发的群体性事件中，有一部分直接与地方政府征收的税费过重有关，例如 1995 年江西省政府突然决定将原来每头生猪约 15 元的屠宰税提高到 30 元，引起江西临川地区的农户不满，最高时有四县十乡约十万农民卷入。2009 年，江西省南康市当局决定从 2009 年 6 月 15 日起执行新的税收征管办法，大幅提高对家具业者的税收，受到了当地家具业者和居民的强力抵制，从而引发抗税群体性事件，最终使江西省宣布立即废除南康市这一不合理的税收政策。

③ ［日］北野弘久：《税法学原论》，陈刚等译，中国检察出版社 2001 年版，第 18 页。

的财税法律、法规的内容和结构进行，流于简单的法条注释层次，而且往往是放在行政程序法中加以研究的，这种研究并不重视财税实体法，而主要研究财税行政，因此在很大程度上忽略了对纳税人权利特别是纳税人基本权的研究。财税法学这种长于经济分析，短于权利义务定位的学术品性，实践中阻碍了在我国建立一个合乎正义的税收体制及其所保障的国家公权力的合法运行。[①]

现代法学以权利为本位，"法是以权利和义务为机制调整人们行为和社会关系的，权利和义务贯穿于法律现象逻辑联系的各个环节、法的一切部门和法律运行的全部过程"[②]。权利作为法学的基石范畴，一向是法学研究的重点与核心。但是，纳税人作为税收法律关系重要的一方主体，其享有的权利问题却长期以来并未得到财税法学理论研究的足够重视，往往过分凸显纳税人的义务而忽视了纳税人应有的权利，造成了权利义务不对等的失衡状态。财税法学要摆脱行政法学、财政学、税收学等学科的束缚，取得独立的地位，必须构建自身的理论基础。近年来，随着财政宪法研究在我国的兴起及深入发展，财税法学界已普遍认识到并正在积极推动财税法学研究范式从权力本位向权利本位进行转变。[③] 纳税人基本权概念的提出，正是顺应了这一趋势。它从宪法的层面上理解纳税人权利与义务的关系，突出权利是第一位的因素，义务是第二位的因素，纳税人权利是目的，义务是手段，义务的设置是为了纳税人权利的实

[①] 陈丹：《论税收正义——基于宪法学角度的省察》，法律出版社 2010 年版，第 3 页。

[②] 张文显：《法理学》，法律出版社 1997 年版，第 111 页。

[③] 翟继光：《论税法学研究范式的转化——中国税法学的革命》，载《财税法论丛》第四卷，法律出版社 2004 年版。

现，强调财税法应以纳税人权利为本位。事实上，只有建立在纳税人基本权基础之上，将人权、自由、宪政的精神渗透融合于财税法的各个基本问题和具体问题的研究之中，为财税立法提供理论基础正确的价值立场，才不至于使财政法、税法沦为单纯的"财政管理法"、"征税技术之法"，真正地成为纳税人权利保障之法。

第四节　研究的思路与方法

"租税者，乃国家以公权力，强制将人民之部分财产，无偿移转为国家所有，因此本质上税法无法逃避对人民自由权、财产权之干预与介入的命运，先天上亦较其他法域更受宪法基本价值观，特别是基本权理念之拘束。"① 德国著名税法学家 Tipke 认为，"对税课赋以宪法界限，宪法法院若不早为之谋，税法终将陷于无法无天之乱世之中"。因此，"传统借由人民选出国会议员，以立法控制来保障税课对人民基本权侵犯时代已经结束，从强调'无代表不纳税'的法律保留（议会保留）而不得不面临迈向寻求宪法保障的新时代"，"将税法驯服在现代宪法秩序之下，为现代宪政国家之宿命课题"②。本书在研究思路和方法上，总体定位于宪法层面，主要运用了宪法解释学、部门宪法学的研究方法。此外，本书还采用了比较分析、历史分析、多学科综合应用等研究方法。

---

① 葛克昌：《租税规避与法学方法——税法、民法与宪法》，载葛克昌《税法基本问题（财政宪法篇）》，北京大学出版社 2004 年版，第 29 页。

② 同上。

一 宪法解释学方法

在现代法治国家，宪法为国家根本大法，包含法律上的基本秩序以及基本的价值判断，由此建立价值秩序。由于人民与国家的基本关系主要体现为税收关系，税收牵涉到人民的基本财产权与自由权，因此法治国家无不以宪法加以约束。这些宪法税概念及税条款是对立法者行使课税立法权的限制，宪法是人民基本权利的保障书，而税法则是具体化的宪法，税法的制定及施行应遵循宪法精神，税法所得限制基本权利的范围，更应以宪法为其界限。① 在某种意义上可以说，"宪法诸条款都对租税的征收和使用方法有实定法意义上的法规范性约束力"②。宪法为国家根本大法，其所蕴涵的正义理念，经立法具体化为一般法律，再经由行政或私法行为，而实现于人民的日常生活。租税的立法与课征，即正义的实践，应期能以正当的税法推行正当的税政，实现民主法治的宪政理想。③ 因此，在法治国家，行政机关须依法律推行政务，但制定法律的机关亦非能放恣自由，而应遵守宪法的规定，以符合宪法的程序，制定内容符合宪法的法律。就税法而言，首先立法者不得制定课征非宪法意义租税的法律。其次，立法者不得逾越立法权限制定法律。④

但是，由于宪法本身只是一种框架秩序，具有开放性，其规定多为低密度的指示，这是制宪者有意留给各宪法机关的必要的

① 黄俊杰：《宪法税概念与税条款》，传文文化事业有限公司1997年版，第16页。

② ［日］北野弘久：《纳税人基本权论》，陈刚等译，重庆大学出版社1996年版，第74页。

③ 陈敏：《宪法之租税概念及其课征限制》，《政大法学评论》第24期。

④ 同上。

活动空间，但是，这也造成宪法本身的抽象以及不易理解。所以，透过宪法的解释活动，所形成的法之发现（Rechtsfindung），进一步将宪法框架予以确定，并使得宪法因解释而具体化，此为宪法解释之目的所在。① 日本著名税法学家北野弘久教授所创立的"北野税法学"的特色之一，就是在税法研究中充分运用了宪法解释学方法。北野教授认为税收立法主要客体是如何将宪法所理想的人权规范，在租税领域得以具体化、实践化。他指出，在租税国体制下，宪政内容的最终结果，就是征收何种租税以及如何使用租税。因此，他认为日本国宪法是一部规定租税取得及使用方法的法规范原则的宪法。租税取得及使用的方法决定着我们的生活、人权、福利、和平，等等。② 因此，在宪法解释学意义上，纳税人基本权可以理解为公民宪法基本权利和纳税义务之间的平衡。

我国台湾地区司法界一直在实践中运用宪法解释学方法解决实务中的问题，特别是"大法官会议"通过一系列解释，对"中华民国宪法"中的涉税条款进行解释，针对其第19条"人民有依法律纳税之义务"条款发展出"租税法律主义"原则，此外综合"宪法"其他条款及精神发展出"租税公平主义"等原则。在学术研究上，相关的学术成果大部分均无法绕过宪法解释的方法，它们立足于"宪法"，站在宪政的高度，对各种现行财政税收立法进行检讨点评，这在我国台湾地区已成为较为稳定的宪法研究范式。例如，黄俊杰教授即通过宪法释义学的方法，论证了"中华民国宪法"第19条"人民有依法律纳税之义务"条款，在

---

① Christian Starck：《基本权的解释与影响作用》（演讲稿），许宗力译，载许宗力《法与国家权力》，月旦出版公司1993年版，第477页以下。

② ［日］北野弘久：《日本国宪法秩序与纳税者基本权》，陈刚、雷田庆子译，《外国法学研究》1998年第2期。

宪法基本权利体系的思考上，具有独立存在基本权利类型的价值。[①]

我国现行宪法经过四次修正，"民主、法治、人权"三大普世性核心理念已成为我国宪法的基本原则。宪法中虽然直接规定税收的条款仅有一条，即第56条"中华人民共和国公民有依照法律纳税的义务"，但同时，宪法中规定了大量公民政治权利、自由权及社会权条款，尤其是作为社会主义国家，宪法中大量社会权条款的存在，在宪法文本上直接体现了社会主义制度的优越性。但众所周知，自近代中国宪法诞生以来，一直存在着"修宪容易、行宪难"的困境，这种情况在今天依然存在。[②] 事实上，无论执政者在口头上、意识形态上，甚至在法律中对人民许下怎样的诺言，但对于"实践理性"的人民来说，只看执政者是如何做的，只相信自己切身的体验。因此，如何使宪法条文变成宪政实践？如何推动宪法公民基本权条款落实到国家政治生活和社会生活的实践中去而不至于成为一种仅供欣赏的宣示性的文本？特别是，面对21世纪中国面临的诸多社会问题，例如如何纠正当前政府在教育、医疗、住房等民生福利方面的不作为或乱作为？如何面对20世纪80年代以来采取计划生育政策所导致的中国老龄化社会的到来？如何形成与建设社会主义法治社会目标相吻合的价值观以整合当前日趋断裂的社会？等等，都需要以"对历史各阶段之生活经验进行了批判性的总结，对于解决未来时代政治上与社会上的难题具有开具处方的意义"[③] 著称的宪法及时作出

---

① 黄俊杰：《税捐基本权》，元照出版公司 2006 年版，第 47 页以下。

② 参见高军《试论当代中国宪政文化建设》，《云南行政学院学报》2007 年第 4 期。

③ ［日］杉原太雄：《宪法的历史——比较宪法学新论》，吕昶等译，社会科学文献出版社 2000 年版，第 2 页。

回应，而这种回应不是仅仅通过修改宪法，增加相关条款所能达到的，更需要的是宪法的实践，需要的是一种行之有效的行宪、护宪的机制。因此，通过宪法解释方法，构建我国纳税人基本权理论，在研究中"更多着眼于税收主体之间权利义务关系的定位，从宪法学国家权力来源的角度设计出纳税人主权的实现过程，以体现对征税权的制衡和对纳税人权利的保护"①。从纳税人的角度，运用广大纳税人的力量，去推动我国"宪法司法化"的进程，使纳税人基本权成为我国宪法的一种"保障装置"，不无鲜明的时代意义和价值。

二　部门宪法学方法

宪法是国家的总章程，主要规范国家与国民之间的关系，其所包含的内容极为丰富。近年来，我国台湾地区学者苏永钦教授所倡导的部门宪法研究方法，对于深化宪法学研究，以及为部门法学提供宪法学理支持贡献颇巨。② 宪法作为国家的最高规范，其中相关涉及财政的条款组成财政宪法，涉及民生福利的条款组成社福宪法，透过财政宪法、社福宪法的角度，可以深化对纳税人基本权保障的认识。特别是在现代社会，"随着国家机能的扩张，不可避免地导致国家财政规模的扩大，驯至国家成为一国之内最大的消费者、资金保持者与信用保持者；同时，为国家活动提供财源基础的财政作用——包括财政的收入、支出与管理营运作用——亦日受重视，其结果亦使得财政作用的民主统制成为法

---

① 刘剑文：《税法专题研究》，北京大学出版社 2002 年版，第 5 页。

② 苏永钦教授主编的《部门宪法》，内容包括经济宪法、社会宪法、劳动宪法、教育宪法、文化宪法等。参见苏永钦主编《部门宪法》，元照出版公司 2005 年版。

学界的重要课题"①。因此，对于纳税人基本权保障研究而言，无法回避国家整体财政运行过程的内容，财政运行过程的法治化、理性化程度的高低直接决定了纳税人基本权保障程度的高低。对于财政法学研究而言，北野弘久认为，传统上研究财政法学有两种方式。一种是从行政法学的角度对财政法进行法学研究，以财政权力作用法即税法为研究对象；第二种是狭义财政法，即以财政管理作用法为研究对象。这两种研究方式都不是自觉地从纳税者立场展开的研究，不能正确维护纳税者的权利，其价值定位有问题。因此，北野先生认为应当建立新财政法学：第一，从出发点看，新财政法学是立足于纳税者的立场，从纳税者基本权角度统一地、综合地研究有关广义的租税概念，旨在维护纳税者的新的广义的财政法。第二，从研究对象看，新财政法是广义的租税概念，即包括岁入面和岁出面的租税概念，而不是割裂税收的征收和适用并限制在税收的征收的狭义租税概念或狭义行政法。②

---

① 蔡茂寅：《财政作用之权力性与公共性——兼论建立财政法学的必要性》，《台大法学论丛》第 25 卷第 4 期。

② ［日］北野弘久：《税法学原论》，中国检察出版社 2001 年版，第 80 页。北野弘久所举关于日本之财政法学研究课题，约略为：一、宪法论下租税概念之再构成。二、纳税者基本权之构筑。三、财政基本法之构筑。四、租税思想史之变迁。五、财政民主主义之具体展开。六、财政高权思想之分析。七、纳税者诉讼。八、预算、财政计划决定过程之实证分析。九、补助金之民主统制。十、预算、财政计划之民主统制。十一、财政投融资之民主统制。十二、租税（包含补助金）之民主统制。十三、预算法与税法之统合问题。十四、公债之民主统制。十五、决算之民主统制。十六、自治体财政权之具体研究。十七、地方行政税财政与地方自治。十八、地方交付税制度与地方自治。十九、地方团体之补助金制度与地方自治。二十、公债制度与地方自治。二十一、住民监查请求与住民诉讼。参见［日］北野弘久《新财政法学：租税法律主义论》，载北野弘久《新财政法学·自治体财政权》，劲草书房 1983 年版，第 16—20 页；转引自廖钦福《财政宪法与纳税者权利保障》，载许志雄、蔡茂寅、周志宏主编《现代宪法的理论与实现》，元照出版公司 2007 年版，注 14。

近年，财政宪法特别是财政立宪的话题在我国学术界开始受到重视，并产生了一批研究成果。[①] 本书认为纳税人基本权根植于国家与公民之间深层次的关系，并直接源自宪法，本书采取部门宪法的研究方法，从财政宪法、社福宪法的角度，运用广义的将岁入、岁出两个层面予以统一的租税概念对纳税人基本权进行研究，可以深化对纳税人基本权的理解。同时，从纳税人基本权的角度来审视我国财政宪法、社福宪法以及财政、社会福利法律体系，可以发现其中存在的缺陷并提出一些完善的对策。

需要指出的是，本书的研究范围涉及财税法学、宪法学、行政法学、法理学、政治学、财政学、财政社会学、制度经济学等诸多学科，笔者限于学力、阅读范围、理论素养等方面的缺陷，对其中诸多问题的理解尚浅，论述尚不够深入，这些将在今后的研究中努力进一步深化与完善。

---

① 其中较具代表性的有：周刚志：《论公共财政与宪政国家——作为财政宪法学的一种理论前言》，北京大学出版社 2005 年版；朱孔武：《财政立宪主义研究》，法律出版社 2006 年版；刘丽：《税权的宪法控制》，法律出版社 2006 年版；钱俊文：《国家征税权的合宪性控制》，法律出版社 2007 年版；陈丹：《论税收正义——基于宪法学角度的省察》，法律出版社 2010 年版；崔皓旭：《宪政维度下的税收研究》，知识产权出版社 2010 年版。

第 一 章

纳税人基本权

第一节　税[①]

税是一个国家存在的经济基础，"国家存在的经济体现就是捐税，共和国以收税人的姿态表明了自己的存在"[②]，"废除捐税的背后就是废除国家"[③]。但是，何谓税？税是如何产生的？税的性质和特征是什么……在有关税的诸多问题中，核心的问题是

[①]　在中国内地一般称为税收，而台湾地区则有租税、赋税、税捐等多种称谓。有学者对这几种概念进行了剖析，认为租税带有封建色彩，不足以表达税的现代内涵。"税收"这一概念，从字面上看仅仅突出了税的征收一面，从逻辑上不能完全涵盖税权运作的全过程，特别是从概念上看不能体现税"用之于民"的目的，亦即割裂了税的征收与使用的统一（参见刘丽《税权的宪法控制》，法律出版社 2006 年版，第 5 页）。笔者认为该观点有一定的道理，但笔者更倾向台湾地区学者张劲心的观点，即租税、赋税的称谓"皆沿用古语，就字义而言，于今已无区别"［张劲心：《租税法概念》（重订三版），三民书局 1979 年版，第 1 页］。本书涉及税的概念时，根据行文的需要，一般称为税、税收或租税，在援引有关学者论述时，尊重原文所采用的概念。

[②]　《马克思恩格斯全集》第 9 卷，人民出版社 1982 年版，第 50 页。

[③]　马克思恩格斯：《"新莱茵报·政治经济评论"第 4 期上发表的书评》，《马克思恩格斯全集》第 7 卷，人民出版社 1959 年版，第 339 页。

国家与国民之间的关系为何？换言之即国家何以有权征税？这个问题是宪法层次的税法问题，也是税法的基本问题，是考虑其他税法问题的依据和出发点。对这个问题的回答至少存在着两种模式：一种为曼瑟•奥尔森所描述的"强盗模式"，这种税的逻辑特征是"抢"①，事实上，在人类历史上，许多社会所奉行的正是这种"强盗模式"②。但是，这种强盗模式虽然有助于人们在人类行为学意义上理解税的强制性、干预性③，却根本无助于建构有价值的制度原点。另一种模式是社会契约论，奉行的逻辑为"契约法则"，它为分析问题提供了一种有价值的模型，构成现代宪政的逻辑原点。

---

① 奥尔森在《独裁、民主和发展》中指出，政府的起源是由流寇向坐寇演化过来的。这些以掠夺为职业的人发现，与对掠夺对象加以一次性毁灭相比，对掠夺对象加以适当的保护，定期强征保护费更为有利可图，这就是著名的"流寇"转为"坐寇"理论。［美］曼瑟尔•奥尔森：《集体行动的逻辑》，陈郁译，上海三联书店、上海人民出版社 1995 年版。事实上，在许多经济学家看来，税收和抢劫之间并无本质的区别，常以抢劫来类比税收。［美］穆瑞•罗斯巴德：《自由的伦理》，吕炳斌等译，复旦大学出版社 2008 年版，第三部分"国家和自由"的相关论述。

② Frank Chodorow 在其著作 *Taxation is Robbery* 中写道："研究税收的历史，我们发现税收必定导致抢劫、逼贡和敲诈——也就是征服的经济目的。在莱茵河边设立收费站的男爵们就是税务征集者。对强为骆驼商队提供'保护'、从中收取费用的匪徒来说也是如此。罗马占领军发明了这样一种观念，即他们向被征服者收取税赋只是为了维持法律和秩序。诺曼征服者在很长一段时间内都竭尽所能对英国征收各种苛捐杂税，只不过如果双方经过自然过程结合为一个民族，定期征收就成了习惯，而被称做征税。"转引自［美］穆雷•罗斯巴德《权力与市场》，刘云鹏等译，新星出版社 2007 年版，第 87 页，注①。

③ 在人类行为学看来，税收、通货膨胀与抢劫、制造假币的性质和后果，并没有多大区别。它们都是市场上的强制性干预行为，都以牺牲其他人的利益为代价使一部分人受益。［美］穆雷•罗斯巴德：《权力与市场》，刘云鹏等译，新星出版社 2007 年版，第 86—87 页。

一 社会契约——税的发生学基础

在西方政治法律思想史上，社会契约理论是源远流长、影响深远的理论。它设想了在自然状态下，人人拥有自然权利，没有权威的管理，不可避免地造成纷争的可怕景象。为避免纷争，于是人们自愿订立契约，将自己的全部或部分自然权利让渡给共同体，共同体的政治权力的正当性来源于共同体成员的委托，并受到契约宗旨的约束，而公民的政治义务也因自愿签订的契约而成为必然。古希腊智者学派的代表人物普罗泰戈拉、安提丰较早地提出了社会契约的思想。[①] 伊壁鸠鲁最早从理论上系统阐述了社会契约思想，"用社会契约观点来说明法律，认为公正是社会的、彼此约定的产物"[②]。在西方文化之"灵"的犹太文化中，《圣经》就被视为犹太民族与上帝耶和华之间的一份契约。在中世纪早期，西方就形成了这样的观念，"统治者和被统治者之间的关系本质上是契约关系"，"尽管王权自身有着神圣起源，但特定君主取得王权的基础是他与人民的双方契约"[③]。近代资产阶级革命时期，格老秀斯完成了由古代契约论向近代契约论的最终转型，他把国家定义为"一群自由人为享受权利和他们的共同利益而结合起来的完全的联合"[④]。洛克系统地论述了政府学说，他指出人们订立社会契约的目的是"谋他们彼此之间的舒适、安全和和平的生活，以便安全地享受他们的财产，并且有更大的保障

---

① 严存生主编：《西方法律思想史》，法律出版社2004年版，第21—22页。
② 谷春德、张宏生：《西方法律思想史》，北京大学出版社1990年版，第23页。
③ ［英］戴维·赫尔德：《民主的模式》，中央编译出版社1998年版，第91页。
④ ［美］博登海默：《法理学——法哲学及其方法》，邓正来、姬敬武译，华夏出版社1987年版，第40页。

来防止共同体以外任何的侵犯"①。人们放弃自由，加入社会，是为了"互相保护他们的生命、特权和地产，即我根据一般的名称称之为财产的东西"②。"保护财产是政府的目的，也是人们加入社会的目的"，"最高权力，未经本人同意，不能去取任何人的财产的任何部分"③。此阶段的契约论在很大程度上去除了超验色彩，更具有工具性的特点，从中逻辑地推演出了宪法产生的必然性。

西方法制史表明：在西方，这种契约观念不仅仅停留在观念层面，同时也为政治所实践，在西方历史长河中，王权始终受到某种力量限制。中世纪国王和贵族之间关系是一种契约关系，而领主与农民之间的关系虽有较大的任意性和专断性，但它仍带有契约关系的特点。城市形成后，也按那个时代日耳曼人的习惯，以契约的形式确认城市的地位、权利以及城市内部关系和事务。许多城市和城镇是依靠一种庄严的集体誓约而建立起来的，这些誓约是由全体公民为捍卫曾公开向他们宣读的特许状而作出的。在某种意义上，特许状是一种社会契约；实际上，它是近代政府契约理论产生的主要历史渊源之一。④ 在中世纪王权强大的阿拉贡王国，臣民这样向国王宣誓效忠："我们这些并不比你卑贱的人，向你这位并不比我们高贵的人宣誓，如果你能尊重我们的自由并遵守法律，我们接受你作为我们的国王和最高统治者，否

---

① ［英］洛克：《政府论》（下），叶启芳、瞿菊农译，商务印书馆 1996 年版，第 59 页。

② 同上书，第 77 页。

③ 同上书，第 86 页。

④ 丛日云：《西方政治法律传统与近代人权学说》，《浙江学刊》2003 年第 2 期。

则，我们就不接受。"① 1581 年法国国会通过的"出亡法"则通过声明撤销了他们对菲利普二世的效忠："当一个国王不履行他作为保护者的职责，当他压迫他的臣民，践踏他们自古代遗留下来的自由，并且把他们当奴隶对待时，他就被认为不是国王而是一个暴君。因此，这个国土上各个阶级可以合法地、合理地废黜他而另立一个国王。"② 这两个文件宣示了人民与统治者之间存在着一种原始契约关系，表明人民才是真正的主权者的观念。

在社会契约理论中，税收占据着核心的地位。人民与国家之间的社会契约，核心内容就体现在征税方面，"主权者向人们征收的税不过是公家给予保卫平民各安生业的带甲者的薪饷"③，"是每个公民所付出的自己财产的一部分，以确保他所余财产的安全或快乐地享用这些财产"④。"社会负起责任利用社会成员缴纳的、自己有权处置的这一部分财富去保护他们留下的全部财富。只有在这种条件下，人民才同意把自己的一部分劳动果实交给国家。"⑤ "人民在服从最高政权的时候，无疑应该把一些财物交给他，使它能够富有成效地为人民的幸福出力。因此，每一个人牺牲自己一部分财物，用以促进保卫和保全全体公民的财物，

---

① 转引自〔美〕刘易斯·芒福德《城市发展史》，中国建筑工业出版社 1989 年版，第 265 页。参见肖雪慧《〈西方公民不服从的传统〉漫谈》，《东方文化》2002 年第 2 期。

② 转引自〔美〕G. H. 萨拜因《政治学说史》（下卷），商务印书馆 1986 年版，第 440—441 页。参见肖雪慧《〈西方公民不服从的传统〉漫谈》，《东方文化》2002 年第 2 期。

③ 〔英〕霍布斯：《利维坦》，黎思复、黎廷弼译，商务印书馆 1985 年版，第 269 页。

④ 〔法〕孟德斯鸠：《论法的精神》（上），张雁深译，商务印书馆 1997 年版，第 213 页。

⑤ 〔法〕霍尔巴赫：《自然政治论》，陈太先、眭茂译，商务印书馆 2002 年版，第 249—250 页。

课征捐税的制度就是这样产生的。"[1] 用当代学者的观点来表达就是：自由和相关权利需要成本，赋税就是公民向国家支付的成本，以建立保护权利和执行法律的机构。[2] 因此，税是一种必要之恶。可以说国民的纳税义务本质上是其营业自由与职业自由的对价，没有纳税义务，就不可能有经济自由。[3] 亦即税是在纳税人与政府的委托—受托关系中产生的，纳税人之所以通过纳税行为将自己的部分私有财产委托给政府是为了消除自然状态下自然权利的那种不确定性，使权利的实现得到保障，而国家之所以有权征税，其前提即在于国家承诺将人民所纳之税用于公共福利和权利保障。因此，在征税、用税问题上，作为主权者的纳税人拥有主导权，政府当然有义务按照纳税人的意图来征收、使用税款，接受纳税人的监督，而纳税人则有权仅对按照法律的规定征收且符合公共福利和权利保障支出方向的税承担纳税义务。

二 税的事物本质

在德国法哲学中，"事物本质"是一个重要的概念，虽然法学家们对这一概念的具体定义各不相同，但基本上所有法学家所说的"事物本质"的内容均大体相同，即立足于方法二元论的基本立场，在"当为"与"存在"之间作区分，如 Radbruch（拉德布鲁赫）认为，事物本质是"生活关系的意义"，是"存在确定与价值判断之联系"。Maihofer 认为，事物本质是"存在与当

---

① ［法］霍尔巴赫：《自然政治论》，陈太先、眭茂译，商务印书馆 2002 年版，第 103 页。

② ［美］史蒂芬·霍尔姆斯、凯斯·R. 桑斯坦：《权利的成本——为什么自由依赖于税》，毕竞悦译，北京大学出版社 2004 年版。

③ 葛克昌：《社会福利给付与租税正义》，载葛克昌《国家学与国家法》，月旦出版公司 1996 年版，第 57—58 页。

为间的桥梁"。Stratenwerth 认为，事物本质又可称为"事物的逻辑结构"，是指在某特定观点下被凸显为重要的存在事实，它涉及"某一特定价值观点与对应的事物间无法解开的关系"。Fechner 认为，"事物本质是事物有意义的内涵"，它意味着"与社会关系现存的实际关联以及在其中所具有的意义内涵"。Schamback 认为，事物本质是"一个事实的本质性基础"以及如此"以相同方式事实性与理念性之表达"。Larenz（拉仑兹）认为，事物本质"并不是个别的生活关系及其偶然的现实存在"，而是"重复发生的关系"，即"在其事实性与类型性中的"生活关系。Kaufmann（考夫曼）将以上意见予以统一，认为事物本质是证明自己是一种特殊中的普遍，事实中的价值的现象。①

事物本质在意义上可作"理所当然"、事物之"自明之理"，或者是基于"事物之性质"或其本质之分析，而得出法律上的重要特征，而此特征为事物本身具有的属性。对于事物本质的功能，考夫曼认为，事物本质是作为立法程序与法律发现程序的调和者，使法律理念或法律规范与生活事实得以相互对应。基于此相互对应之调和功能，事物本质即具有解释基准，甚至是法源的功能或地位，拘束立法、行政机关的法律解释，甚至影响立法机关的立法活动。② 基于此，税的事物本质应对税收的立法、税法的适用与解释产生一定的拘束力，亦即在法治国家或正义的国家中，课税不得实现任意的目的，税收立法与税法的解释、适用等不得违反税的事物本质。

探究税的事物本质内容，首要应从税的概念入手进行考察。

---

① ［德］亚图·考夫曼：《类推与"事物本质"——兼论类型理论》，吴从周译，学林文化事业有限公司 1999 年版，第 103 页以下。

② 转引自黄士洲《税务诉讼的举证责任》，北京大学出版社 2004 年版，第 8—9 页。

《辞海》中对"税"的释义是"国家对有纳税义务的组织和个人征收的货币或实物";《现代汉语词典》对税的解释是"国家向征税对象按税率征收的货币或实物"。我国传统税法学界向来以财政学上的租税概念来表达法律上的租税概念,虽然具体表述不一,但一般不约而同地强调着这样一层意思,即"租税是国家或地方公共团体为满足其必要的开支,强制性地向国民征收的金钱给付"①。至今我国税法学教科书中大都尚在沿用着这种传统的概念。事实上,这种传统的租税概念,只是单方面强调了政府征税的权力及纳税人的纳税义务,不能真实地反映税的事物本质,在当代法治国家和地区,已作为陈旧的观念而被抛弃。

　　在西方,税的定义与我国则大相径庭,牛津大学出版的《现代高级英语辞典》中,对税的释义是"公民缴给政府用于公共目的的资金"。《布莱克法律词典》对税的释义是"政府对个人、公司或信托所得以及房地产或赠与物价值征收的费用。征税的目的是获得财政收入以满足公共需求"。西方关于税的定义,无不突出了征税必须出于公共开支的目的。事实上,这种定义真实地反映了西方法治的历史与现实。在最早建立起财政宪法制度的英国,官方文件和法律不是说国王对臣民"征税",而是说人民选举产生的下院"授予"(grant)国王、政府某种收入。这种用词准确地指明了现代税赋的性质:税不是政府利用其强制权无偿向民众征收的,而是民众自愿地将创造出的一部分财富授予政府,以便政府向民众供应必需的公共物品和公共服务。②德国《租税通则》对租税的定义为"租税系非基于特定给付之对待给付,而

---

　　①　［日］北野弘久:《税法学原论》,陈刚等译,中国检察出版社2001年版,第15页。

　　②　秋风:《税负高低,谁说了算》,http://www.jiuding.org/Article/Class8/plwz/200712/643.html。

是对于所有符合法律所定给付要件之人，以获取收入为目的，由公法团体所课征之金钱给付义务。收入之获取可作为附带目的，关税与附加税为本法所称之租税"①。日本税法学者金子宏认为，"税收是国家以取得满足公共需求的资金为目的，基于法律的规定，无偿地向私人课征的金钱给付"②。在我国台湾地区，学者对租税概念的表述虽然并不完全一致，但核心内容相同。例如，王建煊认为，"租税，系指国家为应政务支出之需要或为达成其他行政目的，强制将人民手中之部分财富移转为政府所有而言"③。陈清秀认为，租税即"国家或地方公共团体，基于其课税权为获取其财政收入之目的，而无对待的、对于一切具备法定课税要件之人，所课征的一种金钱给付"④。葛克昌则概括了租税的特征，认为包括"金钱给付义务、无对待给付、为国家及地方自治团体所课征、基于公权力所强制课征及支应国家财政需求"等内容。⑤

对于税的本质是什么的问题，历来学者众说纷纭，提出过多种学说，诸如公需说、交换说、利益说等⑥，但细究起来，这些学说一般都大同小异，均包含以下内容：

第一，财产权优先于税。税是一个有特殊政治意涵的概念，它基于国家的公共功能而产生，建立在承认私有财产权的基础之

---

① 转引自黄士洲《税务诉讼的举证责任》，北京大学出版社 2004 年版，第 9—10 页。

② ［日］金子宏：《日本税法原理》，刘多田等译，中国财政经济出版社 1989 年版，第 5—6 页。

③ 王建煊：《租税法》，文笙书局 1995 年版，第 3 页。

④ 陈清秀：《税法总论》（第四版），元照出版公司 2006 年版，第 1 页。

⑤ 葛克昌：《人民有依法律纳税义务——大法官会议解释为中心》，载葛克昌《税法基本问题（财政宪法篇）》，北京大学出版社 2004 年版，第 74—79 页。

⑥ 陈永良编著：《外国税制》，暨南大学出版社 2004 年版，第 6—7 页。

上，没有私有财产权的承认就无所谓税，税是在产权确定的情形下政府从属于公民的私有财产中拿走一部分，因此，凡是以税的形式取得财政收入的国家，就等于在逻辑上承认了私有财产先于国家而存在。

第二，纳税人与政府地位平等。税是人民与政府之间契约的对价，纳税人支付出去的是税，"买"回来的是政府所提供的公共物品与服务，如国防、外交、维持法律和秩序等。可见，税是公民拿自己财产中的一部分为政府所提供的服务付出的"佣金"，其所反映的是个人与政府（国家）之间的自愿等价交换关系，而且交易双方是平起平坐的，税收负担的高低主要取决于政府所提供的公共服务的数量和质量。因此，征税的权力不过是一种"索取"（佣金）的权力。① 正因为国家与纳税人地位平等，是一种交换的关系，因此税收并不应该是国家单向地向公民强制征收，公民对税应该有主导权，即如何征税、征什么税、征多少税、新开税种、增减税率、扩大税基以及需要提供哪些合意的公共物品、公共物品享用的对象等涉税问题，不能由政府自身说了算，必须事先征得纳税人的同意、许可，纳税人有权通过自己选举的代表，按照立法程序制定各项税法，而所制定的各项税法本身必须符合作为元规则的宪法。政府征税必须严格依法进行，除此之外的一切征税行为都是无效的、非法的，纳税人有权拒绝。

第三，税收目的的公共性。国家不能以征税本身为目的，国家征税并不是无条件的，其前提是向公众提供公共福利，"当征税的目的不是为了保卫国家和增进国家福利时，征税就变成了盗窃。如果国王用强力夺取人民的财物而不给人民以任何权益，那么国王就成了勒索人民的强盗。当国王把财富持有者交给他的财

---

① 刘军宁：《"税"的宪政解读》，《中国经济时报》2004 年 12 月 27 日。

富不按正当目的使用而加以侵吞或浪费掉的时候，他就变成了背信弃义的赖账者和不负责任的人民经济管理人。当国王违反社会意愿，毫无益处地聚敛珍宝，为了宫廷的奢侈生活而挥霍无度时，当他把原应用来满足国家需要的财物耗费在毫无必要的华贵礼品上面时，这个国王就是在犯罪"[①]。因此，税不仅仅是一个经济问题，更体现了政治和政府道德，税收必须真正地"用之于民"，政府官员在支配、使用税款时应当抱有基本的敬畏之心。

三　税收法律关系的性质

税法学界对税收法律关系性质的分歧，主要集中在"税收权力关系说"和"税收债务关系说"两种学说上。20世纪初期，在德国存在两派对立的观点：一派以奥托·迈伊为代表，倡导"税收权力关系说"，他们认为，税收法律关系的实质是国民对国家征税权的服从关系；另一派以阿尔巴特·亨塞尔为代表，倡导"税收债务关系说"，他们认为税收法律关系的性质是国家对纳税人请求履行税收债务的关系，是一种公法上的债务关系。"债务关系说"已在德国1919年的《租税通则》中得以确定，该法规定，纳税义务不依课税处分而成立，而以满足课税要件而成立。

北野弘久教授认为，租税权力关系说与租税债务关系说存在以下区别：①租税权力关系说认为租税法律关系属于权力关系；租税债务关系说则将租税法律关系界定为公法关系，并解释它有着类似于私法上的债权债务关系的性质。②租税权力关系说强调国家或地方公共团体在租税法律关系中的地位优越于人民，行政权起着主导作用；而债务关系说对此则持否定态度，并极力强调

---

① ［法］霍尔巴赫：《自然政治论》，陈太先、眭茂译，商务印书馆2002年版，第103—104页。

国家或地方公共团体与人民在该法律关系中处于对等的地位。③债务关系说将租税法律关系区分为租税实体法律关系和租税程序法律关系，并将租税实体法律关系当作最基本的关系；而权力关系说则否认这种划分，进而否定租税实体法律关系的重要性。④权力关系说主张租税法律关系是单方面的命令与服从关系，发布命令者无须向相对方承担回答责任，处于处分地位的相对方无权审查命令的正当性；由于债务关系说主张国家或地方公共团体与人民在租税法律关系中具有对等地位，故强调设立救济程序以保护纳税者的权益。①

现代社会，"税收债务关系说"已成为税法学界通说并为法治国家税收实践所践行。"税收债务关系说"的意义主要在于：①直接借用债法上的规范结构，更恰当地处理纳税义务关系；②体现了价值观念的转变，即从国家本位向私人本位的转换。在税收债权关系说理论下，租税债务与行政行为并无关系，只是在税法上规定的租税要件具备时成立。作为课税处分的行政行为在性质上只是一种具体地确认已成立着的租税债务的行为，它与纳税申报制度中的纳税申报行为性质相同，即纳税义务人实施的纳税申报行为也是一种具体地确认租税债务的行为。租税债务的成立时间应依据税法的明文规定，而并非由行政权确定。② 因此，"税收债务关系说"强调税收基于契约而产生，使税收挣脱了权力关系的牢笼，纳税人也摆脱了传统只负有缴纳税款义务的纳税义务人身份，成为享有权利的税款缴纳人。

---

① ［日］北野弘久：《税法学原论》，陈刚等译，中国检察出版社 2001 年版，第 4、159—160 页。

② 陈刚：《宪法化的税法学与纳税者基本权》，载［日］北野弘久《税法学原论》，陈刚等译，中国检察出版社 2001 年版，译者序第 9 页。

四 税的逻辑——从公共物品到公共财政

公共经济学理论认为，人类生存和发展所需要的物品可以分为两类：一类是私人物品，其特点是消费上的独占性和排他性；另一类是公共物品，其特点是效用的不可分割性、消费的非排他性和受益的不可阻止性，即每个社会成员享用多少公共物品无法计量，公共物品的效用只能为社会成员所共享，某人对公共物品的享用并不排除他人同时享用，不论某人是否为公共物品支付费用，都可以从中获益。因此，这决定了公共物品通过市场提供是不经济的、不现实的，私人没有提供公共物品的积极性，公共物品只能由政府部门来提供。由于"国家不能够靠自愿的集资或捐款而生存下去，其原因是一个国家提供的最根本的服务，从一个重要的方面来讲，就如同一个竞争市场中较高的价格：只要有人能够得到它，那实际上每个人都能获得它。政府提供的基本的物品和服务，如国防和治安，以及法律和规则系统，实际上是服务于国家中的每个人的。要想剥夺那些没有自愿承担政府开支的人受军队、警察和法庭保护的权利，即便可能，也是不行的，因此需要收税"①。因此，"在发达社会中，政府应当运用它所享有的经由征税而筹集资金的权力，并由此而为人们提供市场因种种缘故而不能提供或不能充分提供的一系列服务"②。布坎南认为，从私有财产转换到国有财产，有两种方式可以利用，即"直接占有"和"购买"的方式。"直接占有"方式是有悖于宪政精神的

---

① ［美］曼瑟尔·奥尔森：《集体行动的逻辑》，陈郁等译，上海三联书店、上海人民出版社 1995 年版，第 12—13 页。

② ［英］哈耶克：《法律、立法与自由》第 2、3 卷，邓正来等译，中国大百科全书出版社 2000 年版，第 332 页。

赤裸裸的剥夺，而"购买"是"对原所有人征收一种税，其税额相当于全部购买价格"①。"从某种宽泛而有用的概念意义上讲，捐税也是一种由个人或个人团体为以集体方式提供的公共劳务所支付的价格。"② 亦即税收实际上成为国家根据法律依靠社会公共权力征收，用以满足社会公共需求和公共物品的需要，是国家、政府为社会提供公共物品的成本费用，成为公共财政下最基本和最主要的收入形式。

　　公共财政理论是公共物品价格理论必然的逻辑结果。公共财政理论最早为亚当·斯密在《国富论》中所提出，他认为从事某些公共工作，设立某些公共设施是政府的一项重要功能。公共财政是指为市场或私人部门提供公共服务或公共物品的政府财政，它是市场经济条件下，政府财政的基本选择和必然要求。在公共财政下，政府弥补市场自身固有的缺陷（市场不能有效地提供公共物品，市场不能完全解决外部性、自然垄断、信息不对称等问题），校正市场由于发育不完善而出现的功能障碍。但是，由于政府履行社会管理和公共服务必须需要相应的费用支出，因此社会公众必须纳税，即掏钱来购买政府的服务，这里实际上体现的是市场经济下的权利与义务的对等关系。因此，政府的财政行为应以公共利益和为社会提供公共服务为依归，在使用其权力时做到经济而有效，不能按照利润最大化的准则征集和运用财政资金，不能只是从政府的财政需要出发，单纯凭借政府的垄断地位和权力强制性地向社会提取。

---

① ［澳］布伦南、［美］布坎南：《宪政经济学》，冯克利等译，中国社会科学出版社 2004 年版，第 9 页
② ［美］布坎南：《民主财政论》，穆怀朋译，商务印书馆 1993 年版，第 16 页。

第二节 纳税人权利与义务

一 纳税人

纳税人这一概念具有很大的包容度，北野弘久认为纳税人不仅应当包括直接税和间接税的纳税人，而且应当包括社会保险金、义务教育负担费、下水道工程负担费、公共保育所负担费等税外负担的承担者。[①] 我国《税收征管法》第 4 条规定：法律、行政法规规定负有纳税义务的单位和个人为纳税人。笔者认为，这一法律上的纳税人概念内涵过于狭窄。本书中纳税人概念不仅仅包括直接缴纳税款的公民、法人或其他组织，还包括其他实际承担税赋的人（负税人）。考虑到法人只是法律上所拟制之人，不具有自然生命等因素，从整体上把握，纳税人主要由一国全体公民组成，此外，由于作为外国人的纳税人与本国宪法、税法的关系较为复杂和特殊，因此在本书中，笔者将纳税人限定于公民的范畴。

现实中由于税的形式比较复杂，容易给人造成一种错觉，以为一部分人在纳税，而另一部人未纳税，是在免费享受政府的服务。[②] 事实上，在现代社会，从个人意义上来看，纳税人与公民几乎是同等的概念，特别是在我国这样的以间接税为主体税种的

---

① ［日］北野弘久：《税法学原论》，陈刚等译，中国检察出版社 2001 年版，序言部分第 3 页。

② 在我国，这种观念影响颇深。前些年有人提出"为纳税人服务"的口号，却遭到批评。批评者说，政府不能光为纳税人服务，而要为全体人民服务，言下之意是人民中的一部分人没有纳税。在"中国纳税人诉讼第一案"——"蒋石林诉财政局案"中，当地财政局官员认为已取消了农业税，对蒋石林是否具有纳税人身份甚至还提出了质疑。

国家，人们因消费等各种经济活动而成为纳税人。本书之所以采用纳税人的概念而不直接用公民的概念，是因为"人的本质并不是单个人所固有的抽象物。在其现实性上，它是一切社会关系的总和"①。同一个自然人和社会组织体在不同的法律关系中具有不同的身份，承载着不同的权利义务，而这不同的身份才是它们真正的本质。在现代社会，税收关系是宪法所规范的国家与国民之间诸多关系中的重要的一种，人权、宪法基本权利需要通过纳税人和行政相对人、诉讼当事人等多种身份表达，每一种身份都从某个角度、某个侧面反映了人权、宪法基本权利某个维度的属性，这些不同维度的属性结合到一起则构成了人权、宪法基本权利的面貌。因此，必须对其作必要的区分，研究纳税人权利的意义即在于此。

二　纳税人权利与义务

在现代社会，人民与国家之间的关系主要体现为税收关系，在很多国家纳税义务被确立为公民的一项宪法义务。虽然有学者主张宪法的基本性质决定了它只能规定某些方面的内容，而不可能也不应该面面俱到，作为社会的基本契约，宪法不是普通的法律，因而不应该规定公民义务。宪法规定公民纳税义务亦在被质疑的公民宪法义务之列。② 但事实上，社会契约理论的主旨是个人与共同体的二维关系，即一切政治结合的目的都服务于结合者本人；另一方面，结合者个人让渡自己的权利的同时，也就意味着对政治结合体公益的服从。从社会契约论中并不能够必然引出

---

① 马克思：《关于费尔巴哈的提纲》，《马克思恩格斯选集》第 1 卷，人民出版社 1975 年版，第 18 页。

② 张千帆：《宪法不应该规定什么》，《华东政法学院学报》2005 年第 3 期。

"宪法不应当规定公民基本义务"这一结论。[1] 另外，根据荷兰学者马尔赛文对142个国家宪法的研究，有100个国家规定了服从国家宪法或法律的义务，占70.4%；83个国家规定了服兵役义务，占58.5%；57个国家规定了纳税义务，占40.1%；等等。[2] 因此，基于税收事项对国家的极度重要性，通过宪法设定公民纳税的基本义务似无可厚非。

宪法中设定公民纳税义务，这并不意味着对纳税人权利的否定。税收关系中隐含着人民与政府之间的契约，人民之所以纳税，目的乃在于以所纳之税来购买政府所提供的公共物品和服务。因此，人民不是纳税的仆役，虽然在宪法和法律上纳税被认定为一种义务，但并不是无限义务，"没有无义务的权利，也没有无权利的义务"[3]，纳税人在承担纳税义务的同时，必然享有相应的权利。

三 纳税人权利的分类

基于研究视角的不同，纳税人权利有多种分类方式，我国内地学术界在对纳税人权利分类上，通常采用"两分法"，主要有以下几种分类：

（1）以纳税人权利的范围为标准，甘功仁在《纳税人权利专论》中将纳税人权利分为"纳税人整体权利"与"纳税人个体权利"[4]。

---

① 王世涛：《宪法不应该规定公民的基本义务吗？——与张千帆教授商榷》，《时代法学》2006年第5期。
② ［荷］亨克·范·马尔赛文、格尔·范·德·唐：《成文宪法——通过计算机进行的比较研究》，陈云生译，北京大学出版社2007年版，第141—142页。
③ 《马克思恩格斯选集》第2卷，人民出版社1975年版，第137页。
④ 甘功仁：《纳税人权利专论》，中国广播电视出版社2003年版。

（2）宏观权利与微观权利。刘剑文在《纳税人权利与公民的纳税意识》一文中认为，纳税人权利主要在两个层面上体现出来：第一个层面是在纳税人与征税机关的关系中所表现出来的，即微观方面的权利，主要体现于《税收征收管理法》中；第二个层面是从纳税人与国家关系的角度阐发，主要体现于税收基本法或宪法的纳税人权利，即宏观层面上的纳税人权利，具体包括两个方面的内容，即民主立法和民主监督权。①

（3）宪法权利与税法上的权利。在《税法基础理论》一书中，熊伟将纳税人权利分为宪法权利与税法上的权利。其中，宪法权利包括："纳税人的财产权"、"纳税人的平等权"、"纳税人的生存权"、"纳税人的选举权与被选举权"、"纳税人的言论自由"、"纳税人的结社权"。对纳税人的税法上的权利，将其笼统地分为纳税人在税收征收中的权利、纳税人在税收处罚中的权利、纳税人在税收救济中的权利，并未明确列举。② 与之相类似的分类是，莫纪宏在其主编的《纳税人的权利》一书中将纳税人权利分为宪法层次上的权利与税法层次上的权利。宪法层次上的权利"是纳税人享有的最根本的权利"，"是纳税人享有经济主权的集中反映"，它主要以公民权的形式存在。而税法层次上的纳税人权利则具体包括"税负确定权"、"诚实推定权"、"知情权"、"保守秘密权"、"损害救济权"、"税收返还请求权"、"税负从轻权"、"延期申报、延期纳税权"、"委托税务代理权"、"要求回避权"、"平等对待权"等 11 项权利。③ 施正文则表述为"宪法性权利"和"普通性权利"。宪法性权利是指宪法规定的，纳税人

---

① 刘剑文、许多奇：《纳税人权利与公民的纳税意识》，《经济活页文选》第 7 期，中国财政经济出版社 1999 年版，第 3—8 页。

② 刘剑文、熊伟：《税法基础理论》，北京大学出版社 2004 年版。

③ 莫纪宏主编：《纳税人的权利》，群众出版社 2006 年版。

在政治、经济、社会生活中的根本性权利；普通性权利是纳税人在一般的税收征纳活动中享有的权利。[①]

（4）自然权利与税收法律关系中的权利。自然权利是指与纳税人的自然存在息息相关的部分权利，具体包括："人身自由与人格尊严权"、"获取信息权"、"保护隐私权"、"忠诚推定权"、"享受专业和礼貌服务权"。在税收法律关系中的权利主要有："税法适用的公正性"、"法定最低限额纳税权"、"争议抗辩权"、"税务行政复议和行政诉讼权"[②]。

（5）广义和狭义的纳税人权利。广义的纳税人权利是指纳税人依法在政治、经济、文化各个方面所享有的权利和利益。狭义的纳税人权利是指有关法律对纳税人这一权利主体在履行义务的过程中，可以依法作出一定行为或不作出一定行为，以及要求征税机关作出或抑制某种行为的许可和保障，同时，当纳税主体的合法权益受到侵犯时，纳税主体所应获得的救助与补偿。[③]

（6）基本权利和派生权利。基本权利是指"纳税人在纳税活动中必须具备方可实际履行纳税义务的部分"，而派生权利是指纳税人"所参与的税收法律关系的发展而生成的权利"[④]。

综上可以看出，在中国内地学术界，对纳税人权利的分类虽有多种，但对纳税人权利应从宪法与税法不同层面理解的观点则基本上是一致的，亦即纳税人权利具有层次性：第一个层面是从纳税人与国家关系的角度阐述，主要体现于宪法或税收基本法中

---

① 施正文：《论征纳权利——兼论税权问题》，《中国法学》2002 年第 6 期。

② 杨萍：《如何重新认定和确立纳税人的法律地位》，《纳税人》2002 年第 8 期。

③ 庞喜凤：《论"公共财政"与纳税人权利》，《财贸经济》1999 年第 10 期。

④ 涂龙力、王鸿邀：《税收基本法研究》，东北财经大学出版社 1998 年版，第 145 页。

的纳税人权利；第二个层面是在纳税人与征税机关的关系中所表现出来的，主要体现于《税收征收管理法》中所规定的纳税人在税收征收过程中所享有的程序性权利和实体性权利。总体上，研究的重点在纳税人程序性权利方面，相关成果亦主要集中在这一方面，而对纳税人宪法性权利缺乏深入的研究，特别是所采用的纳税人"宪法性权利"、"广义的"、"宏观的"权利等概念往往过于泛化，甚至将广义的纳税人权利定义为纳税人所应该享有的政治、经济和文化各方面的权利都包含在其中，因此无法区别于宪法公民基本权以及法理学中的人权概念。[①]

四　本书研究对象范围的界定

笔者认为，概念的准确界定是学术研究的起点。纳税人权利研究中出现的混乱，很大程度上是由于对研究对象的范围界定不清而造成的。

本书中，笔者将纳税人基本权界定为一种与纳税人非基本性权利相对应的基础性权利。纳税人非基本性权利主要表现为税收征管法或行政程序法中具体规定的税收征收过程中纳税人所享有的实体性权利和程序性权利。而纳税人基本权则主要体现在宪法或税收基本法中，在纳税人权利体系中处于核心的地位。纳税人基本权的内容紧紧围绕着税收的"取之于民，用之于民"而展开，即具体回答国家如何征税、如何用税才是合宪的问题。虽然，在很多国家或地区纳税被确立为宪法基本义务，但并不意味

---

① 庞喜凤：《论"公共财政"与纳税人权利》，《财贸经济》1999年第10期；李香菊：《完善我国依宪治税的思考》，《涉外税务》2003年第10期；王鸿貌、李小明：《税收立宪论》，《法学家》2004年第2期；邱晓霞：《中外税收的宪法学比较》，《成都大学学报》2004年第1期。

着是对纳税人基本权的否定。从法实践意义的角度来看，纳税人基本权这一概念目前虽然还不是法定的权利，而是应然层面上的推定权利，但其内容可以通过运用宪法解释学的方法，对宪法基本权利与纳税义务之间进行平衡推导而来。①

笔者认为，从不同的观察视角，可以对纳税人基本权进行不同的分类，例如：①严格意义上的纳税人基本权与延展意义上的纳税人基本权。严格意义上的纳税人基本权直接围绕税收的"取之于民，用之于民"而展开，包括自由权（消极权利）与社会权（积极权利）两个层面的内涵。而延展意义上的纳税人基本权内容则更为宽泛，除了包含严格意义上的纳税人基本权的内容以外，还包括纳税人选举权、结社权等政治权利（或主动权利）。② ②实体性纳税人基本权与程序性纳税人基本权。主要从宪法中"正当法律程序"原则而推演出，在台湾地区被称为税捐程序基本权。如此等等。为避免研究范围的过于泛化，本书将纳税人基本权的研究范围限定在严格意义上的、实体性的纳税人基本权。

第三节　纳税人基本权

纳税人基本权概念主要来源于大陆法系的德国和日本。德国学者 Joachim Lang 曾指出，"基于意识到人民拥有税捐基本权，故联邦宪法法院在许多争议案件中，必须对相关税捐规范加以宪

---

① 例如，我国台湾地区著名税法学者黄俊杰教授运用宪法解释学方法对"中华民国宪法"所规定的纳税义务条款进行系统的解释，推导出其中包含着"税捐基本权"的内容。黄俊杰：《税捐基本权》，元照出版公司 2006 年版。

② 人权的三分法主要参考耶林内克和何华辉教授的观点。甘绍平：《人权伦理学》，中国发展出版社 2009 年版，第 10 页以下；杨海坤等：《宪法基本理论》，中国民主法制出版社 2007 年版，第 134 页以下。

法审查。甚至，当在国家与人民间加以比较时，亦将作有利于人民之思考"①。在日本，"纳税者基本权"这一概念较早由宪法学者浦田贤治教授在《"纳税者基本权"与大岛违宪诉讼》（《法和民主主义》第56号）一文中使用，但该论文没有对纳税者基本权成立的法律依据以及具体内容予以明确表述。② 详细论证并力挺"纳税者基本权"这一概念，北野弘久教授为第一人。

北野先生所创立的"北野税法学"直接构筑在宪法基础之上，其特点在于：他是站在宪法的高度审视税法，认为从国民主权原理和人权保障原则出发，税法并非征税之法，而是保障纳税人基本权的权利之法。北野教授认为，从日本国宪法规范的整体构造角度出发，日本国民在日本国宪法的基础上，不应无原则、无条件地承担纳税义务，而以自己纳付的租税是遵从宪法的法规范原则支付使用（福利目的）为前提，并在该限度内，或仅遵从的法规范原则，即宪法有关应能负担原则的规定，以及第13条、第14条、第25条、第29条等规定，承担纳税义务。宪法保障日本国民有仅遵从上述形式承担纳税义务的权利，北野先生将其称为"纳税者基本权"，"这是以日本国宪法第30条（国民依据法律的规定承担纳税义务）为核心，并按宪法理论构成的概念，是有关纳税者的自由权、社会权等的集合性权利，也是符合宪法并建立在实定宪法上的具体权利"③。北野先生运用纳税人基本权这一理论，将日本宪法中的租税征收、使用予以统一，认为日

① 黄俊杰：《纳税者权利之维护者》，载黄俊杰《纳税人权利之保护》，北京大学出版社2004年版，第2页。

② ［日］北野弘久：《纳税者基本权论》，陈刚等译，重庆大学出版社1996年版，作者序文。

③ ［日］北野弘久：《日本国宪法秩序与纳税者基本权》，陈刚、雷田庆子译，《外国法学研究》1998年第2期。

本宪法中的租税必须都是以福利为目的的税，他将这种观点称为
"新目的税论"①。循着北野教授以上的论证路径，可以得出其所
蕴涵的必然逻辑是：在国家与人民的租税关系中，不论国家的征
税、用税抑或人民的纳税行为，其中都包含着人民的基本权利。
甚至可以说，人民承担纳税义务也是以宪法规定的基本权利为前
提的，离开了基本权利的规定，纳税义务也失去了存在的基础。
北野先生进而指出，如果按照传统的将租税的征收和使用严格区
别、分离的观点，租税使用就成了法律上的租税概念以外的东
西，对租税用途几乎也就没有"法的支配"。从宪法保障上分析，
对租税用途也必须具备"法的支配"意义上的实体法和程序法。
譬如，对于政府可以在何种场合以何种标准支出交际费的问题，
就有必要对其程序在法律和规则中加以完备。因此，要使纳税
者能够对租税国家的政治特别是租税的征收和支出的方法进行
广泛的法律上的监督和管理，就必须完备纳税者权利基本
法等。②

　　北野先生认为，日本国宪法为现代宪法，尊重和保护国民
（纳税人）主权及和平的生存权在内的基本人权是日本国宪法的
重要理念。因此，应该从宪法所预定的这个理念出发，去构造一
个完全不同于传统的租税概念，这个概念以维护纳税人、国民的
福利为核心，现代租税概念强调建立在人民主权基础上的财政民
主，即"身为主权者的国民、纳税者应对财政（税的征收和使

---

　　① ［日］北野弘久：《纳税者基本权论》，陈刚等译，重庆大学出版社 1996 年
版，第 135 页。
　　② ［日］北野弘久：《日本国宪法秩序与纳税者基本权》，陈刚、雷田庆子译，
《外国法学研究》1998 年第 2 期。

用）进行民主性统治"①。因此，北野先生认为我们应该抛弃财
政意义上的税收的概念，采用法律上的税收的概念："租税是法
律的创造物"，"税法学视角下的租税概念并非是一般意义上的租
税概念，而是法律上的租税概念"②。在采用法律上的税收概念
时，他又主张从法实践论的角度，构造税收的概念，即立足于日
本宪法的结构与内在逻辑，运用法理构筑出日本宪法所预置的租
税概念。由此得出的当然逻辑结论为：根据日本国宪法，纳税者
"不应该被仅仅当作征收租税的客体"来对待，也不应该"被当
作承担租税义务的被动的租税负担者来操纵"，"所有的纳税者都
享有不可侵犯的固有权利"，纳税者享有以宪法为基础"仅在租
税的征收与使用符合宪法规定的原则的条件下，才具有承担纳税
义务的权利"，即纳税人有权要求税收征收和使用符合宪法原
则。③ 北野弘久先生所构想的纳税者基本权，"就是在实定宪法
上保障纳税者有关租税征收、使用方面的权利。对纳税者一方来
说，就是依据宪法，要求如何征收、使用租税的权利"④。在此
理念的指导下，北野先生积极投身到日本纳税人权利运动中
去，为一些纳税人维权案件出具专家法律意见，从纳税人基本
权保障的角度撰写论文，对"市川公务费案"、"良心拒纳军费
案"的判决进行无情的抨击。⑤

可以看出，北野先生正是以宪法的基本理念和价值追求来定
义税的概念和纳税人基本权的含义，并指出"纳税人基本权理论

---

①　［日］北野弘久：《税法学原论》（第 4 版），陈刚等译，中国检察出版社 2001
年版，第 53 页。

②　同上书，第 15 页。

③　同上书，第 59 页。

④　［日］北野弘久：《纳税者基本权论》，陈刚等译，重庆大学出版社 1996 年
版，第 132 页。

⑤　同上。

应当成为全部立法（包括预算）上的指导性法理"，从而构建了宏大的"北野税法学"理论体系。

北野税法学在我国台湾地区有较大的影响，一些税法学研究学者对纳税人基本权概念予以引进（在台湾地区常被称为税捐基本权）并进行了阐述，葛克昌①、黄俊杰②、陈敏绢③、廖钦福④等税法学者在不同的场合使用过这一概念，其中，陈敏绢《日本纳税者基本权利之初探》发表后引起学术及实务界的关注。台湾民间团体"泛紫联盟"委托陈敏绢等学者在此基础上起草了《纳税者权利保护法》（草案），经"立法委员"向"立法院"提出，在社会上产生了较大的影响。葛克昌教授在相关研究中，采用了"纳税人基本权"这一概念，并指出纳税人基本权保障主要是指平等权、职业自由、财产权和权利救济等内容。⑤ 黄俊杰教授对税捐基本权概念进行了系统的论证，他认为：在民主法治国家中，人民与国家之间的关系是有限的，人民透过纳税义务的履行，以换取个人经济自由的空间以及维持社会发展的秩序，所以，纳税义务受到法律保留的拘束性尤为强烈。国家财政需求愈高，其国民承担税捐分配愈正义，税赋的普遍性与平等性的应用应愈严格。虽然税的本质与基本权利体系不符，而具有一种先义

---

① 葛克昌：《地方课税权与纳税人基本权》，载葛克昌《税法基本问题（财政宪法篇）》，北京大学出版社 2004 年版；葛克昌：《行政程序与纳税人基本权》，北京大学出版社 2004 年版。

② 黄俊杰：《税捐基本权》，元照出版公司 2006 年版。

③ 陈敏绢：《日本纳税者基本权利之初探》，《财税研究》2004 年第 7 期；陈敏绢：《浅谈日本纳税者权利宣言》，《税务旬刊》2004 年 6 月总第 1899 期。

④ 廖钦福：《租税国理念与纳税者基本权之保障》，《税务旬刊》2002 年 5 月总第 1824 期；廖钦福：《财政宪法与纳税者权利保障》，许志雄、蔡茂寅、周志宏主编：《现代宪法的理论与实现》，元照出版公司 2007 年版。

⑤ 葛克昌主持：台湾地区"财政部"2005 年度委托研究计划"纳税人权利保障法可行性研究"，第 58 页以下。

务的性格，但是，这种不同事态，却拥有相同的事物本质性，基于公平正义的要求，应得到相同的对待，亦即具有要求国家依实质正当法律课税的权利。① 对于税捐基本权的内涵，黄俊杰教授认为税捐基本权是一种宪法所保障的基本权利，它无法由宪法财产权所完全涵盖，它从"宪法"第19条纳税义务条款中通过宪法解释发展而来，对于违宪之课税权行使，得主张拒绝缴纳，并主张排除侵害。因此，具有直接民主正当性的税收立法者，在税收立法时，不得滥用立法的形成自由。纵然民主之立法者所为之多数决定，亦不得忽略基本权利应作为拘束立法者之最根本的正义规范。② 税捐基本权的核心领域，是指符合人性尊严基本生活需求的经济生存权，禁止税法对纳税人及其家庭的最低生存需求采取税捐侵犯。因此，应以人民扣除家庭及个人人性尊严基本生活等必要费用以外的可支配剩余的财产权，作为国家课税权行使的对象或符合宪法秩序之税法之规范内涵，并以维持人民重新运营经济生活所必要的再生利益作为国家课税权的宪法界限。③

对于纳税人基本权的功能，北野弘久教授认为："这种纳税者基本权的成立，一经认可，纳税者就可主张对租税的征收和使用依法行使统制的权力。可以说该理论对全部的立法（包括预算）具有指导法原理的作用。另外，即使没有允许纳税者诉讼的特别立法，也可以主张对纳税者基本权的主观性权利侵犯，即违反宪法实行不公平税制、不公平行政，就意味着对某些纳税者基本权构成主观性侵犯。此外，不论何种情况，增加纳税额就相对

---

① 黄俊杰：《税捐基本权》，元照出版公司2006年版，第60—62页。

② 黄俊杰：《纳税者权利之维护者》，载黄俊杰《纳税人权利之保护》，北京大学出版社2004年版，第8页。

③ 黄俊杰：《税捐基本权》，元照出版公司2006年版，第62—78页。

地加重了纳税者纳税负担，这也属于对有关纳税者的法律权益的侵犯。倘这种'侵犯'能够成立，那么，有关纳税者即使不通过特别立法的民众诉讼的形式，通过一般诉讼形式提起诉讼就成为了可能。"① 因此，纳税者基本权的具体保障对以和平、福利为内容的宪法来说，是宪法的保障装置之一。② 受北野教授的影响，台湾地区学者廖钦福先生亦站在纳税人基本权的角度强调，"纳税为对于人民基本权利的限制，非依据合宪的法律，不得强制人民纳税；国家不得违宪课税，人民对于违反宪法的租税课征，无纳税的必要，自得拒绝"③。黄俊杰教授对纳税人基本权亦给予了高度评价，他认为：纳税宪法制度的形成，首先在于税捐基本权的肯认，以有效实践纳税者之权利保护，国家课税权的行使，应受到人民税捐基本权的限制，亦即纳税人基本权的作用主要在于监督和抗衡课税公权。税捐基本权是一种宪法所保障的基本权利，对于违宪的课税权行使，人民得主张拒绝缴纳，并主张排除侵害，故至少具有防御权功能，同时还应具备程序保障功能，即国家负有形成实质正当税法秩序的规制义务。④

　　我国内地税法学界所使用的纳税人基本权概念，直接来源于

---

① 〔日〕北野弘久：《纳税者基本权论》，陈刚等译，重庆大学出版社 1996 年版，第 132 页。

② 〔日〕北野弘久：《和平、福利国家的发展与纳税者权利保护》，郭美松译，载刘剑文主编《财税法论丛》第 1 卷，法律出版社 2002 年版，第 320 页。

③ 廖钦福：《租税国理念与纳税者基本权之保障》，《税务旬刊》2002 年 5 月总第 1824 期。

④ 黄俊杰：《税捐基本权》，元照出版公司 2006 年版，作者序；黄俊杰：《纳税者权利之维护者》，载黄俊杰《纳税人权利之保护》，北京大学出版社 2004 年版，第 11 页。

北野弘久教授的著作①，作为北野著作的翻译者陈刚先生在其论文中较早使用这一概念②，著名财政学家、天津财经大学财政学科首席教授李炜光教授为普及纳税人基本权理念做了大量的工作。③ 但总体而言，在我国内地，纳税人基本权这一概念在学术界尚缺乏深入的研究④，这种研究现状，不但落后于我国台湾地区同行研究者，更是远远落后于当代"依法治国，建设社会主义法治国家"、"国家尊重和保障人权"以及纳税人权利意识苏醒的社会实践需要。

本书所指的纳税人基本权是纳税人应享有的要求按符合宪法的规定征收和使用税收的基本权利，它具有以下特征：

（1）是宪法性的权利。宪法是国家的根本大法，是其他一切具体法律制度的根源与依据，研究纳税人权利必须以宪法为逻辑原点。如果不从宪法的角度对纳税人权利作界定，那些具体的权利就只能停留在法制的水平上，而不是法治状态下的权利，此外，如果没有宪法做指导和保障，纳税人的权利体系及其保障体

---

① 北野教授在其税法名著《税法学原论》中系统地阐述了"纳税人基本权"的含义，并且将其一本税法论文集命名为《纳税人基本权论》。详见〔日〕北野弘久《税法学原论》（第 4 版），陈刚等译，中国检察出版社 2001 年版；〔日〕北野弘久：《纳税者基本权论》，陈刚等译，重庆大学出版社 1996 年版。

② 陈刚：《税的法律思维与纳税者基本权的保障》，《现代法学》1995 年第 5 期。

③ 李炜光教授认为，纳税人基本权来源于宪法，而这里所说的宪法必须是反映人民共同意志的民主立法，也是保障纳税人权利不受侵犯的自由之法。李炜光教授发表了大量论文、随笔，宣传纳税人基本权和税收的宪政理念，例如，李炜光：《宪政：现代税制之纲》，《现代财经》2005 年第 1 期；李炜光：《公共财政的宪政思维》，《战略与管理》2002 年第 3 期等。

④ 搜索中国期刊网，目前尚未见到以"纳税人基本权"为题名的硕士、博士学位论文，而以之为题名的期刊论文除上述的陈刚先生一文外，仅见马存利发表在《中国税务》2007 年第 8 期的《纳税人基本权与公民财产权的关系》一文。国内翻译出版的北野教授税法代表性著作《税法学原论》和论文集《纳税者基本权论》分别仅印刷 2000 册和 500 册，对研究者而言，实在是一书难求。

系将无法建立。纳税人基本权植根于宪法，以宪法基本理念与基本价值为基础，不与具体的征纳行为相关，因此而区别于税收征管过程中的纳税人具体的权利，反映的是公民与国家之间的关系，是纳税人履行纳税义务的制度依据和合法性保障，它直接针对国家征税、用税而发生，用以回答国家征税、用税行为甚至国家政权的正当性与合法性问题，集中体现了法治精神、宪政精神。

（2）强调税的征收与使用的统一。当前，在我国税收学领域，研究者通常持"国库主义"的立场，更多强调的是税收的效率。这种观念被传统税法学引入，传统税法学片面强调税的"收入"层面，而忽略了税的"使用"层面，割裂了税的征收与使用之间的关系，"这种用狭义的税概念构造起来的税法学理论，无论在形式上有多么完美，它都无法对那些运用纳税人交纳的租税来侵害或破坏纳税人和国民的生活和人权的行为，起到任何实质意义的遏制"①，所谓税收的"取之于民，用之于民"仅仅只能流在口惠而实不至的宣传口号上而已。事实上，目前在我国财政、税收甚至税法学的理论和实践中，税的征收和使用基本处于脱节的状态，财政（主体为税款）的支出被排除在税收概念之外。税款一入公门，即成为政府的"私产"，如何使用税款仿佛成为政府纯粹的"私人事务"，纳税人则根本无法置喙。在这种情况下，税法事实上已沦为由行政部门所控制的单纯的"征税之法"而不是"纳税人权利保障之法"。甚至对不公平的税制、不公平税务行政，纳税人也不能要求对之进行司法性控制。这与我国宪法理论是相违背的，我国宪法奉行的是国民主权原则，明确宣示"中华人民共和国一切权力属于人民"，因此，国民、纳税

①　［日］北野弘久：《税法学原论》，陈刚等译，中国检察出版社 2001 年版，第20 页。

人有权对财政（税的征收和使用）进行民主性统治。本书的研究是站在纳税人立场上构筑税的概念，将税的征收与使用作为一个整体来理解。

本书所指的纳税人基本权与人权、公民宪法基本权利的联系与区别如下：

（1）与人权之间的联系与区别。人权是一个抽象的概念，在不同的语境中有不同的表现形式，至少可以从纳税人权利、犯罪人权利、行政相对人权利、劳动者权利、弱势群体权利、妇女儿童老人权利等多种角度考察。每种考察的视角均可揭示人权的某个侧面或维度的特点。纳税人基本权是人权的一项重要内容，《法国人权和公民权利宣言》中即提出量能课税并将人民对征税的权利延伸到税金的使用方面，第 13 条规定，"为了武装力量的维持和行政管理的支出，公共赋税就成为必不可少的；赋税应在全体公民之间按其能力作平等的分摊"；第 14 条规定，"所有公民都有权亲身或由其代表来确定赋税的必要性，自由地加以认可，注意其用途，决定税额、税率、客体、征收方式和时期"。租税背后是对财产权观念的承认，即由暴力掠夺向国家赋税转换的宪政哲学理念。租税在未被征收之前，属于公民的私有财产，公民之所以放弃部分财产权而由国家作为租税征收，是出于一种委托关系，其前提在于税收是为国民的公共福利服务而不是为少数人或利益集团服务的，更不能被少数人或利益集团据为私有。诚如 Wicksell 所言，若不是期望政府利用税收来提供财货与劳务，以取得一些利益；在制宪前或制宪后没有一个人愿意付税。[①] 为了保证税的性质不被扭曲，税款不被浪费，民众有权亲自或通过自己的代理人

---

① 转引自蓝元骏《熊彼特租税国思想与现代宪政国家》，法律学研究所硕士论文，台湾大学，2005 年，第 75 页。

（议会或人大）选举政府官员及对政府进行监督，政府必须对人民负责。因此，税收具有了这样的多重属性："它既是经济上履行义务的证明，又是政治上主张权利的依凭。纳税人比人民的称呼更能证明他对国家的责任和权利，而纳税人同公民的重叠，则使公民有了实质国家主人的意蕴。"① 因此，纳税人基本权有着不同于其他权利的特殊性，纳税人基本权状况反映了一个国家宪政状况中最重要和最敏感的一部分，是衡量人权的一个重要的指标。和其他权利相比，纳税人基本权更能体现宪政的蕴涵，纳税人基本权在宪政需要保障的权利体系里有着更加重要的位置，一个没有纳税人基本权的权利体系是不能称为宪政体制下的权利体系的。

（2）与公民宪法基本权利之间的联系与区别。纳税人基本权是宪法所规定的公民的基本权利在税收领域的折射，它在公民宪法基本权的基础上成立，同时又具备基于纳税行为而产生的独特内容。而之所以用纳税人基本权来诠释公民宪法基本权的原因则在于，"在重视现代税收的国家中，用纳税人的权利诠释和理解公民的法律地位，更容易为人所接受。甚至可以说，纳税人的身份还可以为公民参与社会政治事务提供一个事实上的合法性。公民的资格来自法律的赋予，在一个权力国家中，这容易被篡改为当权者的恩赐。但对纳税人而言，'税收乃庶政之母'，这却是颠扑不破的真理。不管统治者如何欺骗和误导民众，事实上却是纳税人养活了公共部门，而不是公共部门养活了纳税人。以一个纳税人的心态和身份行使对公共部门的监督权，行使公共决策权，可能比简单的公民权更有说服力"②。

---

① ［美］B. 盖伊·彼得斯：《税收政治学——一种比较的视角》，郭为桂、黄宁莺译，江苏人民出版社 2008 年版，曹钦白代前言。

② 刘剑文、熊伟：《税法基础理论》，北京大学出版社 2004 年版，第 78 页。

第二章

作为自由权的纳税人基本权

从历史发展的维度考察，在自由法治国时代，纳税人基本权主要表现为一种对抗国家征税权的政治权利。由于对国家而言，"征税的权力不过是一种'索取'的权力"，即国家向纳税人索取公共服务所需成本的权力，但这种索取应该是有限度的，没有有效的税权约束，政府必然会演变为"追求收入最大化的利维坦"①。征税涉及对人民基本权利的侵害，必须受法治国原理的限制。一方面国家（债权人）应受依法行政原则（法律优位与法律保留）拘束；另一方面人民（债务人）的基本权（防御权与平等权）应受充分保障。

第一节　法治国

法治国（Rechtsstaat）一词，系来自德国宪法理论基础与历史背景，相对于其他宪法基本原则，如民主、共和或权力分立原

---

① ［澳］布伦南、［美］布坎南：《宪政经济学》，冯克利等译，中国社会科学出版社 2004 年版，第 9、2 页。

则，系来自英美及法国等国家有所不同。德国法治国概念始于
19 世纪初期，其政治意涵在于对抗绝对君主专制，要求法治国
家之新宪法。换言之，经由法的统治来约束、分散及限制国家权
力，以达到个人及政治上之自由。因为，国家意味着权力及统
治，而法就是用来将此权利理性地予以限制。同时，社会亦需要
法之存在来确保自由的存在。①

　　法治国的前提是国家与社会二元论。国家、社会的分立，是
欧洲自 18 世纪开始社会解放运动的产物。亚当·斯密在《国富
论》中指出，自由社会秩序的基本特征是：在国家以及由国家所
形塑的政治秩序之外，逐渐发展出一个带有独立结构的生活领
域，该领域内可以理解为一种"社会"的概念。在国家与社会二
元论下，政治与经济、公共领域与私人领域分离。国家即政治，
其活动范围为公共领域，行为主体通常为国家机关，行使公共权
力，并以保障私人领域的私法主体为己任。社会即"市民社会"，
活动范围为私人领域，主要指经济领域，包括国家与社会分离过
程中出现的准政治化领域，如宗教、文化、艺术等领域。"宪政
政体理论家们曾经宣称有必要在公共领域与私人领域之间划出某
种界线，这条分界线将在政体的法律中划出：人民只在公共事务
中起作用，政治权力不得介入私人领域。""一个立宪政体乃是这
样的政体，其中的私人领域得到保障，不受行使政治权力的侵
犯。"② 有学者认为，国家、社会二元论是"国家学与宪法学的
关键问题"，在当代多元国家中，国家与社会仍有区分的必要。③

---

① 陈慈阳：《宪法学》，元照出版公司 2004 年版，第 223—224 页。

② ［美］斯蒂芬·L. 埃尔金：《新宪政：为美好的社会设计政治制度》，周叶
谦译，三联书店 1997 年版，第 157、161 页。

③ 葛克昌：《国家与社会二元论及其宪法意义》，载葛克昌《国家学与国家法》，
月旦出版公司 1997 年版，第 9 页以下。

法治国所强调的法治其要义在于："在政府及类似组织的权力受法律支配的框架内，平民大众自己在多大程度上能实际决定自己的生活与命运的问题。"① 法治国的基本主张，是要求国家统治权的行使，必须受到宪法及法律的约束。宪法及法律为国家权力的运作划出法的界限，使其无法恣意而为，而能致力追求正义，形塑公平合理的人类生活。② 法治国在历史上，经历了从形式法治国到实质法治国的两个阶段。

形式上之法治意义系指，国家所有权力之表现必须根据法律，法律必须依照宪法所规定的形式程序来制定颁布，而行政与司法则必须受法律的拘束。是以，形式上意义的法治即以"法律"为重心。依 1994 年 Wolff/Bachof/Stober 出版的《行政法（第一册）》教科书的归纳，此一时期的形式法治国特色主要包括：第一，国家权力之行使必须依照在宪法中所明文、具有稳定内涵而且不得任意加以变更之条文规定；第二，国家权力必须分立，必须分属于彼此间分离、相互不受指令拘束而且相互制衡、监督之机关；第三，所有人民在法律上一律平等；第四，个人自由领域必须被承认，而且由此导出人民有基本权利；第五，人民有权参与国家权力之运作，尤其立法权，人民只有义务服从经其同意之法律；第六，所有国家行为均必须合于可预测性与可预见性，国家行为旨在确保人民之自由与财产；第七，君主专制必须进一步被法律保留取代，君主本身不再是至高无上，而只是国家之机关。③ 在形式意义法治之下，由于只是要求法律依法制定颁

---

① 陈清秀：《税捐法定主义》，载李震山等编《当代公法理论——翁岳生教授六秩诞辰祝寿文集》，元照出版公司 1993 年版。

② 许育典：《宪法》，元照出版公司 2006 年版，第 54 页。

③ 黄锦堂：《行政法的概念、起源与体系》，载翁岳生编《行政法》，中国法制出版社 2002 年版，第 54 页。

布，并且国家应遵守法律。至于该一合法程序成立之法律是否公正、合理，则非所问。因此，在形式法律治理国家的思维下，容易导致恶法亦法的思想，因为这些恶法至少也是国会制定的法律，是人民自己同意的，所以恶法也是当时民意的表现。然而，在当时的思维下，基本上也认为人民不可能制定出不利于自己的恶法。

第二次世界大战后，由德国惨痛的纳粹经验得知，国家在社会生活中确实也会披着法律的外衣，进行许多对人民非常不利的活动，甚至剥夺人民的生命权。因为当民意代表全被某一独裁者所控制时，他们并不能代表民意，而只会依据独裁者的意思制定形式的法律。因此，第二次世界大战后，针对立宪主义下的法秩序有所反省，实质法治国的概念逐渐形成。实质法治国的概念认为，立宪主义之下的国家统治，法律制定不仅必须具备法律的形式，而且也要具备符合正义的实质内容。在这样实质法治国概念的发展下，法律基本上必须具备正义的内涵，若是不合乎正义的恶法，便是非法，人民没有遵守的义务。① 基于实质法治国之理念，认为：①正义之理念，尤其是实质正义作为国家行为之要求目的与内涵以及②法的安定性在个案中对于实质正义的互动关系的衡量，和③更进一步的对于比例原则的要求，④法律优位与法律保留之原则，与⑤行政的合律性原则（依法行政原则）这几项原则，构成了法治国的实质内涵。② 实质法治国的内容，通常认为主要包括以下原则：①宪法的最高性原则；②基本权保障原

---

① 陈新民：《国家的法治主义》，载陈新民《法治国公法学原理与实践》（中），中国政法大学出版社 2007 年版，第 125 页以下。

② Dieter Hesselberger. Grundgesetz, Verlag Hermann Luchterhand，1990S. 167ff. 转引自谢世宪《论公法上比例原则》，载城仲模主编《行政法之一般法律原则》，三民书局 1994 年版，第 120 页。

则；③权力分立原则；④依法行政原则（具体又包括法律优位原则与法律保留原则）；⑤法安定性原则（具体又包括法的明确性原则与法的信赖保护原则）；⑥比例原则；⑦权利救济原则；⑧司法审查原则；⑨国家赔偿原则等。[①]

法治国的实质意义、主要精神体现在：人是国家的目的，国家是为人而存在，并非人为国家而存在。也就是说，在实质法治国之内，国家所有公权力的行使，包括立法权、行政权及司法权在内，都受到宪法上自由民主法治的价值秩序与人民所有基本权的拘束。法治国原则的实质意义，就是在宪法自由民主法治的基本价值秩序下，透过整体实证法的规范作用，设计与规划国家的组织体系，实践人民基本权的保障，促成人的自我实现的最大可能性。[②] 对于法治国原则在税法学上的意义，我国台湾地区著名税法学者黄茂荣教授指出，依德国经验，形式与实质法治国家原则在税捐法学上有下列不同论述重点：在形式法治国家原则下，关心实体法上之依法课税原则、法律构成要件理论，程序法上之税捐秘密、救济保障及依法听审等。第二次世界大战后发展出来之实质法治国家原则将税捐正义、税捐之正当性、量能平等课税原则以及自由权之课税限界等问题，作为讨论的重心，发展丰富了税捐法学之实质正义的内容，使之不再只是研究课税技术的形式法学。[③]

我国宪法明文揭橥法治国原则，1999 年宪法修正案将"中华人民共和国实行依法治国，建设社会主义法治国家"明文写入

---

① 许育典：《宪法》，元照出版公司 2006 年版，第 58 页以下；法治斌、董保城：《宪法新论》，元照出版公司 2006 年版，第 52 页以下；陈慈阳：《宪法学》，元照出版公司 2004 年版，第 229 页以下。

② 许育典：《宪法》，元照出版公司 2006 年版，第 58 页。

③ 黄茂荣：《论税捐法体系》，《植根杂志》21 卷第 7 期。

宪法第 5 条第 1 款。宪法第 5 条同时还规定，"国家维护社会主义法制的统一和尊严"；"一切法律、行政法规和地方性法规都不得同宪法相抵触"；"一切国家机关和武装力量、各政党和各社会团体、各企业事业组织都必须遵守宪法和法律。一切违反宪法和法律的行为，必须予以追究"；"任何组织或者个人都不得有超越宪法和法律的特权"。通过以上条款，明确宣示了宪法的最高性。因此，为达法治国的理想，维护宪法的最高权威，立法者制定仅仅具有外观形式的法律是不够的，它的实质内容必须符合宪法的精神，符合人民基本权利的保障。

第二节　依法行政原则运用于税法
——依法纳税权

现代民主法治国家权力分立体制下，为达保障人权与增进公共福祉之目的，要求一切国家作用应具备合法性，此种合法性原则就行政领域而言，即所谓"依法行政"原则。[①] 依法行政原则强调的是"法的支配"，德国著名行政法学家奥托·迈耶认为"依法行政"是法治国的不二法门。具体而言，包括三项要素：①法律之法规创造力。凡规定有关人民自由、财产权的法规，应受法律的支配。②法律优位。即法律对于行政权的优越地位，以法律指导行政，行政作用与法律抵触者无效。③法律保留。一切行政作用虽非必须全部从属于法律，但基本权之限制则非以法律制定不可。[②] 不过，此为旧时之"全部保留"说，另一说则为

[①]　陈清秀：《依法行政原则之研究》，载陈清秀《税法基本原理》，东升美术印刷有限公司 1993 年版，第 1 页。

[②]　城仲模：《行政法之基础理论》，三民书局 1994 年版，第 5 页。

"重要事项保留说"（亦谓"重大性理论"）。"重要事项保留说"认为国家对人民的自由及权利予以限制，必须通过法律方式进行。但法律不能事无巨细靡遗，一律加以规定，其属细节性、技术性的事项，法律得以明确性的授权予主管机关以命令规定之。[①] 纳税人享有依法纳税权为依法行政原则在税法上的具体表现。

　　在民主法治国家，虽然人民的纳税义务是为增进公共利益之必要，而对人民自由与财产所进行的限制[②]，但是国家没有法律的依据，不得限制人民基本权利或设定负担，租税的征收必须具有法律上的依据。所谓宪法上的私有财产不受侵犯，首先就是私有财产不受来自于政府的非法税、非法费的侵犯。因为只有政府的征收才可能对私人财产权构成不可抵御的威胁。因此，与公民人身权保障"罪刑法定"原则相对应的是财产权保障的税收法定原则（"租税法律主义"），郑玉波先生将其视为现代法治的两大枢纽。宪法明确规定人民依据法律履行纳税义务，意在保障人民的权利免受不当课税的侵害，依据宪法人民享有依法纳税权，对于无法律依据的征税，人民有权拒绝。

一　税收法定为一项宪法基本原则

　　税是社会契约的产物，征税必须取得人民的同意。"因为如果任何人凭着自己的权势，主张有权向人民征课赋税而无需取得人民的那种同意，他就侵犯了有关财产权的基本规定，破坏了政

---

　　① 陈新民：《论宪法人民基本权利的限制》，载陈新民《法治国公法学原理与实践》（上），中国政法大学出版社 2007 年版，第 142 页。

　　② 陈敏：《宪法之租税概念及其课征限制》，《政大法学评论》第 24 期；黄俊杰：《宪法税概念与税条款》，传文文化事业有限公司 1997 年版，第 11 页。

府的目的","未经人民自己或其代表的同意，绝不应该对人民的财产课税"①。如果政府征税未经或者无须经过财产主体的同意，等于政府对私有财产的处分可以为所欲为，这样的征收，与强盗拦路抢劫无异。

纳税人征税同意的具体表现形式为税的课赋和征收必须基于法律的根据进行，没有法律的依据，国家就不能课赋和征收税收，国民也不得被要求缴纳税款。②而征税所依据的法律只能是国会所通过的法律，"立法机关不能把制定法律的权力转让给任何他人"，"只有人民才能通过组成立法机关和指定由谁来行使立法权"③。"如果行政者有决定国家征税的权力，而不是限于表示同意而已的话，自由就不存在了。因为这样行政权力就在立法最重要的关键上成为立法性质的权力了。"④历史上，英、美、法资产阶级革命均是由反抗不合理的税收而起，革命中所诞生的法律文件均确立了税收法治的思想。"历史表明，税收法律主义在近代法治主义的确定上，起到了先导的和核心的作用。"⑤因此，税收法定原则是税法的最高原则，它源自于民主原则与法安定性的要求，是民主和法治等现代宪法原则在税法上的体现，对保障人权、维护国家利益和社会公益至关重要。在历史上，税收法定原则的功能主要表现在以保护国民，防止掌握行政权的国王任意

---

① ［英］洛克：《政府论》（下），叶启芳、瞿菊农译，商务印书馆1996年版，第88—89页。

② ［日］金子宏：《日本税法原理》，刘多田等译，中国财政经济出版社1989年版，第47页。

③ ［英］洛克：《政府论》（下），叶启芳、瞿菊农译，商务印书馆1996年版，第88页。

④ ［法］孟德斯鸠：《论法的精神》（上册），张雁深译，商务印书馆1997年版，第156页。

⑤ ［日］金子宏：《日本税法原理》，刘多田等译，中国财政经济出版社1989年版，第48页。

课税为目的，在现代商品社会中，它的机能在于使国民的经济生活具有法的稳定性和预测可能性。[1]

当前，除朝鲜等极少数国家外，绝大多数国家都在宪法中对税收法定主义原则作了规定。例如，日本宪法规定："新课租税或变更现行规定，必须有法律或法律规定之条件作依据。"埃及宪法规定："只有通过法律才能设置、修改或取消公共税捐；除法律规定的情况以外，任何人均不得免交税捐；只有在法律规定的范围内，才可责成人们交纳其他形式的赋税。"卢森堡宪法第99 条规定："非根据法律，不得规定任何由国家征收的税收。"厄瓜多尔宪法第 115 条规定："法律规定税收，确定征收范围、税率和纳税人的权利保障。国家不强行征收法律未规定的税目。"西班牙宪法第 133 条第 1 款规定："税赋之原始权利为国家所专有，通过法律行使之。"韩国宪法（1987 年）第 59 条规定："税收的种类和税率，由法律规定。"秘鲁宪法（1979 年）第 139 条规定："捐税的设立、修改或取消，免税和其他税收方面的好处的给予只能根据专门法律进行。"等等。[2]

二　税收法定原则的内涵

税收是依据国家法律将国民经济上所产生财富的一部分，强制移归于国家的一种手段。由于税收涉及对公民基本权的限制，在法治主义之下，为保障国民的自由与权利，税收属于法律保留事项，必须由议会通过法律的形式来决定。之所以如此，原因在

---

[1]　陈清秀：《税捐法定主义》，载李震山等编《当代公法理论——翁岳生教授六秩诞辰祝寿论文集》，元照出版公司 1993 年版，第 590—591 页；[日] 金子宏：《日本税法原理》，刘多田等译，中国财政经济出版社 1989 年版，第 49 页。

[2]　王鸿貌、陈寿灿：《税法问题研究》，浙江大学出版社 2004 年版，第 67—68 页。

于：首先，在组织方面，议会与行政权相比，处于与人民更接近、更密切的位置，议会也因而被认为比政府具有更强烈、更直接的民主正当性基础。其次，在程序方面，议会议事遵守公开、直接、言辞辩论与多数决原则，这些议会原则不仅可使议会的少数党与利益被涉及的社会大众得以有机会影响议会决定的作成，也可以凸显重要争点，确保分歧、冲突的不同利益获得适当的平衡，其繁琐的议事程序也有助于所作成决定之实质正确性的提升。与其相比，行政决定程序因其讲究或兼顾效率与机动的特性，而较难达到相同的效果。① 法律保留原则体现在租税法中，乃有租税法律主义的倡行。② 租税法律主义的意义，为租税的赋课与征收，必须根据法律，即课税实体的内容包括租税债务人、课税对象、税率、课税标准等事项，以及课税程序的内容包括租税的申报、查核、征缴等各项课征程序，均须依据法律的规定，以示国家对国民的课税，系经立法机关的慎重审议，非行政机关的独断专行。③

对于税收法定原则的内涵，北野弘久认为包含税收要件法定主义和税务合法性两方面④，金子宏则将其归结为课税要素法定主义、课税要素明确主义、合法性原则和程序保障等四个方面⑤，我国学者张守文则归结为课税要素法定原则、课税要素明

---

① 许宗力：《论法律保留原则》，载许宗力《法与国家权力》，月旦出版公司1993年版，第132页。

② 黄茂荣：《税捐法定主义与税捐工具》，载黄茂荣《税捐法论衡》，植根图书出版1990年版，第20页。

③ 张劲心：《租税法概论》，三民书局1979年版，第7页。

④ ［日］北野弘久：《税法学原论》，陈刚等译，中国检察出版社2001年版，第64—65页。

⑤ ［日］金子宏：《日本税法原理》，刘多田等译，中国财政经济出版社1989年版，第50—54页。

确原则和依法稽征原则三方面。① 此外，还有其他的一些见解。

（一）课税要素法定主义

它是模拟刑法上罪刑法定主义而形成的原则，它的含义是因税收的作用客观上导致对国民财产权的侵害，所以课税要素的全部内容和税收的课赋及征收的程序都必须由法律规定。这一点中最重要的问题是法律与行政立法的关系问题。"依课税要素法定主义的要求，凡无法律的根据而仅以政令或省令确定新的课税要素当然是无效的（法律保留原则）。另外，违反法律规定的政令或省令等显然也是无效的（法律优位原则）。"②

课税要素法定主义的核心内容是对其中"法律"的理解。在我国台湾地区，主要存在着形式意义法律说与实质意义法律说两种学说。第一，形式意义法律说，是指作为课税依据的"法律"，须为"宪法"第170条规定的，经"立法院"通过，"总统"公布的法律。德国学者Tipke亦主张税收法律主义所称的法律，仅限于制定法、形式意义的法律，而不包括习惯法在内。③ 第二，实质意义法律说，是指作为课税依据的法律，不限于"宪法"第170条规定的，经"立法院"通过，"总统"公布的法律，此外还包括法规命令、行政规则、法院判决、习惯法等。④ 目前学者以采实质意义法律说为多数，但有学者同时主张，课税要件的重要特征，例如课税主体、课税客体、课税标准及税率，必须由形式意义的法律予以规范，不得授权行政机关以

---

① 张守文：《论税收法定主义》，《法学研究》1996年第6期。

② ［日］金子宏：《日本税法原理》，刘多田等译，中国财政经济出版社1989年版，第50页。

③ 柯格钟：《税法之解释函令的效力——以税捐实务上娼妓所得不予课税为例》，《成大法学》第12期。

④ 黄俊杰：《解释函令对纳税者之影响》，载黄俊杰《纳税者权利之保护》，北京大学出版社2004年版，第13页。

法规命令定之。①

1. 授权立法的限制

由于立法工作负荷过重，以及立法机关对于行政事务技术上问题的陌生，立法机关往往必须授权行政机关制定行政命令以具体化法律的内容。但是，"如果在授权法中没有规定任何标准制约委任立法，行政机关等于拿到了一张空白支票，它可以在授权的领域里任意制造法律"②。因此，对授权立法必须予以限制。③ 如坚持课税要件采国会保留之立场，自无授权是否明确之问题；反之，倘肯定课税要件为相对法律保留事项，立法机关就课税要件部分得授权行政机关制定法规命令为补充，唯此仍不应影响课税要件对纳税人之可预见性与可计算性，因此衍生有授权明确性之问题。授权明确性原则即在要求立法授权，其不得为概括空白之授权，而应为具体明确之授权，亦即

---

① 葛克昌：《人民有依法律纳税之义务——大法官会议解释为中心》，载葛克昌《税法基本问题（财政宪法篇）》，北京大学出版社 2004 年版；陈清秀：《税法的法源》，《植根杂志》第 11 卷第 11 期，第 2 页；台湾地区"大法官会议解释"释字第 217 号解释明确揭示"租税法律主义"，解释"宪法"第 19 条人民有依法纳税之义务，"系指人民仅依法律所定之纳税主体、税目、税率、纳税方法及纳税期间等项而负纳税义务"。此外，同旨的解释还有释字第 151、167、198、210、217、219、241、315、330、361、367、397、413、415、420 等多号解释。

② ［美］施瓦茨：《行政法》，徐炳译，群众出版社 1986 年版，第 33 页。

③ 我国台湾地区"司法院"通过一系列"大法官会议解释"对授权立法予以限制，例如，"大法官会议解释"释字第 394 号解释理由书指出："凡与限制人民自由权利有关之事项，应以法律或法律授权命令加以规范，方与法律保留原则相符。故法律授权订定命令者，如涉及限制人民之自由权利时，其授权之目的、范围及内容须符合具体明确之要件。"释字第 402 号解释："对人民违反行政法上义务之行为予以裁罚性之行政处分，涉及人民权利之限制，其处分之构成要件与法律效果，应由法律定之，法律虽得授权以命令为补充规定，惟授权之目的、范围及内容必须具体明确，然后据以发布命令，方符'宪法'第 23 条之意旨。"另可参照释字第 313、346、390、524 等号解释。

"有限度、特定之授权"①。"就税收立法而言，应认为有关课税要素及税收的课赋和征收的规定委任于政令或省令虽然可以允许，但从课税要素法定主义的宗旨出发，只能限于对其具体和个别的委任，应认为，一般的、空白的委任（即无限制的委任）则是绝不允许的。问题在于具体、个别的委任与一般、空白的委任之间区别的标准，为了能称之为具体的、个别的委任，必须在委任的法律本身明确委任的目的、内容和委任程度。故此，凡不符合这个标准的委任规定，则按一般的、空白的委任论处即无效，所以，以此为基础的政令与省令的规定也当然无效。"②《德国所得税法》第51条于此堪为典范，它明确规定了联邦议会允许联邦政府委任立法的事项，其内容之详尽、条款之缜密，几乎无行政机关自由裁量的空余。

2. 税收通告的效力

在税法领域，由于受税收法律主义的支配，课税要件的全部，原则上均应以法律规定，授权命令规定的事项，仅限于不抵触上述原则的范围。但由于税法规范的对象的经济活动，极为复杂多样且激烈变化，因此，欲以法律的形式完全地加以把握规定，实际上有其困难，而有必要就其具体的决定委由命令规定，并配合情事变更以机动修废其规定，因此在税法上，课税上基本的重要事项，应以法律的形式加以规定，而就其具体的、细目的事项则以法律授权委由行政命令规定的情形不少，在日本被称为税收通告，在德国被称为法规命令，在台湾地区一般被称为解释函令。

---

① 葛克昌：《租税优惠、平等原则与违宪审查——大法官释字第五六五号解释评析》，《月旦法学杂志》2005年1月，总第116期。

② ［日］金子宏：《日本税法原理》，刘多田等译，中国财政经济出版社1989年版，第51页。

金子宏指出，所谓通告，是上级行政机关就法令的解释及实施方针，对下级行政机关颁布的命令或指令。在税务行政工作中，多数通告是由国税厅长发布的。其中对纳税人来说，最重要的是关于税法解释的通告，即解释通告。通告，是上级行政机关对下级行政机关发布的命令，在行政组织内部具有约束力，但它不是对国民具有约束力的法规，法院也不受它的拘束。所以，通告不是税法的渊源。然而，实际上日常税务是依据通告进行的，在纳税人方面无争议的情况下，有关税法的解释和适用的多数问题，也依据通告进行解决。所以说，现实中通告与法的渊源具有同样作用，并非言过其实。诚然，为确保税收法规的统一执行，通告无疑是十分必要的。如果没有通告，由各税务署依自行判断进行税法的解释和适用，税务行政将陷入严重的混乱之中。然而，鉴于通告的上述重要性，其内容决不能与法令相抵触，即不得依据通告对纳税人课以法令规定以外的纳税义务，同时，也不得在无法令根据的情况下仅依通告免除或减轻纳税义务。① 葛克昌指出，税法解释函令一方面可借此统一行政机关内部法律见解，减轻税务人员及税务代理人于适用法令疑义之负担，进而提高税捐法规之安定性，并使行政机关行为具有可预测性，另一方面也影响到人民对税法法规之信赖基础，而人民虽有依法律纳税之义务，但实际上所适用之税法，却是透过解释函令这面镜子所反射出来的形象。② 黄俊杰认为，税捐解释函令是具体化税法的命令，除为了便利课征手续及实现国家财政完整性的目的以外，更不

① ［日］金子宏：《日本税法原理》，刘多田等译，中国财政经济出版社 1989 年版，第 71—73 页。

② 葛克昌：《解释函令与财税行政》，载葛克昌《所得税与宪法》，北京大学出版社 2004 年版，第 146 页。

能忽略人权保障，才是"宪法"存在的根本价值。[①] 解释函令系"解释法规"之行政规则，因此要在税捐法之"法律补充禁止"（即类推适用禁止原则）的要求下，解释函令若逾越法律（规）文义范围，而为法律补充（尤其是不利于人民之法律补充），原则是应被禁止。我国台湾地区"司法院"通过一系列"大法官会议解释"对解释函令进行限制。[②] 对于法规性命令，《德国基本法》第 80 条则明确要求：第一，必须有法律之授权；第二，在授权中必须充分规定授权之内容、目的及范围；第三，法规性命令必须标明其制定的法律依据；第四，必须在联邦法规公报中（Bundesgesetzblatt oder Bundesanzeiger）公布。德国学者 Tipke/Lang 认为，法规命令的有效性，取决于是否具有该四个要件，如果法规命令违背上述四个前提要件，则不生效力。[③]

（二）课税要素明确主义

税收必须是确定的，"税率应当固定。每一个公民应当确实知道，他应当协助支持社会到什么程度。任意征税是压迫和营私舞弊的根源，它给偏私、妒忌、报复、贪婪及其他私欲提供了自由活动的场所"[④]。亚当·斯密指出："完纳的日期、方式和数额都应当让一切纳税者及其他人了解得十分清楚。否

---

① 黄俊杰：《解释函令对纳税者之影响》，载黄俊杰《纳税人权利之保护》，北京大学出版社 2004 年版，第 27 页。

② 例如，释字第 217 号解释："其事实认定方法的指示，也应以经验法则为基础，俾接近实质的真实。并应容许当事人提出反证推翻。"释字第 218 号解释："有关事实认定的函令，除基于实用性原则考量外，更应斟酌年度、地区、经济状况等特殊性，以力求客观、合理、使与纳税义务人之实际所得相当，以维租税公平原则。"释字第 221 号解释："有关证据方法或证明责任的令函，也不得变更税法上举证责任之分配法则。"等等。

③ 陈清秀：《税法的法源》，《植根杂志》第 11 卷第 11 期。

④ ［法］霍尔巴赫：《自然政治论》，陈太先、眭茂译，商务印书馆 2002 年版，第 304 页。

则，每个纳税人就会或多或少地为税吏的权力所左右；税吏
会乘机向任何讨厌的纳税者加重赋税，或者以加重赋税为恐
吓，勒索赠物或贿赂。赋税的不确定会纵容专横与腐化，即
使那些税吏原本不是专横和腐化的人。"他还认为，"根据一
切国家的经验看，赋税如果不平等，其对纳税者的危害尚小，
而赋税一旦不确定，则会产生相当大的危害"①。

征收租税属干预人民财产的干预行政，其所依据的法律所规
定的租税构成要件必须尽可能明确，以使纳税义务人有明白确定
认识的可能。由于纳税义务人对课税事务几乎是门外汉，课税要
件又常常使用抽象的概念，这种概念须另予解释，而税法解释与
事实认定，又强调经济意义及实质课税，再加上间接证据的推估
核定，与脱法避税的防杜，遂导致宪法明确性要求在税法法律中
不断流失。德国学者 H-J. Paper 教授评价德国法制，认为宪法的
规范与现实之间割裂，从未像宪法明确性要求与税法之适用间如
此严重。②

课税要件明确性原则为税收法定原则的重要内涵之一，至少
包括下列含义：第一，课税要件化：即对于课税之法律概念特征
予以要件化；第二，课税要件明确性：即当课税之法律概念要件
化之后，进一步要求其应具有足够之明确性，以资遵循，除此以
外，在税法中，亦要求法律效果臻于明确。③ 即基于依法行政、
法明确性的要求，征税机关不仅应遵守法律的规定，对于设定租

① ［英］亚当·斯密：《国富论》，唐日松等译，华夏出版社 2005 年版，第 589
页。

② 葛克昌主持：台湾地区"财政部"2005 年度委托研究计划"纳税人权利保
障法可行性研究"，第 119 页。

③ 黄茂荣：《法律漏洞之补充的方法》，《台大法学论丛》第 13 卷第 1 期，第 4
页注 4。

税义务的法律规定，其内容、对象、目的、范围，亦应充分明确，使纳税人得以预见并评估其租税负担，从而安排自我负责之生活方式。基此，稽征机关与法院不得比附援引类似事件之规定，以加重或设定人民之租税负担。①

课税要素明确主义主要涉及税法立法中不确定法律概念的运用问题。学者认为，由于立法者必须采用不确定法律概念来制定法律，似已成为目前无法避免之难题，亦是实证法上先天之不足。② 然而，考虑到法在执行之时的具体情况，为实现公平税负，使用不确定的概念在一定程度上是不可避免的，有时甚至是很必要的。其他的不确定概念，诸如"不适当的高额"、"相当的奖赏"、"认为不适当"、"相当的理由"、"有必要之时"、"正当的理由"等，以这类不确定概念规定课税要素及其他法律要素的情况不乏其例。但是，在不确定概念中也有必要注意其两种类型的区别。其一，由于其内容过于一般或者不明确，在解释上使之意义明确是十分困难的，因此有可能导致权力的滥用。例如，所谓"公益上的需要"之类以最终目的或价值概念为内容的不确定概念就属此类。税收法规中使用这种不确定概念时，其概念因违反课税要素明确主义，应认为无效。其二，以经验概念或中间目的为内容的不确定概念，尽管它初看起来不明确，但按照法的宗旨和目的的理解可以明确其意义，所以，它不允许由税收行政机关自由裁断，至于在某种具体的情况下，是否属于此类不确定概念，是法的解释问题，当然要服从法院的审查。只要在必要和合理的范围内，使用这种不确

---

① 陈敏：《宪法之租税概念及其课征限制》，《政大法学评论》第 24 期。
② 黄俊杰：《实质课税原则对纳税者之影响》，载黄俊杰《纳税人权利之保护》，北京大学出版社 2004 年版，第 31 页。

定概念，应当认为并不违反课税要素明确主义。[①] 学者陈清秀指出，使用这些不确定概念的条件是，这些法律概念的含义可以根据法律里的其他规定予以明确，从而整体上达到"具有法律明确性的要求"。如果达不到这一要求，那么这样的规定就属于所谓的空白文句，并因违反税法关于法律明确性的要求而属无效规定。[②]

（三）税务机关依法稽征原则

1. 课税合法、正当原则

税收债务在满足税收规定的构成要件时成立，税收稽征机关应严格按照税法的规定予以征收。[③] 税收征纳从税务登记、纳税申报、应纳税额的确定、税款缴纳到纳税检查都必须有严格而明确的法定程序，税收稽征机关无权变动法定征收程序，无权擅自决定开征、停征、减免、退补税收。这就是课税合法正当原则。包括课税有法律依据、课税须在法定的权限内、课税程序合法等内容。

2. 类推禁止

基于依法行政、法明确性的要求，征税机关不仅应遵守法律的规定，对于设定租税义务的法律规定，其内容、对象、

---

① ［日］金子宏：《日本税法原理》，刘多田等译，中国财政经济出版社 1989 年版，第 51—53 页。

② 陈清秀：《税捐法定主义》，载李震山等编《当代公法理论——翁岳生教授六秩诞辰祝寿文集》，元照出版公司 1993 年版，第 599 页。

③ 各级政府给税务部门下达"税收任务"本身违反了税收法定原则，导致实践中出现诸多问题：例如经济税源丰厚的地区，只以完成税收计划为工作目标，人为地留税不征，而经济税源较为贫乏、完成税收任务难度大的地区，税务部门却征收"过头税"，这种现象的存在损害了税法的严肃性。而"包税制"、税收人员的"税收竞争"（对税务人员分配任务，规定未完成处罚，超额完成按比例提成奖励），更使纳税人处于"有罪推定"的位置，在征税过程中，税务稽征人员往往取之尽锱铢，忽略了纳税人生存保障。

目的、范围，亦应充分明确，使纳税人得以预见并评估其租税负担，从而安排自我负责之生活方式。基此，稽征机关与法院不得比附援引类似事件之规定，以加重或设定人民之租税负担。[①]

3. 纳税人信赖保护原则

信赖保护原则在行政法律关系上，是指人民因相信既存之法秩序，而安排其生活或处置其财产，则不能因嗣后法规之制定或修正，而使其遭受不能预见之损害，用以保护人民既得权益。[②]信赖保护原则的基础在于基于法治国原则，法律预见性乃是受规范者理性行动与自我负责行为的前提，故法律规定本身应明白确定，使受规范者能够预见其行为的法律效果，从而可能对其生活

---

① 陈敏：《宪法之租税概念及其课征限制》，《政大法学评论》第 24 期。

② 黄俊杰：《纳税者之信赖保护》，载黄俊杰《纳税人权利之保护》，北京大学出版社 2004 年版，第 56 页。

我国台湾地区"司法院大法官会议解释"释字第 287 号解释：行政主管机关就行政法规所为之释示，系阐明法规之原意，固应自法规生效之日起有其适用。唯在后之释示如与在前之释示不一致时，在前之释示并非当然错误，于后释示发布前，依前释示所为之行政处分已确定者，除前释示确有违法之情形外，为维持法律秩序之安定，应不受后释示之影响。

我国《行政许可法》第 8 条规定了行政许可领域的信赖保护原则。同年颁布的《依法行政实施纲要》也在"依法行政的要求"中规定，"非因法定事由并经法定程序，行政机关不得撤销、变更已经生效的行政决定；因国家利益、公共利益或者其他法定事由需要撤回或者变更行政决定的，应当依照法定权限和程序进行，并对行政管理相对人因此而受到的财产损失依法予以补偿"。

依学说见解，适用信赖保护原则的要件包括：信赖基础，首先要有一个令人民信赖之国家行为，如行政处分、法规命令等存在；信赖表现，即当事人因出于信赖而为具体之信赖行为，包括运用财产及其他处理行为，且信赖表现须与信赖基础有因果关系；信赖值得保护，如当事人系基于恶意欺诈、胁迫或其他不正当方法，则不构成信赖保护。黄俊杰：《实质课税原则对纳税者之影响》，载黄俊杰《纳税人权利之保护》，北京大学出版社 2004 年版，第 51 页。

安排与资源分配予以长期规划。① 纳税义务是从各种的私经济活动中所产生的义务，因此，对于何种行为或事实，将伴随何种纳税义务，如无法事前明了时，则国民将有遭受不测损害之虞。由于税收在今天关系到国民经济生活的各个侧面，人们如果不考虑

---

① 我国台湾地区"司法院大法官会议解释"释字第 385 号（税捐优惠的权利与义务）苏俊雄大法官协同意见书："作为课税基础之法律规定，当然以其有效性为前提；故若法律因废止程序废止或因施行期满而当然废止者，既已失其效力，自不得再为课税之依据。惟基于信赖保护原则之考量，法治国亦肯认在一定条件下，使已废止之法律对于特定案件，仍具有规范效力，以维护人民之既得权益。就此，学理上有称之为法律的'后续力'。"参见苏俊雄《宪法意见》，元照出版公司 2005 年版，23—24 页。

释字第 525 号解释：信赖保护原则攸关宪法上人民权利之保障，公权力行使涉及人民信赖利益而有保护之必要者，不限于授益行政处分之撤销或废止（行政程序法第 119 条、第 120 条及第 126 条参照），即行政法规之废止或变更亦有其适用。行政法规公布施行后，制定或发布法规之机关依法定程序予以修改或废止时，应兼顾规范对象信赖利益之保护。除法规预先定有施行期间或因情事变迁而停止适用、不生信赖保护问题外，其因公益之必要废止法规或修改内容致人民客观上具体表现其因信赖而生之实体法上利益受损害，应采取合理之补救措施，或订定过渡期间之条款，俾减轻损害，方符宪法保障人民权利之意旨。至经废止或变更之法规有重大明显违反上位规范情形，或法规（如解释性、裁量性之行政规则）系因主张权益受害者以不正当方法或提供不正确数据而发布者，其信赖即不值得保护；又纯属愿望、期待而未有表现其已生信赖之事实者，则欠缺信赖要件，不在保护范围（另可参照释字第 529 号解释）。

释字第 589 号解释："法治国原则为'宪法'之基本原则，首重人民权利之维护、法秩序之安定及信赖保护原则之遵守。行政法规公布施行后，制定或发布法规之机关依法定程序予以修改或废止时，应兼顾规范对象信赖利益之保护。受规范对象如已在因法规施行而产生信赖基础之存续期间内，对构成信赖要件之事实，有客观上具体表现之行为，且有值得保护之利益者，即应受信赖保护原则之保障。至于如何保障其信赖利益，究系采取减轻或避免其损害，或避免影响其依法所取得法律上地位等方法，则须衡酌法秩序变动所追求之政策目的、国家财政负担能力等公益因素及信赖利益之轻重、信赖利益所依据之基础法规所表现之意义与价值等为合理之规定。如信赖利益所依据之基础法规，其作用不仅在保障私人利益之法律地位而已，更具有藉该法律地位之保障以实现公益之目的者，则因该基础法规之变动所涉及信赖利益之保护，即应予强化以避免其受损害，俾使该基础法规所欲实现之公益目的，亦得确保。"

其税法上的或因税法而产生的纳税义务，则任何重要的经济决策均无法作出。因此，纳税人对于其有利之法律、判例、解释函令所产生信赖，国家应加以保障。[1]

具体而言，纳税人信赖保护原则主要包含三个方面的内容。

（1）税法禁止溯及既往。对已终结的事件，原则上不得嗣后制定或适用新法，以改变原有的法律评价或法律效果，即所谓的法律不溯及既往原则。对溯及力税法的限制，其根据为法律安定原则。法律安定原则有时不免违反实质之正确性，但确为法治国家之干涉行政所应恪守之原则。对纳税义务人而言，法律安定原则首在于保护人民之信赖。税法必须具备一定之可信度，使人民可以预见其行为之法律效果，从而安排自我负责之生活方式。因此税法原则上仅能适用于公布后成立或完成之事实。[2] 对法秩序的信赖为自由宪政的基本条件，如公权力对个人过去的行为或情况，仍可立法赋其不利的法律效果，则对个人的自由产生严重危害。纳税义务人从事经济活动，遵循经济理性，溯及既往的经济负担，使经济理性无从事前预见。因此，在法律安定原则及信赖保护原则的要求下，税法应使人民对其经济生活进行较长期之规划与安排，因此应使人民能预见其行为的法律效果，从而安排自己的生活方式。所以税法原则上仅能适用于讼后发生或终结之要件事实，如对已终结之要件事实，所赋予之法律效果，较行为人根据行为时之法律状况，所能预计者不利，即损害人民之信赖，而有违反法律安定原则及信赖保护原则之虞，此即法律（及命令）之溯及效力禁止。[3] 但税法禁止溯及既往并非绝对，例外的

---

[1]　参见黄俊杰《纳税者之信赖保护》，载黄俊杰《纳税人权利之保护》，北京大学出版社 2004 年版，第 85 页。

[2]　陈敏：《宪法之租税概念及其课征限制》，《政大法学评论》第 24 期。

[3]　庄国荣：《解释函（令）的适用范围》，《植根杂志》第 1 卷第 8 期。

情形主要有：①在法律规定溯及既往课予人民不利益效果之期间，人民对该法律效果之变更有预见可能者。②旧法本身系无效之法律，人民自不得对之产生应受保护之信赖。③法律规定错乱不明，致法律不明确或存有体系上矛盾时，人民亦无可信赖之基础，立法者自得嗣后制定法律，追溯厘清当时不明法律状态。④公益要求较法安定性要求更具有重大迫切之事由时，人民信赖保护应居次位，该溯及之法规则有合理正当性。⑤为合乎宪法或国民福利，排除体系上错误与漏洞之填补，所要求之法规溯及。⑥基于事物之性质，溯及所造成之负担微不足道，则人民欠缺值得保护之信赖。①

（2）税收行政机关行为禁反言原则。如果形式上贯彻合法性原则，税收行政机关一旦作了税收法规的解释和课税要素事实认定后，当发现其中有错误时，不论对纳税义务人是否有利，都应该改为正确的解释和正确的事实认定。但是，即使是错误的解释和认定，纳税义务人方面也会对它形成信赖，所以由于事后对它的改正有时会造成辜负纳税义务人的信赖。这就涉及了税法适用信义原则或禁止翻悔的法理问题，是贯彻作为税收法律主义一方面的合法性原则，还是重视作为另一方面的法的稳定性原则，是两个价值对立的问题。②例如，在我国台湾地区，"娼妓系属不正当营业，原在取缔之列，不予课征所得税"（直接税处26.4.21 第203 号训令），既经税收稽征机关发布解释令函加以解释，而历经数十年由税收稽征机关加以实施，而在相对人之人民方面，也无异议地加以接受，并认为是正确的解释，而具有法

---

① 潘英芳：《纳税人权利保障之建构与评析——从司法保障到立法保障》，法律学研究所硕士论文，台湾大学，2007 年，第83 页。

② ［日］金子宏：《日本税法原理》，刘多田等译，中国财政经济出版社1989 年版，第54 页。

的确信时，即产生一种习惯法的行政先例法。纵然此项娼妓所得不课税的惯例，并不符合所得税法的规定意旨，但因其已产生行政先例法，故仅能经由法律加以修正，而不适合仅变更解释令函来达成相同的目的。[①]

（3）有利于纳税人的习惯法成为行政先例法。税法是限制人民财产权的规范，依据税收法律主义原则，只有形式意义的法律才能作为课税的根据，因此，创设或加重人民税收负担，即对纳税人不利的习惯法，无成立余地。然而对于纳税人有利的习惯法，可否加以承认，不无争议。有学者认为税收立法应严格地受国会法律的拘束，而税收习惯法则不符税收法律主义的要求。但多数学者认为承认对纳税人有利的习惯法，并不违反税收法律主义。因此，减轻或免除纳税义务或缓和稽征程序要件的处理，已由税务稽征机关一般性的反复继续进行，形成行政先例，对于此项行政先例，在纳税人间已一般性地确信为法（法的确信）时，则可承认该具有习惯法地位的行政先例法存在，税收稽征机关也应受其拘束。此种习惯法具有修正或变更现行法的效力，因此，如要变更其处理，必须修正法律。例如某种物品，并不列入货物税的课税对象，历经多年，不仅为税收稽征机关方面所承认，且在人民这一方面也信赖不课税而为行动的情形，在同一税收法律底下，骤然变更解释，将该物品纳入课税对象处理，并非妥当的措施。倘若要和以往的处理进行不同的处理时，则应修正税法规定，并阐明其意旨。在此意义下，历经多年的先例或处理，即可认为具有一种行政先例法的意义。[②] 我国台湾地区"行政法院"1959年判字第55号判决："行政先例原为行政法法源之一，如

---

①　陈清秀：《税法的法源》，《植根杂志》第11卷第11期。

②　同上。

非与当时有效之成文法明文有背，自得据为行政措施之依据。"
日本著名税法学者金子宏教授认为：通告明示的税收法规的解
释，经过长时间继续有效时，存在着能否承认行政先例法的问
题。如从税收法律主义的宗旨考虑，对纳税人不利的行政先例
法，即对纳税人课以新的纳税义务，或加重纳税人纳税义务的行
政先例法是没有承认余地的，但是，对纳税人有利的行政先例
法，即以免除或减轻纳税义务人纳税义务为内容的行政先例法，
则有承认的余地。①

三　税法的形式正当性与实质正当性

（1）税法的形式正当性。国家行使课税权，属于典型的干预
行政，必须受到严格的法律保留原则拘束，但是国家课税权之行
使，不论税捐法定原则，抑或法律保留原则，其均仅提供税法在
宪法上之形式正当性而已。税法之实质正当性，仍应在宪法其他
规定中，另觅其基础与意义。②

（2）税法的实质正当性。洛克认为，"议会立法权仅仅表明
它代表人民的意志去发现法律，并不能说明它拥有压迫者的力
量"③。霍尔巴赫指出："交给国王的权力只是出于人民的同意，
交给统治者的权力是为了谋社会福利；统治者不能利用手中权力
来伤害这个社会，不能利用这种权力犯罪。"④ 法律的制定是由

---

① ［日］金子宏：《日本税法原理》，刘多田等译，中国财政经济出版社 1989 年
版，第 71—73 页。

② 葛克昌：《人民有依法律纳税之义务——大法官会议解释为中心》，载葛克昌
《税法基本问题（财政宪法篇）》，北京大学出版社 2004 年版，第 101 页以下。

③ ［英］洛克：《政府论》（下），叶启芳、瞿菊农译，商务印书馆 1996 年版，
第 91—92 页。

④ ［法］霍尔巴赫：《自然政治论》，陈太先、眭茂译，商务印书馆 2002 年版，
第 230 页。

民选的代表组成的立法机关，依据宪法的规定而产生，其内容不得违反宪法，否则该法律无效。特别是在现代实质宪政国家，不满足于传统形式正义的法治国家，而追求以人性尊严为中心的实质国家，即正义国家。实质宪政国家要求，对租税负担不满足于议会的多数决，进一步要求税法整体秩序所表彰的价值体系，与宪法的价值体系必须一致。"法治国固然亦为立法国，但这并不表示国家应容忍立法者恣意立法，相反的，在一个实质法治国，立法权有其宪法界限，尤其是应受到基本权利与正义之拘束。任何民主之多数决定，必须重视基本权利作为具有拘束力之价值秩序，而不容许立法者恣意立法及随意课征。因此，税法必须符合正义，而为正义之法，才是宪法之意旨与要求。"① 因此，在民主法治国家，宪法是税收征收的最高法律依据。所有税收立法，必须进行合宪性证成。② 例如，对所得加以课税，是对纳税义务人原供自己私经济营利使用的财产中的一部分，转移给国家用以满足一般国家财政需要或为社会政策及经济政策目的。此种转移，从经济观点，是对私有财产的重分配。这种重分配必须具有宪法上的依据，否则无异于国家掠夺人民财产。对所得课税其宪法上的依据，依德国公法学者 Kirchof 的见解，在于所得的市场关联性，所得原则上从经济交往、参与市场交易中产生。市场非由国家所创设，但由国家维持并保障其秩序，在市场中，个人以营利人身份与公众往来。由于市场与公共利益有关，故市场所得中一部分经由所得税归公众所有，有其依据。③ 此外，由于税收涉及对公民基本权利的限制，在立法时必须注意到"人民自由权

---

①　黄俊杰：《税捐正义》，北京大学出版社 2004 年版，作者序。

②　葛克昌：《量能课税原则与所得税法》，载葛克昌《税法基本问题（财政宪法篇）》，北京大学出版社 2004 年版，第 118 页。

③　同上书，第 119—120 页。

利，仅可依法限制，而不得废除，且限制得以法律为之。国家以法律限制人民基本权利时，除应注意其他之宪法限制外，亦不得侵害各自由权利的本质。如对自由权利的限制，足以产生排除该自由权利之实质效果时，即非宪法所许可"①。限制如涉及基本权利的核心领域，造成事实上基本权利行使的不可能，即构成对公民基本权利的侵犯，涉嫌违宪。

四　非税公课的征收

现代法治国家在财政上表现为"租税国家"，国家本身不从事私经济活动，而留由社会自由发展，其所支出的一切费用均通过公权力参与社会财富分配的方式取之于民众（其中主要通过税收的方式）。政府从国民经济中筹措公共活动所需资金的方式主要有：①要求公民直接给付物或劳务。在当代的实践中几乎不使用这种方式，这一原则仅存在于金钱给付不能满足，尤其是兵役方面。②通过国有企业、国有土地的盈余等"财产收益"扶持国家。但这种方式在自由经济国家问题颇大。③以公课形式取得收入。所谓公课是以财政收入为主要或次要目的的强制性公法金钱给付义务。具体而言公课又包括税收和非税公课，非税公课则包括规费、受益费（由于两者均以对待给付为要件，故合称为受益负担）以及作为新兴的财政工具的特别公课三种类型。除以上三种方式之外，政府还有大量其他的收入来源，如罚款以及从没收、捐赠获得的收入等。② 在现代社会，由于通过课以公民公法上金钱给付义务的方式对宪法保障的行为自由的限制最少，在财

---

① 陈敏：《宪法之租税概念及其课征限制》，《政大法学评论》第 24 期。
② 葛克昌：《论公法上金钱给付义务之法律性质》，载葛克昌《行政程序与纳税人基本权》，北京大学出版社 2005 年版，第 42 页。

政收入方面，市场经济国家无不选择该方式进行。因此，公民公法上金钱给付义务主要包括税收、非税公课（主要包括规费、受益费、特别公课三类，在我国通常被统称为"行政事业性收费"）、行政罚的罚款、刑事罚的罚金、滞纳金等。在我国，税收、行政事业性收费是财政收入的主要来源。

（一）非税公课的内容及特点

（1）规费。作为对本着申请人利益而作出的具体职务行为或其他行政服务的对待给付而缴纳。其管辖部门不是财税机关，而是按照其提供对待给付事务的性质，相应的定其管辖机关。规费具体又分为对职务行为的行政规费和为使用公共设施而交付的使用规费。规费主要特征在于有给付与相对给付之对待关系存在。由于规费是用以补偿国家对人民所为行政给付的成本，故而不问人民受领该项给付，是出于其主动的请求还是被动的强制接受。

（2）受益费。为设置或经营公共设施，要求那些可能从中受益者提供。受益费的法律性质，系基于统治权，为满足财政需求，对建造、改良或增建营造物或公共设施，所征收的全部或一部分费用的金钱给付。与规费不同的是，在于给付与对待给付间，无须有直接关联性，即受益费的征收与实际使用无关，无须义务人现实取得利益，只要有潜在的受益可能性即可。另外，亦不问该项工程，是否因受益人的请求或呼吁而进行。因此，立法者在规费或受益费之间作抉择时，受益的个别受领人事实上已明确时，征收规费；如群体受益个人只有受益可能时，征收受益费。在管辖方面，同规费管辖的原则一样，其管辖部门不是财税机关，而是按照其提供对待给付事务的性质，相应地定其管辖机关。

（3）特别公课。作为一种新兴的财政工具，特别公课是国家为一定政策目标的需要，对于有特定关系的国民所课征的，并限定其课征所得的用途的公法上负担。实践中，根据设立的目的不同，特别公课具体又可以分为以取得财源为目的的特别公课以及管制诱导性特别公课。特别公课与税收不同之处在于：特别公课是为了支应特别国家任务而向特定群体而不是向一般纳税义务人所征收，不实行统筹统支，不支应国家的一般财政需求，不透过预算而流入特别基金中。特别公课具有的该特点决定了规范特别公课的法律并非税法，而是根据不同的特定国家任务（例如经济事务、环保事务等）定其管辖权归属，由经济法、社会法或环保法所管辖。

（二）非税公课征收的原则

非税公课征收必须奉行依法行政原则。法治国家对公民课以公法上金钱给付义务，属于干预行政，由于涉及对公民宪法财产权的侵犯，必须遵守法治国法律优位、法律保留原则，即必须通过法律的形式予以设定，行政机关无权通过自行设定规范性文件的方式对公民课以金钱给付义务，法律在设定公民金钱给付义务时规定必须明确。行政机关在对公民财产进行征收时，必须根据相关实体法及程序法的明确规定而依法行政。但是，课以公民金钱给付义务必须通过法律的方式确定，并不表明事无巨细均由法律所包揽无余。现代社会结构复杂，事务繁多，限于立法机关立法任务繁重而没有时间、能力或不想就细节事项作出规定，或者有时制定的法律事项具有技术性，立法机关不宜对这种过于技术化的事项制定法律等原因，将部分事项授权给行政机关通过法规、命令等形式予以规范的授权立法（又称委任立法）往往在所难免。授权立法与立法机关的立法相比所具有的迅速、灵活、专业性和技术性强等优点，使其跻身成为现代立法制度的重要组成部分，在当今世界各国普遍存在。① 但是，毕竟授权立法对传统的政治体制和宪政理论提出了严峻挑战，同时也对公民的基本权利构成了很大威胁，因此，授权立法必须遵循以下原则：①授权明确性原则，即授权的内容必须明确，禁止一般的、空白的授权（即无限制的授权）。②转授权禁止原则，即被授权的行政机关应当在授权的范围内自行立法，禁止其将被授予的立法权再转授予其他部门。

（三）设定非税公课的原则②

（1）规费。规费的正当性在于：规费义务人所取得的特殊经济利益或公权力为其服务而有所花费。规费的征收原则：与税不同，决定规费高低的首要因素不是债务人的给付能力或其他社会价值，而是行政给付的费用大小，因此，对于规费的征收主要适用对等报偿的原则。对使用规费和行政规费必须进行限制，不允许规费数额超出行政支出，尤其不允许提高规费，而为其他行政项目集资。在具体运用规费均衡原则中，必须区分总体性规费收入的数额与确定一定具体的规费之间的不同：对于总体规费收入适用"费用抵偿原则"，确定具体规费适用"对等原则"。依此，必须根据总体费用确定规费的总体收入，根据对等给付确定具体规费。①费用抵偿原则。费用抵偿原则所包含的首要目的是费用逾越禁止，其中，也暗含了这一趋势：作出的开支应尽可能由使用规费和行政规费抵消，而不至于使其成为公众整体承担的开支。此外，费用抵偿原则还要求：不允许任何行政部门为其他项目取得盈余而相当显著地提高规费收入。支出中只应计算行政部

---

① 陈伯礼：《授权立法研究》，法律出版社 2000 年版，第 68—83 页。

② ［德］平特纳：《德国普通行政法》，朱林译，中国政法大学出版社 1999 年版，第 179—189 页；葛克昌：《行政程序与纳税人基本权》，北京大学出版社 2005 年版，第 17—53 页。

门在人力、物力方面的总体花费（包括行政建筑、退休金负担等），使用规费中亦应计算资本利息和折旧费。②对等原则。一般情况下在使用规费中，规费必须根据实际对等给付以及其价值予以确定。在此不得根据"交易价值"（价值规费）、给付领受人的主观价值或其他社会关系来量定规费。规费必须尽可能与"真正"给付保持对等性（对等性准则）。具体衡量时：首先，允许总体计价。比如，在展览以及游泳池入场券上可以一律收取同一价格，而无须顾及每一使用人具体逗留时间的长短。其次，对于不可能衡量或不适宜衡量某一利用，例如排污时，则必须采取一个与真实性最为接近的估计准则（可能性准则）。而对于受领人的给付能力和促进愿望（社会因素），给付对具体受领人的价值皆不在考虑之列。一定的社会负担确需要减轻时，不得转嫁为其他交付规费负担。对行政规费而言，在原则上适用前述使用规费的规定，但是由于职务行政价值很难通过总体费用被除以个案数字而得出，因此，取而代之的做法是根据具体职务行为所针对的物对申请人的价值（价值规费），来确定规费的多少。

（2）受益费。受益费征收的正当性在于：受益费义务人可能从设置或经营公共设施中受益，因此必须负担设置或经营公共设施的全部或一部分费用。受益费的征收原则：受益费的确定适用在确定规费时相同的准则，即根据总体费用确定受益费的总体收入，根据对等给付确定具体受益费。不过，因为对等给付仅作为使用设施好处的可能性而存在，故分担准则一般情况下必须根据可能性准则来确定。

（3）特别公课。特别公课的正当性在于：预算周延性原则、全民负担平等性原则（量能原则）以及统筹统支等基本理念，有所不足而需加以扩充。特别公课存在的依据，其衡量的标准，完全在于其作用，即创造财源、对财产加以负担以及对行为的管制诱导。由于特别公课与税收平等负担原则不同，并且专款专用，受议会监督的程度较低，因此，国家的财源，应以税收为主，仅在特殊事由及例外的情形下，有特殊合理的正当事由才可以征收特别公课。第一，以取得财源供特定国家任务的特别公课，需具备以下较严格的课征要件：①课征义务人是具有同构型的群体。②此群体具有共同责任。③课征需对缴纳的特定群体有利，即不得为他人利益而课征。第二，以管制诱导性为目的的特别公课。可以为他人利益而课征，但须以先前（为公益）义务违反为前提。

第三节　比例原则运用于税法——不受过分
征收权、不受过度执行权

比例原则是以"方法"与"目的"的关联性切入，检视国家行为的合宪性，避免人民自由与权利遭受过度侵害。具体包括：①妥当性原则。指行政机关所采取的限制手段须适当及有助于所追求目标之达成，如果经由一措施或手段之帮助，使得或帮助所欲达成的成果或目的达成，那么这一措施或手段相对于该目的或成果即为妥当。②必要性原则。一个合妥当性的手段尚必须合乎必要性，可称为最少侵害原则，即行为不超越实现目的的必要程度，在达成目的有多种手段时，须采取侵害人民权益最小的手段。③衡平性原则（狭义比例原则）。指对于基本权侵害程度与所欲达成的目的，须处于一种合理且适度的关系，采取的方法与所造成的损害不得与所欲达成的目的利益显失均衡。①

———————————

① 钟典晏：《扣缴义务问题研究》，北京大学出版社 2005 年版，第 26—27 页；城仲模主编：《行政法之一般法律原则》，三民书局 1994 年版，第 225 页。

　　比例原则要求租税征收必须有度，"国家应该征收给自己保存的一份财富怎样才算公平合理呢？这一财富应该根据国家的实际需要和人民的生活状况来决定，而不能根据统治者的设想或宫廷的贪心来决定"①。"没有任何东西比规定臣民应缴纳若干财产，应保留若干财产，更需要智慧与谨慎了。""计算国家收入的尺度，绝不是老百姓能够缴付多少，而是他们应当缴付多少。如果用老百姓能够缴付多少去计算的话，那么至少也应当用他们经常的缴付能力作为标尺。"②"赋税应该适合每个人的收入，适应国家给他享受的权益，主要的是适合国家的真正需要。如果赋税随当权者的贪心任意决定，那么征税就会毫无止境。当赋税超过公道范围，人民就会失去生活能力，于是他们就不得不违法逃税或者停止劳动，甚至离开祖国远走他方。"③　具体而言，比例原则包括：①税课适当性原则。税源选择上，税课后仍能保持，供将来私人利用与国家课税，而不能竭泽而渔，亦即禁止没收性税课。②禁止过度原则。宪法既已保障私人财产所有权，所有人虽因公益而负有纳税义务，但不能本末倒置，因过度课税而导致私人财产权制度名存实亡。

一　纳税人不受过分征收权

　　财产权是指具有财产价值的一切权利，不仅包括以所有权为核心的物权、债权、无体财产权之私法上的权利，同时还包括公

---

　　①　［法］霍尔巴赫：《自然政治论》，陈太先、眭茂译，商务印书馆2002年版，第250页。

　　②　［法］孟德斯鸠：《论法的精神》（上册），张雁深译，商务印书馆1997年版，第213页。

　　③　［法］霍尔巴赫：《自然政治论》，陈太先、眭茂译，商务印书馆2002年版，第304页。

物使用权之公法上的权利。① 在现代社会，一方面，个人人格发展的可能性，首先须触及实现个人自由不可让与的社会条件。自由实现的条件，在于拥有实体及精神上必要的物资，作为自我决定的前提。财产权作为宪法基本权保障的意义在于：为使个人不至沦为单纯国家高权的客体，确保个人在财产领域内有一定的自由活动空间，因而有自主负责地形成其生活形态的可能。因此，财产权是人格自由发展的实质基础要件，财产多寡一定程度上决定个人物质生活条件或社会地位的高低，财产过度贫乏足以妨碍实现个人自由、发展人格及维护尊严。同时，财产权分散了社会成员的经济权利，避免政治权力高度集中，使得公民在获取物质资源时不必产生对国家的过度依赖，这就为宪政民主制度的建立创造了条件。② 另一方面，在现代社会，由于人不是孤立存在的个人，而是与其他人相联系的，于群体中而存在的人，因此须对国家及社会承担相应的义务，其中最主要的就是纳税义务。事实上，从出生时起，每个人即与国家建立了稳定的公法关系，自其有纳税能力时开始，纳税义务伴其一生，西谚"人生唯有死亡与纳税无可逃避"形象地道出了这种状态。财产权一方面作为基本人权受宪法保障，另一方面出于公共利益必须受到限制，体现了自由法治国与社会国之间的紧张关系，其协调的关键在于：税收作为国家对纳税人私有财产的一部分的无偿取得，首先是建立在对纳税人私人财产权利承认和尊重的基础上的，正是因为国家承认纳税人对其财产享有合法的财产权利，才会产生对纳税人财产的无偿取得问题。由于课税权的前提为私有财产，如税法不当限

---

① ［日］阿部照哉等：《宪法》（下），周宗宪译，中国政法大学出版社 2006 年版，第 217 页。

② 李炜光：《中国的财产权与税收的宪政精神》，http：//www.aisixiang.com/data/detail.php？id=20230。

制财产权人自由，则将侵及财产权保障的核心领域。

（一）课税是对人民财产权的限制

古典自然法学派对社会契约的经典阐述认为，人们之所以进入社会契约状态选择成立政府，其目的即在于"互相保护他们的生命、特权和财产，即我根据一般的名称称之为财产的东西"①。这种思想后来被美国《独立宣言》的"追求生命、自由及幸福的权利"以及法国《人权宣言》所继承。近代以来的宪法都把财产权规定为基本的人权，财产权并被理解为个人不可侵犯的人权，法国《人权宣言》中"所有权是神圣不可侵犯的权利"即为适例。然而，随着社会国家思想的发展，财产权转而被理解为应受社会约束的权利。1919 年《魏玛宪法》第 153 条第 3 款规定"所有权伴随义务。其之行使必须同时有益于公共利益"，正是表达了这种思想的典型范例。第二次世界大战后的宪法，几乎全部基于这种思想来保障财产权。例如，德国《基本法》第 14 条规定："财产权及继承权应予保障，其内容与限制由法律规定之；财产权负有义务。财产权之行使应同时有益于公共福利；财产之征收，必须为公共福利始得为之。其执行，必须根据法律始得为之，此项法律应规定赔偿之性质与范围。赔偿之决定应公平衡量公共利益与关系人之利益。赔偿范围如有争执，得向普通法院提起诉讼。"《日本宪法》第 29 条规定："财产权不得侵犯；财产权之内容，应由法律规定以期适合于公共福利；私有财产，在正当的补偿下，得为公共利益而使用之。"

在现代社会法治国，个人没有绝对的、无限制的自由，为了适合于公共福利，得以法律来限制财产权的内容。而所谓"公共

---

① ［英］洛克：《政府论》（下），叶启芳、瞿菊农译，商务印书馆 1996 年版，第 77 页。

福利"，不只是意味着以各个人之权利的公平保障为目标的自由
国家性质的公共福利，同时也意味着以确保每个人合乎人性尊严
的生存为目标的社会国家性质的公共福利。换言之，财产权除了
服从内在的制约以外，还必须服从积极的目的规制（政策性的规
制），使之与社会公平相互协调。① 因此，在对财产权的诸种限
制中，标榜"取之于民，用之于民"的国家课税权是最普遍、最
重要的方式。在自由经济体制中，经济领域的事务原则上国家将
其转让于人民，而避免自己经营。国家财政需求，则强制由人民
依其能力纳税而负担，课税权为租税国家中重要工具且普遍得到
承认。人民纳税义务是其经济自由的必要的对价，是租税国家私
有财产保护及自由市场经济体制必要的前提，课税权是对财产权
最主要的公权力干预方式，租税的课征是国民必须加以忍受的
负担。②

（二）作为对财产权限制的课税必须有度

在今日，无人会认为"财产权不得侵犯"系保障先于国家存
在的不可侵犯的财产权，其重点毋宁在各种财产权须符合公共福
祉，且在此范围内，由国家法律创设出。因此，应将"财产权不
得侵犯"理解为，主要或纯粹是各种财产系作为私权而私有这种
制度本身的"制度性保障"。这种私有财产的制度性保障，并非
保障各种现存财产权的现状，而是保障即便是立法权，亦不得消
灭私有财产制度的基本部分、核心。③ 对于"财产权不得侵犯"，

---

① ［日］芦部信喜：《宪法》，林来梵等译，北京大学出版社 2006 年版，第 204
页。

② 葛克昌：《宪法国体——租税国》，载葛克昌《国家学与国家法》，月旦出版
公司 1996 年版，第 137 页以下。

③ ［日］阿部照哉等：《宪法》（下），周宗宪译，中国政法大学出版社 2006 年
版，第 215—216 页。

在日本宪法学界，通说一般理解为"第一，国民的财产权不受国家的侵犯；第二，以制度来保障私有财产制"①。

在现代宪政国家，国家存在的意义仅在于补充个人能力所不及，因此国家公权力的行使应符合此补充性原则，当人民个人能力足以应付的事项，国家即不应介入。国家的补充性原则表现在税收的课征上，即为国家应留给人民生存发展所需的财产数额，对于人民赖以维生或发展自我所需的财产，国家不得借课税高权行使之理由，加以触及。亦即税收是为了公共利益而通过税法来限制人民的财产权，但"法律对于财产权的限制，并非可以漫无界限，而应受到不得损害私有财产权的本质的限制。透过财产权的保障，以确保人民在财产法领域上的自由，并可以自己负责的方式，安排其生活"②。人民纳税义务在私有财产制及自由经济体制中为必要之前提，"惟租税之课征应有其界限，否则将侵蚀私有财产制度。租税负担应受财产基本权拘束，否则财产权保障将失其意义"③。"人民财产权利因为增进公共利益而必须有所限制，但必须有节度，否则税负高达足以产生没收人民财产之实质效果时，财产权保障即失其意义。盖公用征收尤有补偿，如许可课征极端高度之租税，则可以没收人民财产而无须补偿，岂事理之平。"④ 因此，宪法保障人民财产之功能，实不容迟至人民财产权濒临毁灭边缘，始为救亡图存之计，而应及早发挥其实际作用。因此应认为宪法对财产权之保障，不仅防止租税侵害财产权

---

① ［日］三浦隆：《实践宪法学》，李力、白云海译，中国人民公安大学出版社2002年版，第132页。

② 陈清秀：《税法总论》，元照出版公司1997年版，第60页。

③ 葛克昌：《地方课税权与纳税人基本权》，载葛克昌《税法基本问题（财政宪法篇）》，北京大学出版社2004年版，第174页。

④ 陈敏：《宪法之租税概念及其课征限制》，《政大法学评论》第24期。

之本质，且应保证人民在纳税后，仍可拥有由其工作或财产所获取之相当收益，得凭以自行策划追寻理想之生活方式。[①]

（三）纳税人不受过分征收权的具体内涵

（1）保持税源。"要使人民有能力向国王纳税，国王就要保证人民丰衣足食，积蓄财富。人民生活贫困，政府就不能富足。治国的人老是设置障碍妨害臣民的事业心，或者仿佛为了奖懒罚勤，任意横征暴敛，在这种政策改变之前，人民就只有贫困，丧失任何劳动热情。"[②] 税收不是国家对私有财产所有权的分享，而是对财产所有权人经济利用行为而产生的收益的分享。课税权的前提是私有财产，如税收不当限制财产所有权人自由，则侵犯了宪法上财产所有权保障的核心，故课予纳税义务，不得侵犯租税客体的本体。课税原则上仅能就财产的收益部分，而不能及于财产本体，要让人民的财产能绵延地积累，而累积的收益，至多一半由国家收取用于公共利益所需，其余留给个人支配使用。租税国，必须仰赖国民经济支付能力供应，因此，不得摧毁其支付动机，削弱其支付能力。租税国必须尊重纳税人的纳税意愿，并保持其经济能力。否则，超过此限制，纳税意愿及纳税能力减退，则租税的源泉，势将枯竭，税收的基础，势必崩溃。[③] 而就财政学的角度而言，供给学派认为，高边际税率足以妨碍薪资所得者和资本持有人的生产力，因此，该学派坚信减轻租税税率可以使国家财政回收许多收入。而鉴于拉弗曲线的理论，倘若课税权过度侵及税源，将会造成适得其反的效果，因此，在财政学上

[①]　陈敏：《宪法之租税概念及其课征限制》，《政大法学评论》第 24 期。

[②]　[法] 霍尔巴赫：《自然政治论》，陈太先、眭茂译，商务印书馆 2002 年版，第 306 页。

[③]　葛克昌：《宪法国体——租税国》，载葛克昌《国家学与国家法》，月旦出版公司 1996 年版，第 148 页。

有最适赋税规模理论的提出，认为应在不侵及生产工具的前提下，收取最大的税收。[1]

（2）确保财产权的私人用益性。宪法对财产权的保障，除确保所有权的存在外，还确保原则上具有私人的用益性。如果经由税捐的课征来限制所有权的利用，例如国家对所有权人完全剥夺其因所有权利用所产生的全部收益或盈余时，则其所有权已丧失私人的用益性，而完全变成他益性或公益性，这种排除私人所有权的功能上合宪使用的做法，属于违法的征收，侵害人民的财产权保障。另外，如果课税不仅对于所有权加以限制，而且导致私人的所有权以及经济秩序归于破坏无效时，或者课税不只是在于参与分配，而是构成没收时，则这种税捐的课征，已逾越所有权社会化限制的界限，抵触宪法所保障的财产权的本质内容。[2] 亦即，纳税义务的课予，同时不能侵及租税客体的增益能力。租税国以纳税人经济上处分自由为前提，国家保障个人对私经济的积极性，并利用租税手段从中取得税收以推行国家任务。纳税人财产如遭剥夺，过度课税，势必损害人民的纳税及工作意愿，租税国势必不再存在。因此，课税不得剥夺财产，只能对财产权作必要的限制，纳税人必须保留其职业收入、资本收益、不动产使用的经济利益，课税只能分享其收益，而不能没收之，即以不妨及再生利益为度。[3] 事实上，过高的税率侵及财产收益的私人用益

---

① 蓝元骏：《熊彼特租税国思想与现代宪政国家》，法律学研究所硕士论文，台湾大学，2005 年，第 73 页。经济学上的"拉弗曲线"理论是美国里根政府时期的供应学派的首席经济学家拉弗教授提出的，内容是：当税率的提高超过一定的限度时，企业的经营成本提高，投资减少，收入减少，即税基减小，反而导致政府的税收减少。

② 陈清秀：《税法总论》，元照出版公司 1997 年版，第 61 页。

③ 葛克昌：《宪法国体——租税国》，载葛克昌《国家学与国家法》，月旦出版公司 1996 年版，第 160—161 页。

性，势必影响财产权人的投资愿望并最终阻碍经济的发展。例如，20 世纪 70 年代中期，英国工党执政时，"非劳动收入"被课以 98％的税，几乎使拥有财富的个人没有任何投资的念头，除非把钱投资到海外。

（3）纳税人有权进行租税规划。纳税人享有在法律规定的范围内，缴纳正确的及最小限度的税额的权利，即纳税人有租税规划权。英国《纳税人权利法案》规定纳税人有"纳税成本最小化"的权利。OECD《纳税人宣言》范本也规定纳税人对自己经营行为的课税结果有税收预测与筹划的权利。租税规划，系纳税义务人为追求租税利益，就未来财产相关事务所进行的一种事前安排与设计。在租税国家下，国家原则上不拥有生产工具，国家收入主要取自于租税，其国民仅将其私有财产权收益中的一部分以纳税方式由国家分享，作为国家保障营业自由、所有权自由的对价。亦即租税国家对私有财产权的保障，借此取得税收以推展国家的职权任务，因此，私经济的自由与积极性，为租税国家的前提要件。此外，由于纳税义务并无具体之对待给付，故纳税义务人基本上有权自由安排其所得与财产，以达到减少租税负担之目的。亦即，人民有权从事税收规划。事实上非以财政目的之租税，如经济政策、社会政策目的之租税，之所以能达成其经济政策、社会政策目的，基本之前提即在于人民能从事理性的租税规划，否则这种租税诱因也就失去其效果。因此，在租税规划上，动机非税法所关注的对象，国家亦无法期待国民在动机上培养多纳税意愿。同时基于宪法保障之财产权自由，亦不能追问其动机。[①]

---

① 葛克昌：《遗产规划与法治国理念》，载葛克昌《税法基本问题（财政宪法篇）》，北京大学出版社 2004 年版，第 134—136 页；黄俊杰：《纳税者之信赖保护》，载黄俊杰《纳税人权利之保护》，北京大学出版社 2004 年版，第 83 页以下。

此外，租税的课征，除对人民财产权产生侵害外，还对人民职业及营业自由权进行干预，此时人民基于租税规划，而对职业、营业生活加以选择。[①] 因此，税法应尊重私法，不轻言介入纳税人私法上的安排，基于法治国的原则保障纳税义务人对有利的法律所产生的信赖，唯有如此，人民的投资、储蓄、消费与长期租税规划始有可能。

（四）课税是否侵及财产权的具体判断标准

判断税法规定是否违反宪法保障财产权的精神时，并不以具体个别情形为准，而是以对于一个理性的、从事经济活动的所有权人（或事业者）而言，现存的税捐负担在通常情形下，是否仍然容许在经济上具有意义的利润为准。亦即是以所有权人就其所有权的利用，虽然负有税捐负担，但在通常情形下，是否仍然可维持宪法所保障财产的私益性为准。至于具体个别情形的不合理的严重税负，则应通过具体妥当性的减免加以调整。[②] 在具体判断标准方面，主要涉及的是法治国比例原则在税法中的具体适用，包括"适当性原则"和"禁止税课过度原则"。"适当性原则"是指在税源选择上，税课后仍能保持，以供将来私人利用与国家课税之经济财，即"禁止没收性税课"。"禁止税课过度原则"是指国家宪法既确立私有财产权，所有人虽因公共利益而负有社会义务（即纳税义务），但不得本末倒置，因过度税课而使私有财产制名存实亡。因此，对国家课税权是否侵犯财产权，从宪法上可由两个层面来加以审查：对特定租税客体负担是否正当，以及对整体财产的税负是否合理正当。

---

① 葛克昌、蓝元骏：《租税规划之宪法界限》，载林明锵、蔡茂寅主编《行政法实务与理论（二）》，元照出版公司 2006 年版，第 260 页。

② 陈清秀：《财产权的保障与税捐的课征》，《植根杂志》第 10 卷第 6 期。

1. 对特定租税客体负担是否合理正当

宪法保护纳税人财产权，原则上对财产权本身，国家不加以统治干预，只对私有财产的收益与交换价值，参与分配，这种分享的前提在于让财产权长期持续地保留在私人手中，作为税源。[①] 例如，在租税的课征与财产的持有与利用相连接的情形，如所得税法对于所得的课税，乃就所有标的物的"使用"所产生的收益或盈余课税，并非就所有权的存在本体课税，因此其课税属于对所有权的利用可能性的限制，原则上为所有权使用的社会义务的具体表现，并不违反宪法财产权保障的精神。考察对特定租税客体负担是否合理正当，可将课税阶段依财产权表现的形态，所受宪法保障程度的不同，进行三阶段的纳税设计：财产权的取得阶段、财产权的使用阶段、财产权的持有阶段。在财产权取得阶段，财产权人因经济自由而有所增益，同时又因纳税义务而减少财产，因此对所得课税有较大的空间，从而产生对所得课税的上限问题。由于财产权的行使负有社会义务，故财产权的取得，只有在显然过度时，得以财产权侵犯视之。同样的，财产权使用阶段亦然。较有问题者，为财产权持有阶段，其原因在于原则上财产权本身不应成为课税对象。[②]

具体适用上，例如现行所得税法对于"已实现"的收入方纳入课税，而对单纯的财产增值，尚未实现的所得，则不纳入课税，其目的即在于避免产生侵害财产权本体的效果。因为如果财产权增值尚未透过交易实现其利益，即纳入所得课税范围时，则势必迫使纳税人变卖其财产始能缴纳。另外，在因通货膨胀而虚

---

① 葛克昌：《租税国危机及其宪法课题》，载葛克昌《国家学与国家法》，月旦出版公司 1996 年版，第 115—118 页。

② 同上书，第 118—126 页。

增名目所得的情形，税法亦应有扣除通货膨胀而虚增的部分的规定，否则其所得课税即可变成实质上对于财产本体课税，而非对于其财产的收益课税。

2. 对整体财产的税负是否合理正当

首先，就税目之间的协调方面，葛克昌教授认为，对个别税目在宪法上的蓝图，仅可以看出租税的部分负担，而未能包含个人由各种税目所实际上的整体负担，因此其是否符合平等负担或过度负担，尚难以论定。宪法要求个人所负担的各种税目，尽可能表现出调和互补的作用，而形成租税分配的正义。各种税目的比重，特别是直接税和间接税的配置，原则上应反映财产权取得的自由，以及私有财产权使用消费的自由。在直接税方面，理论上固能斟酌个人的负担状态，但仍需加上大量不明显的间接税负担，宪法上基本权保障，如何得兼顾直接税与间接税的配置，显然是艰难而无法逃避的任务。[①]

其次，在纳税人负担的整体比例方面，税收的课征原则上仅能就财产的收益部分，而不能及于财产的本体，要让人民的财产能绵延不绝地积累，其收益至多一半由国家收取用于公共利益所需，其余留与个人支配使用。[②] 德国联邦宪法法院 Kirchhof 法官从《基本法》第 14 条第 2 项规定中推论出宪法对课税权的界限。依该规定，财产权的行使"同时应有利于公共福祉"。因此财产权人在税后所保留的收益，应"至少接近半数"（所谓的"半数原则"）。因"同时"（Zugleich）一词，在德文中即有"同等"、"同样"之义。财产权的使用，虽同时可为私用与公用，但仍以

---

　　① 葛克昌：《租税国危机及其宪法课题》，载葛克昌《国家学与国家法》，月旦出版公司 1996 年版，第 127 页。

　　② 张永明：《租税法定主义之界限》，《月旦法学教室》第 66 期。

私用为主，私用之利益至少不应少于公用的租税负担。换言之，对财产权行使所产生的所得课税时，其社会义务不应高于财产权人的个人利益。[1] 当前，一些国家已通过立法对课税的最高比例进行了限制，例如依荷兰法，其所得税与财产税不得超过所得68％，丹麦为58％，瑞士为40％，但问题是这种纳税上限较难调查。[2]

　　除上述的判断标准外，我国台湾地区学者蔡维音运用宪法释义学方法，对财产权保护领域予以类型化，并在此基础上对所得税课税中宪法保护的法益予以层级化，从而使财产权保护领域与其对应的保护结构能清晰地呈现，并进而为课税高权侵犯财产权划定区域。具体而言，他将课税权对财产权的侵犯分为三个层级：第一层级：课税高权绝对不得染指的部分，即所谓的"基础生存所需"部分，这一层级属于为维持生存所必需的领域，绝对禁止课税高权侵犯，属保护最强之等级。第二层级：受平等课税原则（量能课税原则）支配的部分。这一层级针对的是超过"基础生存所需"的所得部分，它属于财产支配自由的保护领域，立法者有较大的裁量空间，但由于其涉及基本权的限制，仍须根据法律在符合比例原则的范围内形成税法规范。在此领域最主要的注目点，即是涉及平等原则的租税分配原则。第三层级：可考量租税优惠的部分。除以上两个层级以外的部分，立法者仍得斟酌其他国家社会、经济面的目标，采取若干调节或诱导的租税措施，这些层级的考量即属于租税优惠。但立法者仍须一方面尊重私有财产制、促进整体经济成长，另一方面则应调节贫富落差、

---

　　① 葛克昌：《地方课税权与纳税人基本权》，载葛克昌《税法基本问题（财政宪法篇）》，北京大学出版社2004年版，第176—177页。
　　② 葛克昌：《论纳税人权利保障法的宪法基础》，载吴从周等编《论权利保护之理论与实践——曾华松大法官古稀祝寿论文集》，元照出版公司2006年版。

使得经济弱势者能获得较大的机会得以自我实现。但进行纯粹以"所得重分配"为目的的措施则不为所许,"弥平差距"本身并不具有宪法基础。亦即,"所得重分配"仅为手段、是现象,但本身并非目的,"实现自由发展之基础"才是实质平等之理解的表现。[①]

(五) 德国宪法法院的经验

德国联邦宪法法院、行政法院以及财政法院自第二次世界大战后成立以来,针对国家课征租税的权力,曾提出诸多标准以划分其在宪法秩序中的界限。其中常被引述的,是量能课税原则在税法领域的具体适用。唯除要求量能课税、平等负担之外,就课税权力本身是否受宪法原则的拘束,尤其是比例原则在税法领域的适用,经常引起诸多争执。

1. 绞杀性租税禁止原则

当国家的课税权力过度侵害人民的财产权,导致租税课征发生与征收相同的效果时,足以发生绞杀之效果。所谓"绞杀效果",特别着重在其经济上的意义,当租税课征足以扼杀市场生机,使私领域中的经济活动陷于停顿时,即属违反适当性及必要性要求,并构成对财产权的绞杀。尤其当租税制度过于干预市场,致使纳税义务人在私法上的营业状态已无法持续下去,或者租税课征过重使得纳税义务人对于租税义务的履行限于客观上不可能时,均属"绞杀"的标准典型。德国联邦宪法法院及行政法院在判断绞杀性租税时,认为以下几种类型属于绞杀性租税:①侵害最低生活标准的租税;②侵害财产权存续的租税;③逾越

---

① 蔡维音:《财产权之保护内涵与释义学结构》,《成大法学》第 11 期;蔡维音:《全民健保财政基础之法理研究》,正典出版文化有限公司 2008 年版,第 148—169 页。

国库目的的租税与"寓禁于征"的租税。[1] 德国联邦宪法法院于 1992 年 9 月 25 日曾就免税额作出如下判决（BVerfGE87. 153.169）："税法就限制自由之作用，应以基本法第 2 条第 1 项予以衡量，因此应予斟酌考虑者，系税法对财产权及职业自由范围内对人格发展之一般行为自由予以干预；在法律上意义，为税法不容有'绞杀性'效果：受保障之自由权得受（税捐）限制者，仅限于基本权主体（纳税义务人）之私有财产经济效果，但所创造具有财产价值之法律地位，而财产核心部分之存续仍得保有在其手中。"即以"绞杀性"租税作为课税权界限。[2] 但由于"绞杀"本身为一个高度不确定的法律概念，亦未见于任何立法，其范围难以准确地予以界定。因此绞杀概念虽一再为德国司法机关所引用，但迄今尚未有任何一条税法条文因构成绞杀而被联邦宪法法院宣布违宪。总之，在 1993 年以前，德国联邦宪法法院的基本立场为，《基本法》上财产权保障，对金钱给付义务不予适用。传统德国宪法法院虽对例外达到绞杀效果的课税有时承认侵犯财产权，但原则上，均认为课予纳税义务，使特定人负担金钱给付义务，只就该特定人总体财产减少，对具体财产权并未侵犯。[3]

2. 联邦宪法法院的新动向

对于联邦宪法法院的财产权保障不及于税收的传统见解，很多学者进行了批评。早在 1956 年，K. M. Hettlage 即将这种不

---

① 黄源浩：《从"绞杀禁止"到"半数原则"——比例原则在税法领域之适用》，《财税研究》第 36 卷第 1 期。

② 葛克昌：《论纳税人权利保障法的宪法基础》，载吴从周等编《论权利保护之理论与实践——曾华松大法官古稀祝寿论文集》，元照出版公司 2006 年版。

③ 葛克昌：《纳税人财产权保障》，载葛克昌《行政程序与纳税人基本权》，北京大学出版社 2005 年版，第 98 页。

受财产权保障的课税权，称为"社会主义之特洛伊木马"，而为"法治国家之公然缺口"，R. Weber-Fas 则称"自由宪政结构中具有危害性之断层"，所有的基本权保障均因此而减损其功能。也有将其称为"基本权保障之自由领域中阿希里斯之踵"、"在基本法立法领域应受宪法拘束之危险断层"，而发展成"不受控制之租税国家"，甚至有学者认为将课税权驯服于财产基本权的难题称为"宪法中最迷人的要求"①。总之，德国学者对传统宪法法院《基本法》第 14 条财产权保障不适用于公法上金钱给付义务，只有例外个案达到没收效果时始违宪的见解，均持反对立场。② 早在 20 世纪 70 年代，即有一批宪法学者致力于建构财产权保障，以防过度课税，并用以阐明在市场经济与私有财产法制下，税课用以保障纳税人经济自由之功能。受其影响，德国联邦宪法法院的判决逐渐开始转变立场。

（1）半数原则的采用。受 Kirchhof 法官见解的影响，德国联邦宪法法院在 BverfGE93.121 一案中，正式引用并提出了"半数原则"，明确指出国家行使租税课征的权力，依据比例原则所应有的界限："财产税加上收益税之租税总体负担，应依类型观察法就收入减除成本及其他费用余额后为之，其归于私有与因课税而公有部分，两者比例应接近半数。亦即对于财产收益，国家之手与私人之手最多各取一半。"这种半数原则是从其《基本法》财产权条款中所导出，财产权的利用，应"同时"有利于公共福祉，因财产权"附有"社会义务，故私有财产应以私用为主，负担租税为附带的社会义务，不能反客为主，超过应有及实

---

① 葛克昌：《纳税人财产权保障》，载葛克昌《行政程序与纳税人基本权》，北京大学出版社 2005 年版，第 100—101 页。

② 葛克昌：《地方课税权与纳税人基本权》，载葛克昌《税法基本问题（财政宪法篇）》，北京大学出版社 2004 年版，第 175 页。

有收益的半数。[①] 对于半数原则的含义，有学者对之进行了形象的概括，认为是国家基于财政目的所行使之课税权，与人民基本权之保障的对抗结果，形成了一条停战线，双方似得在各自的领域，各取所需。[②]

（2）最适财产权税课理论。从 1993 年至 1995 年间，联邦宪法法院第二庭在财产税判决中作了重大变更，不再坚持传统的《基本法》第 14 条财产权保障不及于税收的见解，并发展出最适财产权税课理论，依各判决其内容归纳如下：[③] ①财产税方面，只能对具有收益能力的财产进行课税，否则即对私有财产本体有扼杀作用。财产税以"应有收益税"方式存在，对财产权存续保障，并无侵犯。②联邦宪法法院注意到对财产课征财产税，虽得以"应有收益税"正当化其课征，但财产的"实有收益"（如土地、房屋租金）仍应课征收益税（如所得税），因此，对财产整体的租税负担，联邦宪法法院提出"半数原则"：财产税加上收益税，其租税总体负担，应就收入减除成本、费用余额为之，依类型观察法，其归于私有与因课税而公有部分应接近半数。③从《基本法》第 14 条中还发展出生存权保障功能，个人及家庭所需要的财产，须予特别保护。对纳税人及其家庭应确保其自我负责、形成个人生活领域的自由空间。因此，就常规或一般水准的家用财产，应予保障而免于税课干预。同时相对应于《基本法》第 6 条婚姻及家庭应受国法保障，家庭的生活水准应予保障。常

---

　　① 葛克昌：《地方课税权与纳税人基本权》，载葛克昌《税法基本问题（财政宪法篇）》，北京大学出版社 2004 年版，第 178 页。

　　② 蓝元骏：《熊彼特税租国思想与现代宪政国家》，法律学研究所硕士论文，台湾大学，2005 年，第 84 页。

　　③ 葛克昌：《纳税人财产权保障》，载葛克昌《行政程序与纳税人基本权》，北京大学出版社 2005 年版，第 99—100 页。

规或一般水准的家用财产，在财产税中应予免税；在继承税中亦应予充分免税。④财产税的租税优惠，除了财政目的租税外，社会政策目的租税，在明确构成要件下，因与公共福祉相关，而得以取得合理正当性。⑤基于公共福祉原则，在继承税判决中，引入继承时企业应永续经营理念。企业作为生产力与就业场所，应特别受公共福祉原则所拘束，而附有增进公共福祉义务。是以继承税的课征，不得有害于企业的永续经营。

二 纳税人不受过度执行权

宪法对财产权的保障，先于税收请求权，在税源阶段即予以保障，因此，财产权不因缴税才受保障，也不因欠税而不受保障。纳税人在税收法律关系中人性尊严受保障，具有人格主体的地位，与税收债权人立于平等的法律地位，并非稽征机关的支配客体，享有不受过度执行的权利。实质上，纳税人不受过度执行权是法治国比例原则在租税征收过程中的具体运用，即纳税作为国家对人民自由权利限制方式之一种，纵令有法律依据、合乎法律保留的要求，亦仅有在必要而不逾越其目的的前提下，方得发动国家权力。

（一）课税成本不得过高

比例原则可直接作为租税课征的基本原则来看待，即国家不得从事不必要及不敷成本之行政行为前提下，租税课征之效能考量及平等课税之考量等因素促使行政机关采行有效而节省行政成本之手段以执行课征之任务，以达成租税行政之可行性。① 换言之，即税务机关课税成本不得过高。过高的征税成本，势必加大

---

① 黄源浩：《从"绞杀禁止"到"半数原则"——比例原则在税法领域之适用》，《财税研究》第 36 卷第 1 期。

纳税人的负担。① 这要求一方面应清理税制，剔除一些收入少、财政意义不大但征税成本高昂的税种（例如，我国已明确废除了长期以来事实上被搁置的自行车车船税）。另一方面须精减征税机构人员，提高办事效率。

（二）不受过度处罚

行政处罚的正当性在于：国家为了维持行政秩序，基于法律的规定，往往会课以公民一定的行政义务，对于违反行政义务者，必须施以适当的处罚加以纠正。租税行政中，处罚不得过度。

（1）租税规避行为，不是逃税行为，不宜处罚。逃税是指纳税义务人违反税法规定，以达免纳或少纳税的目的行为，即纳税义务人未纳其应纳之税。纳税义务人逃税行为，应受法律制裁。而租税规避，它是一般脱法行为之下位概念，即滥用法律之形成可能性，而所以称为滥用，乃因为其利用立法目的与法条文义间之不一致所产生的法律漏洞，采取与税法构成要件之文义所不能包括，但与所欲达成之经济效果不相当之法律形式，以达成与实现税法构成要件之效果。② 租税规避行为，性质上属于钻法律漏洞的行为，其本身与违背税法上义务的逃税行为并不相同，理论上只能调整补税，不应认定为逃税行为而加以处罚，以免纳税义务人只要法律见解与稽征机关不同，就有被科处重罚的危险，以维护人民经济活动交易的自由。③

---

① 我国纳税成本过高问题已为公众所广泛关注，有关资料显示，美国收 10 元的税，成本只有 5 角钱，而我国的税收成本要占到税收额将近一半。目前我国有 100 万税务干部，而美国则只有 10 万人。

② 陈敏：《租税课征与经济事实之掌握》，载《政大法学评论》第 26 期。

③ 陈清秀：《纳税人权利保障之法理——兼评纳税人权利保护法草案》，《法令月刊》第 58 卷第 6 期。

（2）必须对处罚设定必要的限制。国家采用行政处罚手段制裁行为人，以达到维护一般社会秩序之目的时，由于对人民的处罚必然干涉其基本权利，因此要求干涉与所得之间，应具有适当的比例，而不允许一味地重罚。我国台湾地区，针对1989年12月30日修正公布的《所得税法》第114条中"扣缴义务人已依本法扣缴税款，而未依第92条之期限按实填报或填发扣缴凭单者，除限期责令补报或填发外，应按扣缴税款处20％罚锾，但最低不得少于1500元；逾期自动申报或填发者，减半处罚"的规定，"大法官会议解释"释字第327号解释的解释理由书指出：对于扣缴义务人已将所扣缴税款依限向"国库"缴清，仅逾期申报或填表发扣缴凭单者，仍依应扣缴税额固定之比例处以罚锾，又无合理最高额之限制，有导致处罚过重之情形，应由有关机关检讨修正。罚款依应扣缴固定比例课处，系欠缺合理差别之标准，有违税捐公平之意旨，而且无合理最高额的限制，有导致处罚过重，违背过度禁止原则或比例原则的要求。[1]

（3）禁止双重处罚。对于违反租税义务的行为，涉及数额处罚时可否合并处罚，虽因行为的态样、处罚的种类及处罚的目的不同而有异，但"禁止双重处罚，乃现代民主法治国家之基本原则"[2]。《美国宪法》第5条修正案明确规定："任何人不得因同一罪行为而两次遭受生命或身体的危害……"《中华人民共和国行政处罚法》第24条也明确规定："对当事人的同一个违法行为，不得给予两次以上罚款的行政处罚。"对纳税义务人同一违反租税义务的行为，同时符合行为罚及漏税罚的处罚要件时，我

---

[1] 黄俊杰：《纳税者权利之维护者》，载黄俊杰《纳税人权利之保护》，北京大学出版社2004年版，第9—10页。

[2] 同上书，第10页。

国台湾地区"大法官会议解释"释字第 503 号解释："纳税义务人违反作为义务而被处行为罚，仅须其有违反作为义务之行为即应受处罚；而逃漏税捐之被处漏税罚者，则须具有处罚法定要件之漏税事实方得为之。二者处罚目的及处罚要件虽不相同，惟其行为如同时符合行为罚及漏税罚之处罚要件时，除处罚之性质与种类不同，必须采用不同之处罚方法或手段，以达行政目的所必要者外，不得重复处罚，乃现代民主法治国家之基本原则。是违反作为义务之行为，同时构成漏税行为之一部或系漏税行为之方法而处罚种类相同者，如从其一重处罚已足达成行政目的时，即不得再就其他行为并予处罚，始符宪法保障人民权利之意旨。"

（4）禁止推计处罚。国家行为欲干预人民之权利时，必须有明确的法律上根据，缺乏法律规定，不得处罚人民，法律中含有处罚规定时，其构成要件不论是自行规定，或是委由其他规范加以规定，应十分明确。推计课税是因课税基础实际数额不能调查或计算时（包括客观上不能以及因进一步调查将导致稽征成本过度支出或对私人领域过度侵犯而为受调查者拒绝的情形）例外、补充的课税方式。推计的客体，限于课税基础，亦即对于课税客体数量化之数额。至于，课税客体及其他课税要件事实，应依各种证据方法加以认定，则非推计之对象。推计的目的，是为进行课税，对于税收处罚的要件事实，诸如有无漏税及漏税额多少，应以经严格证明的直接证据或确实事实始得为之，不许以推计而得之数额为处罚基础。[1] 因为既然课税资料不全，无法证明有逃税行为，亦即欠缺严格的证据证明，当然不宜处罚。但现实中，

---

[1] 黄俊杰：《纳税者权利保护法草案之立法评估》，《月旦法学杂志》2006 年第 7 期。

推计课税常常偏离近似值课税之本质，甚至沦为对不予协力合作的纳税义务人进行惩罚的基础，变相成为"推定违规处罚"，明显违反了"无罪推定"原则。

（5）轻微过失责任减轻处罚。行政处罚的目的在于惩戒违法行为，通过罚款取得财政收入仅为其附带的、次要的目的，法治国家绝对禁止行政部门对公民滥施罚款。由于租税性质上属于无偿的给付，纳税义务人应仅须保持与处理自己事务相同的注意义务即可。然而，实务上税务稽征机关却常常采取严格的标准，要求纳税义务人尽到"善良管理人"的注意水准，致使一般的纳税人常因税法专业能力不足而被科处高额罚款的不合理结果。不论纳税人主观上究竟为故意或有无重大过失或一般轻过失，均予以相同的处罚，有违公平原则。台湾地区"大法官会议解释"释字第 339 号解释指出：产制应征货物税厂商虽已报缴货物税但未实贴查验证，对于此项并非漏税之违反秩序行为如科处"漏税罚"，即"显已逾越处罚之必要程度，不符宪法保障人民权利之意旨"。我国台湾地区《纳税人权利保护法（草案）》第 17 条亦规定："纳税义务人非因故意或重大过失而违反义务者，得减轻其处罚。减轻处罚时，裁处之罚锾不得逾法定罚锾最高额之三分之一，亦不得低于法定最低罚锾之三分之一。但法律或自治条例另有规定者，不在此限。"

（三）税收调查、保全与执行不得逾越必要的界限

现代给付国家，税收行政为公权力行使的主要的、普遍的一种方式。税收稽征机关明了课税要件事实以核定纳税人应负担的正确税额，或掌握欠税者的责任财产以供税收保全或执行，均应进行税收调查。调查对象包括纳税人一般财产、所得、交易、消费等资料的收集。唯正确、有效地征税，固攸关国家或地方财政及其公共支出等重大公益的维护，然而纳税人个人的权益及私生

活领域同样受保障。因此，课税权力的行使，应当有所节制，不得逾越必要的界限。

（1）课税调查。租税作为一种公法之债，在课税事实或税基所系之事实（所得、财产、消费）出现时，当然发生，仅赖行政机关以课税处分确认该事实，并划分租税债之关系生效之时间。但对于租税之债是否存在，除非纳税人在税法上负有协力义务，否则税务机关即应依职权发动国家权力以探知事实。"惟行政调查与职权探知不能毫无界限，倘若并无客观明显之课税事实状态存在，税捐稽征机关亦不得任意发动调查权力，此尤以实地调查等具备高度侵害性之调查行为为甚。"[1] 此外，税务机关的调查应秘密进行，不得使无关的第三人知悉调查行动或调查内容与结果；不得要求接受调查者巨细靡遗地披露其个人隐私；不得责令受调查者过度支出劳力、时间、费用之协力配合等。

（2）租税债务的执行。租税之债经课税处分确定之后，纳税义务人即应负有缴纳税额之公法上金钱给付义务，倘若未予缴纳，则税务稽征机关即得发动行政上强制执行之权力，以使其达成已履行之同一状态。虽租税之债向来被认为系羁束性之债之关系，然并非表示比例原则在行政强制执行之领域已绝迹。例如，公法之债中亦如同私法之债之执行，有超额查封禁止的制度并且要求以侵害较小之间接手段作为执行的原则等，均系出自比例原则的考量。[2]

---

① Tipke/Lang，Steuerrecht，17Aufl. §21Rn. 231. 转引自黄源浩《从"绞杀禁止"到"半数原则"——比例原则在税法领域之适用》，《财税研究》第 36 卷第 1 期。

② 黄源浩：《从"绞杀禁止"到"半数原则"——比例原则在税法领域之适用》，《财税研究》第 36 卷第 1 期。

第四节 平等原则运用于税法
——公平纳税权

如果说税收法律主义主要涉及的是税的合法性问题，那么税收公平问题则关注税的合理性问题，即税的公平正义性问题。众所周知，法律的核心任务就是实现社会正义。亚里士多德指出："公正就是平等，不公正就是不平等。"穆勒认为："平等是公道的精义。"戈尔丁认为："正义的核心意义与平等观念相联系。"我国著名伦理学家何怀宏则明确提出，"公正的含义也就是平等"①。平等原则为所有基本权之基础，国家对人民行使公权力时，无论其为立法、行政或司法作用，均应平等对待，不得有不合理的差别待遇。"遵循公道原则的政治可以使人民对牺牲部分财富的必要性并不觉得太严重。人民越是爱自己的政府，就越是信任自己的政府；政府保证人民获得的权益越多，人民越是乐意为政府作出牺牲。在公道原则和合理的自由占优势的地方，在国王除人民利益以外没有其他利益的地方，在向人民征收的税款全都用于支援国家和保障国家安全的地方，为了达到显然对自己有利的目的，人民是不惜牺牲自己财富的。到这个时候，人民保有自己财富的愿望，让位给保全社会以保全小我的愿望。"② 如果人们认为现实税制存在着偷漏税或避税的现象，纳税人的信心就会下降，很可能会千方百计地逃税以至抗税。因此，税收负担必须在国民之间公平分配，在各种税收法律关系中，国民的地位必

---

① 转引自樊丽明《税收法治研究》，经济科学出版社 2004 年版，第 163 页。
② ［法］霍尔巴赫：《自然政治论》，陈太先、眭茂译，商务印书馆 2002 年版，第 303 页。

须是平等的，这一原则称为"税收公平主义"或"税收平等主义"。这一原则，是近代的基本原理，即平等性原则在课税思想上的具体体现。[①]

一　公平纳税是一项宪法性原则

公平纳税原则源于税的事物本质，体现了税的精神，一向为学者所推崇。英国的威廉·配第在其所著的《赋税论》和《政治算术》中首次提出税应当贯彻"公平"、"简便"和"节省"三条标准。其中，"公平"是指税收要对任何人、任何东西"无所偏袒"，税负也不能过重。继威廉·配第之后，德国的尤斯蒂在其代表作《国家经济论》中提出赋税征收的六大原则，其中包括平等原则，即赋税的征收要做到公平合理。第一次将税收原则提到理论的高度，明确而系统地加以阐述者是英国古典经济学鼻祖亚当·斯密，他在《国民财富的性质和原因的研究》中明确、系统地提出了著名的"平等"、"确定"、"便利"、"经济"四大赋税原则，其中，平等原则是指："一国国民，都须在可能范围内，按照各自能力的比例，即按照各自在国家保护下享得的收入的比例，缴纳国赋，维持政府。"法国萨伊认为，政府征税就是向私人征收一部分财产，充作公共需要之用，课征后不再返还给纳税人。由于政府支出不具生产性，所以最好的财政预算是尽量少花费，最好的税收是税负最轻的税收。据此，他提出了税收五原则，其中第三项原则为"各阶层人民负担公平原则"。19世纪下半叶，德国的阿道夫·瓦格纳将税收原则归结为四大项九小点，即"四项九端原则"，其中第三项"社会正义原则"包括两个具

---

① ［日］金子宏：《日本税法原理》，刘多田等译，中国财政经济出版社1989年版，第54—55页。

体原则：一是普遍原则，指税收负担应普及到社会的每个成员，每个公民都应有纳税义务；二是平等原则，即根据纳税能力大小征税，使纳税人的税收负担与其纳税能力相称，税收负担应力求公平合理。[①]

德国学者 Klaus Tipke 认为，税捐公平原则，经常被认为是税捐正义的代名词，而平等原则则是税法的大宪章。[②] 税收公平不仅在许多国家的税法中都得到了规定与体现，而且在一些国家中，它已被写入宪法，成为宪法的一项重要内容。例如，法国《人权宣言》中规定，"税收应在全体公民之间平等分摊"。《葡萄牙宪法》第 106 条第 1 款规定："税收由法律构建，以公平分配财富与权益并满足政府的财政需要。"《土耳其宪法》第 73 条第 2 款规定："公平合理地分担纳税义务是财政政策的社会目标。"《菲律宾宪法》第 28 条第 1 款规定："税则应该统一和公平。国会应制定累进税则。"《意大利宪法》第 53 条规定："所有的人均根据其纳税能力，负担公共开支。税收制度应按累进税率制订。"《厄瓜多尔宪法》第 52 条第 1 款规定："税收制度以公平、按比例和普遍性为基本原则。"此外，还有委内瑞拉、尼加拉瓜、危地马拉、约旦、多米尼加、巴西、西班牙等国的宪法中都对此原则作了规定。因此，税收公平原则已"成为当今世界各国制定税收制度的首要准则"[③]。我国宪法虽然未直接规定公平纳税原则，但宪法第 33 条第 2 款规定了"中华人民共和国公民在法律面前一律平等"，该平等条款含义极广，公平纳税原则实蕴涵于其中。

---

① 王传纶、高培勇：《当代西方财政经济理论》（下），商务印书馆 1995 年版，第 226—234 页。

② 转引自黄俊杰《纳税者权利之维护者》，载黄俊杰《纳税人权利之保护》，北京大学出版社 2004 年版，第 3 页。

③ 王鸿貌、陈寿灿：《税法问题研究》，浙江大学出版社 2004 年版，第 53 页。

二　公平纳税权的核心——税法中的量能课税原则

税收公平的重要性在很大程度上取决于政府和纳税人对公平的自然愿望。它要求政府征税应使各个纳税人承受的负担与其经济状况相适应，并使各个纳税人之间的负担水平保持均衡。它可以从两个方面来进行把握：第一，经济能力或纳税能力相同的人应当缴纳数额相同的税收，即以同等的方式对待条件相同的人，税收不应是专断或有差别的，即所谓的"横向公平"，横向的公平是由宪法平等原则及社会国原则所派生，用以确立与其他纳税人之间的关系。税法横向公平情况下，衡量标准有三种：一是按照纳税人拥有的财产来衡量；二是以纳税人的消费或支出为标准；三是以纳税人取得的收入所得为标准来测定。一般认为，横向公平至少具有下述几方面的要求：①排除特殊阶层的免税；②自然人与法人均需课税；③对本国人和外国人在课税上一视同仁，即法律要求课税内外一致。第二，经济能力或纳税能力不同的人应当缴纳不同的税收，即以不同的方式对待条件不同的人，被称为"纵向公平"，纵向的公平是由宪法财产权、生存权等条款及精神所派生，其主要目的在于保障未具负担能力者或仅具有限的负担能力者，免于遭受税课的侵害。因此，所谓公平是相对于纳税人的纳税条件而言的，而不单是税收本身的绝对负担问题，税收负担要和纳税人经济能力或纳税能力相适应。而在具体衡量税收公平的标准上存在两种办法，即"受益原则"和"量能课税原则"。

受益原则亦称为"利益说"，即根据纳税人从政府所提供的公共服务中获得效益的多少，判定其应纳多少税或其税负应为多大。尽管这一原则在理论上具有概念清晰、浅显易懂的特点，但是由于政府所提供的服务项目众多，有很多例如国防、外交、司法等服务项目本质上具有不可分割的特点，无法确定每一个人自政府提供的服务所受益程度的多寡，因此该原则在实务运作上存在着无法克服的盲点。故只有在少量的例如使用牌照税、汽车燃油税等税目上，可以用受益原则来作为其立论的基础。① 而所谓量能原则，顾名思义是指以每一个人支付税收能力的大小来决定其应负担税负的多寡。因此，所得较多、财产较多或者消费较多的人，由于其支付税收的能力相对也较大，故而其所负担的税负相对的亦应该较多。

量能课税原则存在的基础在于：一方面，量能课税体现了租税中立性的要求。所谓租税的中立性，所应特别留意的乃国家与市场之间的关系。国家设置市场交易制度，并透过公权力之措施维持市场之交易。并且，国家借由租税制度参与市场的经济活动，取得所需的经济资源。唯此一参与以不变更纳税义务人在市场中的地位或过度干预为原则，倘因租税课征，致使纳税义务人承受相对不利之市场地位时，国家权力即超出其行使之界限，应为宪法秩序所不许。② 另一方面，按照给付能力课税，使个人的赢利与社会国家的前提保持一致。纳税人缴纳税收，并不是用来支付具体所领受的国家给付，而是为应付国家一般支出而缴纳的，而国家的税收支出，对纳税的人与不纳税的人以及多纳税的人与少纳税的人，同样对待。"量能课税原则本身，有意在创设国家与具有财务给付潜能的纳税义务人之间的距离，以确保国家对每一国民给付之无偏无私，不受其所纳税额影响。"③ 亦即纳

---

① 林进富：《租税法新论》（增订二版），三民书局 2002 年版，第 5 页。

② 黄源浩：《从"绞杀禁止"到"半数原则"——比例原则在税法领域之适用》，《财税研究》第 36 卷第 1 期。

③ 葛克昌：《量能课税原则与所得税法》，载葛克昌《税法基本问题（财政宪法篇）》，北京大学出版社 2004 年版，第 121 页。

税义务人缴纳的租税与国家的具体对待给付不具有对价性，国家不因纳税义务人给付的多寡而提供不同的具体服务。量能课税原则，是从税捐正义的观点所建立的税法基本原则。[①] 由于其符合社会通念与国民道德情感，亦有利于国家财政挹注，因此，量能课税屡屡被引为税法的"结构性原则"、"基本原则"。[②] 在税收法律体系中，量能课税原则的功能集中体现在所得税法中。

第一，税法乃基于个人（或家庭）的所得、财产、消费的事实状态作为课税衡量的标准，而不问其所得取得的方式，也不问是否是日常所需或多余之物。课税乃基于赢利的事实，而非营利能力，故所得税的"量能课税原则"或所谓"能力原则"非指给付能力（可能性），而是指其现实的可支付能力。税法只针对财产的现有状态，而不及于其应有的状态。[③]

第二，所得扣除。在个人所得税上表现为"主观生存净所得原则"，即最低生存基础扣除方面（通常表现为个人所得税法中的免税额的规定），基于宪法对人性尊严的尊重及生存权的保障，个人的给付能力是在满足个人生存所需之后才开始，故必须保留此部分所得给人民。表现在企业所得税方面则为"客观净所得原则"，租税的对象必须是扣除成本费用支出甚至损失后实际可支配的所得。承认必要费用减除的理由，在于避免对投入资本的回收部分课税，以维持营利事业有永续经营之可能。我国个人所得税法，对个人所得的扣除，只是统一地规定了标准，未如企业所

[①] 黄茂荣：《税法总论：法学方法与现代税法》（第一册），植根法学丛书 2005 年版，第 378 页。

[②] 蔡维音：《全民健保财政基础之法理研究》，正典出版文化有限公司 2008 年版，第 165 页。

[③] 葛克昌：《社会福利给付与租税正义》，载葛克昌《国家学与国家法》，月旦出版公司 1996 年版，第 63 页。

得税法一样规定可以核实扣除必要费用，未考虑纳税人抚养亲属以及特别灾害、疾病等支出，不符合量能课税之公平原则的要求。

第三，所得分割法。"课税应符合公平的要求，尤其婚姻与家庭应予保障，有关夫妻与家庭所得课税，与个人所得课税相比较，不应受到不利的待遇，否则，如因夫妻及家庭之所得合并计算所得额，再适用累进税率而增加税捐负担，即违反宪法上平等原则与家庭保护之意旨。"[①] 德国联邦宪法法院 1957 年 1 月 17 日判决宣告该国所得税法有关夫妻所得合并计算课税规定违宪。并于 1958 年起改采折半乘二制，即夫妻所得合并计算后，先除以二，适用税率算出总额后，再乘以二，作为夫妻二人的应纳税额。我国台湾地区"大法官会议解释"释字第 318 号就合并申报程序的规定，认为"就申报之程序而言，与'宪法'尚无抵触。惟合并课税时，如纳税义务人与其有所得之配偶及其他受抚养亲属合并计算税额，较之单独计算税额，增加其税负者，即与租税公平原则不符"。因此，由于累进税率的适用，夫妻合并课税，较之单独计算税额，显然增加其税负，即违反租税公平原则。此外，标准扣除额，单身较有配偶者有利，亦与平等原则有违。

第四，最低税负。部分高收入的纳税者借由脱法安排，规避应纳税负，以致广大工薪阶层承受大部分所得税负担，严重影响所得税负担的公平性。最低税负最早源自 1969 年之美国，当时该国财政部发现许多高所得公司或个人只缴纳少量税或不用缴税，主要系租税减免、租税扣抵等被过度滥用。为确保高所得者至少须缴纳最低税负，美国系以未适用租税优惠前所得，乘以最低课税的税率，其中公司为 20％，个人为 26.28％，对之予以征

---

① 陈清秀：《纳税人权利保障之法理——兼评纳税人权利保护法草案》，《法令月刊》第 58 卷第 6 期。

税，其后加拿大、韩国均有类似制度。①为确保高收入所得的免
税纳税人，其应纳所得税不应低于全台湾地区纳税人的平均税负
水准，参照美国最低税负制度，我国台湾地区在 2005 年 12 月
28 日公布《所得基本税额条例》，规定营利事业的免税所得，仍
应缴纳税率 10％—12％的基本税额，而个人的免税所得于扣除
新台币 600 万元后，也应缴纳按照税率 20％计算的基本税额
（但为避免重复课税，境外所得已经在国外缴纳的所得税，得予
扣除）。在我国，由于高收入者能通过各种方式合法避税甚至脱
法逃税，但工薪阶层却由于税源征收制度的广泛采用而无法进行
税收规划，加之现时个税两千元基础扣除额过低，本以调节贫富
差距为目个人所得税，竟沦为对工薪阶层的大众课税。②因
此，在我国，应对高收入者课税以符社会公平，实有引进最低税
负制度的必要。

三 税收立法中公平纳税的具体化

就平等权的效力内涵而言，它不仅意味着要求公民遵守法律
和适用法律方面的平等，更要求立法者制定出符合平等原则的法
律规范。法律内容的平等替代法律适用的平等成为平等权的核心

---

① 凌忠源：2005 年 5 月 6 日"建立台湾所得税最低税负制度"讨论会引言。
转引自葛克昌《论纳税人权利保障法的宪法基础》，载吴从周等编《论权利保护之理
论与实践——曾华松大法官古稀祝寿论文集》，元照出版公司 2006 年版。
② 国家税务局曾公开发布：2004 年全国个税收入 1700 亿，其中 65％来源于工
薪阶层；2007 年的个税收入达 3185 亿元，逾六成来源于工薪阶层；2008 年工薪阶
层仍然是个税的最大贡献者。另有资料显示，在美国，将近 50％的工薪阶层只承担
了联邦所得税的 5％，10％的最高收入者承担了个人所得税的 60％多，1％的最高收
入者承担了 30％多。而在我国，富人约占总人口的 20％，但他们上缴的个人所得税
还不到个人所得税收入的 10％。可以说中国富人的税负在国际上是相当轻的，甚至
可以说是"穷人养活富人"。参见刘兴伟《完善税制不让穷人养活富人》，http：//
news. sina. com. cn/pl/2010—03—09/115719824329. shtml。

内容。在今日的德国和日本等国的宪法学界，法律适用平等说早已走向颓势，法律内容平等说则相应地确立了主流地位。[①] 平等原则作为税法的立法原则，让立法者受平等原则拘束，所立之法应与宪法价值观相一致，此种租税正义应平等无差别地在法定要件中贯彻，是以立法者有义务制定适当之法律，以使法律得以平等适用。[②] "租税正义是现代宪政国家负担正义之基石，税法不能仅仅视为政治决定之产物，也不能仅从形式上经由立法程序，即取得正当合法依据。税法须受伦理价值之拘束，及受限于正义理念所派生原则。课税之基本原则为量能原则之伦理要求，个人之租税负担应依其经济给付能力来衡量，而定其适当的纳税义务。此种负担原则，应成为租税立法之指导理念、税法解释之准则、税法漏洞之补充、行政裁量之界限；同时量能原则也使税法成为可理解、可预计、可学习之科学。"[③] 量能课税原则在税法发展演进过程中，具有举足轻重的地位，特别对所得税法而言，所得税应依个人经济支付能力而负担，该原则如予以扬弃，或视之如无具体内涵的空虚公式，则税法的演变只能诉诸议会多数决或专断独行。[④]

（1）累进税率符合实质公平。税收的征收应该大体上与纳税人支付能力挂钩，并且让纳税人在纳税后还能维持合理的生活水准。征税时必须努力平衡不同收入阶层的纳税损失效用，其后的

---

① ［日］小林直树：《（新版）宪法讲义》（上），东京大学出版会1980年版，第333页。转引自林来梵《从宪法规范到规范宪法——规范宪法学的一种前言》，法律出版社2001年版，第113页。

② 葛克昌：《地方课税权与纳税人基本权》，载葛克昌《税法基本问题（财政宪法篇）》，北京大学出版社2004年版，第179页。

③ 葛克昌：《量能课税原则与所得税法》，载葛克昌《税法基本问题（财政宪法篇）》，北京大学出版社2004年版，第117页。

④ 同上书，第120页。

假设是，对富人来说，相同的金额的边际费用，比穷人甚至中产阶级都更小，亦即边际效用与收入呈负相关的关系。因此，即使从富人那里征收更多的税款也不会不成比例地减少其资金效用。从形式上平等的观点看，也可以认为累进税率是不平等的。但从福利经济学边际效用出发，更符合实质平等原则。此外，为了实现宪法上的"社会国家"，财富的再分配是必不可少的，而且由于累进税率是财富再分配最适当有效的手段之一，因此不能认为累进税率结构的合理差别违反了宪法平等条款。[①]

（2）根据所得和财产的来源不同区别课税。所得与财产，纵令数额相同，但如果其本源不同，按照平等原则，其担税能力也应该有差异，应对其差别课税。①财产收益重课。财产收益比较勤劳所得，有种种优势，按照平等原则，收益即财产所得和营业所得应当重课，劳动所得应当轻课。②不劳利得重课。由于国家、社会、经济等原因，形成不劳利得，主要表现为：承嗣与赠与、财产的自然涨价、投机利得、市面旺盛利得、战时利得等。不劳利得由于外在的原因而来，其担税能力较大于普通所得，应当重课。[②] 当前，发达国家普遍开征了遗产税和馈赠税，其征收目的一方面是为了提高财政收入，另一方面是为了抑制不劳而获和矫正不公，"逐渐地、持续地纠正财富分配中的错误，并避免有害于政治自由的公平价值和机会公正平等的权力集中"[③]。③对固定资产征税应当区别不同性质的财产课予不同的税率。首先，应将生存性财产与投机性财产以及资本性财产加以区别。由

---

① ［日］金子宏：《日本税法原理》，刘多田等译，中国财政经济出版社 1989 年版，第 57 页。

② 王首春：《租税》，商务印书馆"百科小丛书"1933 年版，第 46—47 页。

③ ［美］罗尔斯：《正义论》，何怀宏等译，中国社会科学出版社 1988 年版，第 268 页。

于生存性财产不存在实际买卖价格，故惯例上是以利用价格（收益还原价格）进行课税的，在税率方面采用低税率。对于投机性财产，以市场价格进行课税，并采用高税率，使其无法保有相同的财产。对这一部分的固定资产税额，在计算企业的所得时，不列入亏损金或必要经费之中。而对于资本性的财产，则通过课税标准价格和税率，使其负担的税额不至于影响其事业的发展，其负担的税额介于生存性财产与投机性财产之间的中间额度。其次，适用量能课税原则，不仅要体现课税物品的量上的大小（量的税负能力），还要体现物品在质上的差异（质的税负能力）。另外，由于涉及物税的税法相对比较简单，物税的课征不需要考虑纳税者本人的情况。因此，从宪法理论上，应尽可能在税务行政中将属于物税的租税人税化。[①]

（3）税收特别措施问题。所谓税收特别措施，与税收差别措施不同。税收差别措施，是以对具有不同情况的采取不同对待的方法为内容的措施，不与《宪法》平等权条款相违背。而税收特别措施是在负税能力以及其他方面虽然具有同样情况，但为实现一定的政策目的，在符合特定要素的情况下，以减轻税收负担或加重税收负担为内容的措施。以减轻税负为内容的税收特别措施，称之为"税收优惠措施"；以加重税负为内容的税收特别措施，称之为"税收重科措施"[②]。

古典学派财政理论认为，国家征税对国民经济是一种损失，而经济发展最重要的前提就是减轻这种损失，以促进资本的蓄积。所以，国家对于租税的课征，必须保持不影响资本蓄积的态

---

① ［日］北野弘久：《税法学原论》，陈刚等译，中国检察出版社 2001 年版，第4、28 页。

② ［日］金子宏：《日本税法原理》，刘多田等译，中国财政经济出版社 1989 年版，第 58—59 页。

度，也就是说租税的课征，对于经济的发展，应该采取中立的态度。这个标准强调，税收制度不能为公民或者企业制造任何特殊的障碍，或者提供任何特殊的便利，促使他们选择把自己的资金或者资源以特定方式使用而排斥其他方式，或者促使他们投资某一产业而排斥另一产业。相反，税收体制应该在所有的资源使用上保持中立，在既有的资源状况下让市场来决定什么产业产出最大。[①] 古典学派财政理论产生的时代属自由法治国时代，强调最小政府与租税中立，故要求租税应以财政收入为唯一目的。唯至社会法治国，国家乃以社会正义之促成者为己任，在贯彻民生福利原则下，将租税充为经济、社会等国家政策之手段，承认经济与社会政策为目的之租税。[②] 亦即税收政策不仅仅是用来获取财政收入的，它还可以用来达到其他社会和政治的目标。税法也利用社会目的规范加以实施，在此所谓"社会的"，并非单纯指援助无所得或所得较少的群体，而更多指增进公共的利益或社会的利益、公共福利、人民的团体生活等。社会目的规范乃是管制的（管制的、指导的、干预的、工具的）规范，而以实现社会政策的（修正福利的、重分配的）、经济政策的、文化政策的、健康政策的、职业政策的目的而非财政的目的。但是，市场经济体制的精神为私法自治。其发展的物质基础为私有财产之保护。为确保市场经济之运转顺畅，国家的财经行政必须严守中立，课征税捐应符合量能课税原则意义下之平等原则，让个人或事业能够在平等原则的屏障下公平竞争。税捐之课征要成其为优惠，必具有使一部分人之税捐负担低于其负税能力的实质。这显然违反税捐

---

① ［美］B. 盖伊·彼得斯：《税收政治学——一种比较的视角》，靠为桂、黄宁莺译，江苏人民出版社 2008 年版，第 52 页。

② 陈敏：《宪法之租税概念及其课征限制》，《政大法学评论》第 24 期。

行政之中立原则或平等原则。① 不过，"社会目的规范就其负担作用而言，固然违反分配正义，但仍可基于税捐上统制的理由加以正当化，此种违反平等原则的正当化，仅于其管制目的在宪法上具有足以平衡违反分配正义（量能课税原则）而值得促进的位阶，才能成立"②。

金子宏教授认为，就税收优惠措施而言，其是否因构成违反《宪法》平等权条款而无效，其优惠是否称得上不合理的优惠，应当对每个具体的税收优惠措施进行判断。但在进行这种判断时涉及的主要问题有：①该项措施的政策目的是否合理；②为实现该目的的优惠措施是否有效；③该项优惠措施在何种程度上侵害了公平负担的原则等。③ 笔者认为，税收特别措施是否违反公平原则，其判断的标准包括以下三点：

第一，必须有法律明文规定。我国台湾地区"大法官会议解释"释字第 210 号解释指出："所谓依法律纳税，兼指纳税及免税之范围，均应依法律之明文。至主管机关订定之施行细则，仅能就实施母法有关之事项而为规定。"我国《税收征收管理法》第 3 条规定，"税收的开征、停征以及减税、免税、退税、补税，依照法律的规定执行；法律授权国务院规定的，依照国务院制定的行政法规的规定执行"。"任何机关、单位和个人不得违反法律、行政法规的规定，擅自作出税收开征、停征以及减税、免税、退税、补税和其他同税收法律、行政法规相抵触的决定。"第 28 条规定，"税务机关依照法律、行政法规的规定征收税款，不得违反法律、行政法规的规定开征、停征、多征、少征、提前

---

① 黄茂荣：《论税捐优惠》（上），《植根杂志》第 22 卷第 9 期。

② 陈清秀：《税法总论》，元照出版公司 2006 年版，第 19 页。

③ ［日］金子宏：《日本税法原理》，刘多田等译，中国财政经济出版社 1989 年版，第 58—59 页。

征收、延缓征收或者摊派税款"。第 33 条第 2 款规定："地方各级人民政府、各级人民政府主管部门、单位和个人违反法律、行政法规规定，擅自作出的减税、免税决定无效，税务机关不得执行，并向上级税务机关报告"。

第二，法律规定必须明确。关于租税优惠等非财政目的租税（经济政策、社会政策、环保政策目的租税），德国联邦宪法法院要求在减免要件中指明其管制诱导目的，始符明确性要求。这种指明要求在于平等原则，因平等原则并不排斥所有为促进诱导纳税人为增进公益之行为。"税法如基于非财政之行政目的，而在构成要件中指明诱导目的与界限时，仍有其正当性。"[①]

第三，必须符合比例原则。即应当具有正当理由或强烈的公益需求（特定政策应追求充分就业，保护弱势群体的利益等"价值理念"），且应以达成政策目的所必要的合理手段为限，即应当符合比例原则，作为差别对待的合理基础，以符合实质公平的宪法意旨。税收优惠的手段，如无助于公益目的的实现且是不适当的或不必要的，此时该税收优惠的手段，将违背过度禁止的法治国原则的要求。我国台湾地区"大法官会议解释"释字第 565 号解释指出："为增进公共利益，依立法授权裁量之范围，设例外或特别规定，给予特定范围纳税义务人减轻或免除租税之优惠措施，而为有正当理由之差别待遇者，尚非'宪法'第 7 条（注：平等权条款）规定所不许。"

四　税收公平原则在税法适用过程中的适用

作为法律适用原则，平等原则要求法律之前平等，亦即税务

---

① 葛克昌主持：台湾地区"财政部"2005 年度委托研究计划"纳税人权利保障法可行性研究"，第 118 页。

机关和法院在适用税法时，应符合平等原则，如果税法适用不平等，则可能产生不平等的税收负担。任何税法，若行政官员得自由决定是否予以施行，如此之税法即为不正义之来源，盖因其个别偏好，而决定是否适用法律。因此，税法的平等原则，不仅纳税义务人需受拘束，作为租税债权人的国家亦有适用，即其代表行政机关亦负有义务——即依法律课征的原则。① 平等课税原则的证成乃在于在租税国体制下，租税的正当性来自于人民的平等牺牲，即租税负担的公平分配。

（1）平等的适用税法。税收具有限制财产权的公负担性质，由于其本质上属无对价之给付，唯有全民平等普遍课税，才能维持其公平与正当性。纳税人有权认定税法必须以一种公平、公正的方式实施。人民为公共利益而牺牲，除须有法律依据外，只有平等牺牲义务，而无特别牺牲义务。人民之所以纳其应纳之税，其基础即在于相信与其收入相同之邻人亦纳相同之税。税法的持续长期的权威，只能基于其合乎事理与平等课征。因此，税法必须平等地予以适用，同时应赋予遭遇不平等对待的纳税人以诉讼救济的机会。英国有这样一个案例，"申请人是一个化学公司，它争辩说，国内税收委员会违背 1975 年的原油税收法，接受了各竞争性公司过低的乙烷价格。虽然这是一个纳税人可以控告另一个纳税人的待遇问题的'罕见案例之一'。但看起来，这样一个具有控告真正实质内容的申请人有可能获得控告资格。而在这个场合，控告已获胜诉"②。

（2）纳税人获平等的对待。作为法律上平等的主体，纳税人

---

① 葛克昌：《地方课税权与纳税人基本权》，载葛克昌《税法基本问题（财政宪法篇）》，北京大学出版社 2004 年版，第 179 页。

② ［英］威廉·韦德：《行政法》，徐炳译，中国大百科全书出版社 1997 年版，第 386 页。

有权要求税收程序予以平等的对待。只有平等对待纳税人，才能
保证税收程序以及通过程序而产生的结果符合形式正义的要求，
实现纳税人之间的负担公平。当前，纳税人平等对待普遍受到各
国纳税人权利保护文件的重视，例如加拿大《纳税人权利宣言》
中明确赋予纳税人"不受歧视权"——纳税人有权得到税务人员
根据法律和事实所作出的公正的征收合理税款的决定。英国《纳
税人权利宪章》中规定："在相同情况下，您将获得与其他纳税
人一样的待遇。"

（3）推计课税的公平。在税法上，通常一项事实关系只有在
可以认定其具有接近确实的盖然性的情形，才可以视为已经证
明。但是在事实的进一步查明是不可能或无期待可能的特定的前
提要件下，若因此而放弃课税，则难免有违税收公平原则。在这
种情况下，可以具有较大盖然性的课税基础作为课税的依据，即
推计课税。推计课税是指稽征机关在为课税处分（尤其是所得税
的核定）之际，不根据直接资料，认定课税要件事实（所得额）
的方法。[1] 推计课税宪法上理由在于基于课税平等性的要求，以
及基于大量行政之实用性要求。对于行政机关制定的推计课税准
则，只是事实认定准则，作为法律适用时的通案基准，即使有立
法机关的授权，仍应受法院的完全审查。税务行政，尽管在适用
法律，仍需要优先解释，但此种优先，是因时间先后而优先，而
非效力的优先，故对法院并无法律上之拘束力。[2] 推计课税合理
需具备以下条件：①在有复数间接资料存在情形，应选择最接近
"实额认定"的资料进行课税；②倘若被推计课税的纳税义务人

---

① 陈清秀：《税法总论》，元照出版公司 2006 年版，第 568 页。

② 葛克昌：《两税合一之宪法观点》，载葛克昌《所得税与宪法》，北京大学出
版社 2004 年版，第 126—129 页。

显有特殊情况时，推计时应予一并加以斟酌；③虽为避免纳税义务人因违反协力义务而获致租税利益，故允许稽征机关依法从高核定，唯推计课税结果亦不应带有惩罚性税捐。① 亦即推计课税应尽量接近实际所得额课税，我国台湾地区"大法官会议解释"释字第218号解释即明示："惟依推计核定之方法，估计纳税义务人之所得额时，仍应本经验法则，力求客观、合理，使与纳税义务人之实际所得额相当，以维租税公平原则。"因此，容许推计课税的方法不应仅限于一种（国外立法例多如此规定），否则容易发生偏差。另外，同行利益标准的制定，关系人民权益至巨，其订定由稽征机关为之，似应赋予专家与社会公正人士参与的机会，以确保其公正性。②

（4）实质课税原则。实质课税原则，亦称实质课税主义，它是实质公平正义对形式公平正义的修正和限制。是指所得或财产，其法律形式上的归属与其经济上的实质享受不一致时，为达税收负担的公平，税法上就该事实所赋予的评价，是以经济的实质为考虑的基准。换句话说，就税法的解释与课税要件事实的认定上，如发生法律形式、名义、外观与真实的事实、实态或经济实质有所不同时，税收课征的基础与其依从形式上存在的事实，毋宁重视事实上存在的实质，更为符合税收基本原则要求。德国《租税通则》第42条即规定："税法不因滥用法律之形成可能性而得规避其适用。于有滥用之情事时，依据与经济事件相当的法律形式，成立租税请求权。"这种不拘泥于形式上、表面上存在的事实，而以事实上存在的实质加以课税的原则，称为"实质课

---

① 陈清秀：《推计课税》，《全国律师》1992年2月。

② 陈清秀：《纳税人权利保障之法理——兼评纳税人权利保护法草案》，《法令月刊》第58卷第6期。

税原则"。因为课税属于加诸人民之经济负担，税收平等主义原则要求税收的课征依各人实质上负担能力为依据，始符合量能课税原则与公平负担的原则，故税收的课征，与其依据法律之形式，毋宁衡量经济之实质。因此，为实现此原则，对于用以掩饰真实所为之伪装行为、虚伪表示、事实之隐藏及其他各种租税规避行为等，均有加以防止之必要，而实质课税原则即为防止之手段，体现了税收平等主义的精髓。

第三章

作为社会权的纳税人基本权

社会法治国时代，为贯彻宪法保障人性尊严之原则，一方面国家在向纳税人"索取"之时应取之有度，不能侵及纳税人最低生活；另一方面，由于"个人人格发展之可能性，首先须触及个人自由实现所不可让与的社会条件。自由实现的条件，在于先拥有实体及精神上必要物资，作为自我决定前提"，给付国家的给付行政，乃在促成基本权的充分实现，亦即由宪法上抽象自由状态，达到具体社会生活，能以公权力协助个人自由实现。给付国原则，在于确保借由必要物资条件，来达成个人自由之社会发展机会。

第一节　社会国

社会国是对工业革命及资本主义兴起后所引发社会问题的一种反思和因应。为解决经济强者滥权、贫富差剧过大所造成的各种社会问题，19 世纪中叶以降之欧陆，其国家理念纷纷从往昔单纯消极性地确保个人自由与权利不受不法侵害，转变为强调国家更具有追求社会正义及促进人民福祉之目的。为达此目的，亦一致性地肯定国家公权力负有积极介入人民社会经济生活领域之作为义务。遂形成现代意义上的社会国理念。[1] 社会国宪法对人设定了以下图景。

一　人性尊严

人性尊严，通常亦被称为"人的尊严"、"人类尊严"，代表着哲学、伦理学上一种将个人视为主体和目的的理论学说。[2] 在西方，人性尊严理论源远流长，在学术界通常认为其来源于托马斯·阿奎那的理性学说、康德的道德自律以及基督教神学理论。[3] 人性尊严强调人是目的，与人权相比较，国家的存在仅具有工具性价值。

胡玉鸿教授认为，人的尊严可从以下几个方面予以证成：① "内在性"，是指"尊严的价值源于人本身，是人作为一个生命主体所必然具有的特质"；② "道德性"，是指"人的尊严从人的道德本性上来确立人的固有价值"；③ "普遍性"，是"从享有尊严的主体上而言的，它意味着社会上每一个个人都拥有不可侵犯、不可剥夺的尊严"；④ "最高性"，即"在人所可能享有的权利、价值之中，人的尊严具有至高无上的尊崇地位"，同时人的尊严"对单个的主体而言，是其成就人生的最高标志"[4]。蔡宗珍教授认为，人性尊严系立基于宪政主义思想，其以各个独立、自主的人作为出发点，个人存在本身便是目的，不假外求，且人

---

① 　詹镇荣：《社会国原则——起源、内涵及规范效力》，《月旦法学教室》第41期。

② 　胡玉鸿：《个人的法哲学叙述》，山东人民出版社2008年版，第57页。

③ 　陈慈阳：《宪法学》，元照出版公司2004年版，第486—488页。

④ 　胡玉鸿：《"个人"的法哲学叙述》，山东人民出版社2008年版，第61—65页。

人均享有涵盖身体、精神与行为方面的自主决定价值。① 李震山
教授在总结人的尊严的特点的基础上将其定义为：作为权利主体
的每个人都将人本身作为目的，并在尊重基本权利正当行使的范
围内尊重宪法人性尊严核心内涵的自治与自决。② 人性尊严所蕴
涵的含义包括：①人在自己自由权利范围内，有自治处决之高度
自主性；②无论基于自由意志或他意，人都不能成为纯粹客体，
亦即不能被工具化、物化及商品化。③

　　在当代，人性尊严已被列入重要的国际人权公约，《世界人
权宣言》即宣称人权"源于人的固有尊严"，《经济、社会和文化
权利国际公约》序言中亦"确认这些权利是源于人自身的固有尊
严"。在当今世界上许多先进国家中，都将人性尊严标榜为最高
基本价值。德国《基本法》第1条即开宗名义宣布："人性尊严
不可侵犯，一切国家的权力均有义务尊重并保护人性的尊严。"
这乃是鉴于对纳粹经验的反省，而禁止人类被物化的要求，进而
成为宪法的最高价值。德国多数学者认为人性尊严为实质的最重
要的基本权利，为基本权利整体的基准点，意味着人性尊严是规
范中的规范，基本权利中的基本权利。④ 日本则是受到学者芦部
信喜教授"实质宪法论"的影响，多认为宪法的内在价值不但是
宪法的根本规范，亦不得被宪法所创设之国家权力所侵害，而这
个基本价值就是"个人尊严"，日本宪法第13条前段"所有国民

---

① 蔡宗珍：《人性尊严之保障作为宪法基本原则》，《月旦法学杂志》1999年第
45期。

② 李震山：《人性尊严之宪法意义》，载李震山《人性尊严与人权保障》，元照
出版公司2001年版，第11页。

③ 李震山：《多元、宽容与人权保障——以宪法未列举权之保障为中心》，元照
出版公司2005年版，第131—133页。

④ 法治斌、董保城：《宪法新论》，元照出版公司2006年版，第204页。

以个人之身份受尊重",即是"个人尊严"①。因此,学者认为,现代宪政国家,不仅追求传统民主多数决之形式意义宪政国家,更进一步追求"以人性尊严与个人基本价值为中心"之实质宪政国家,亦即正义国家。所有国家行为须与宪法上价值观相一致,而以人性尊严为最高价值。②

判断人性尊严是否受侵犯,德国联邦宪法法院通过判决导出一个"客体"公式,虽不甚严谨,但很具有可操作性和可行性。按判例的解释,当个人在国家中完全被变成一个客体时,就抵触了人性尊严,因为一个人既然被矮化为"物体、手段与数值",自然不必在意其精神与意识,因而极易成为他治、他决的客体,构成对人性尊严之分割。依照此公式,任何将人矮化,使人遭受侮辱、屈辱,将个人视为他人附庸的做法都是对人的尊严的违反。③ 但是,所谓尊重个人的人性尊严并非仅表示国家消极之不作为(不侵犯),且是要积极进一步之作为。国家必须由社会的角度来看,例如对需要救助之人提供救助,以确保个人可以以符合一种人性尊严生存之最低条件存在。④ 实现人的尊严需要诸多的条件,例如基本的物质需求,更高的物质享受以及自由、平等、安全的社会制度与社会环境等。这些条件可以分为物质的和精神的两个层面。在物质上,要保障人的尊严,就不仅仅是满足基本生活所需,还必须包括更高层次的要求:像人那样活着。这

---

① 萧淑芬:《论基本权核心概念之规范》,载萧淑芬《基本权基础理论之继受与展望——台日比较》,元照出版公司 2005 年版。

② 李震山:《人性尊严之宪法意义》,载李震山《人性尊严与人权保障》,元照出版公司 2001 年版,第 3 页。

③ 黄桂兴:《浅论行政法上的人性尊严理念》,载城仲模主编《行政法之一般法律原则(一)》,三民书局 1997 年版,第 11 页;法治斌、董保城:《宪法新论》,元照出版公司 2006 年版,第 203 页。

④ 法治斌、董保城:《宪法新论》,元照出版公司 2006 年版,第 205 页。

一要求，常以"体面的生活"来名之，它成为国家和政府对其成员所必须负担的道义上的责任。在一些国家，例如日本宪法第25条第1款中则明文规定了"所有国民，均享有营构在健康和文化意义上最低限度生活的权利"，并将其进一步上升为政府法律上的义务。但该义务的实现，受制于现实的经济发展水平。虽然现实中各个国家实际的经济发展水平不一，因此造成了生活标准的不同，然而，在每一个社会当中，人们都应当能够获得符合当地生活水准的物质需要，以保证其尊严地生存，且政府应当努力平衡国内各地区之间的差异，以避免造成严重不平衡的状况。此外，尊严的另一重要方面体现在人的精神需求上。人不是圈养的动物，固其不仅需要获得生存需要，更需要美好之精神状态，体悟到自身尊严的存在。社会福利从起初关注人的基本生活之物质所需，发展到关注人整个生活的良善；从只关注经济指标的发展到重视人的生活的全面质量。"生活质量"已逐渐取代单纯的经济发展的社会目标，并成为被普遍认同并频繁被使用的分析社会福利的概念。[①] 当代社会福利概念，"不仅包含福利的经济内涵，还包含了像健康、社会关系和自然环境的质量等影响人们生活条件的非经济要素。并且，它不仅包含了客观的生活条件，而且还纳入了主观福利"[②]。人性尊严体现在税收方面，"国家对人民所为课税之目的、范围与方法，必须符合人性尊严之理念，纳税人权利保障之基本原则，亦须符合人性尊严之客观精神与价值。具体而言，国家对人民课税之目的、范围与方法应让人民于

---

① 例如，印度籍学者、当代著名经济学家、诺贝尔经济学奖获得者阿马蒂亚·森的《生活质量》、《以自由看待发展》等著作中均论及了这一主题。

② 贺春临、周长城：《福利概念与生活质量指标——欧洲生活质量指标体系的概念框架和结构研究》，《国外社会科学》2002年第1期。

纳税时（后）有合乎人性尊严之法价值与感受"①。而就客观而言，一方面租税课征应量能进行，不得侵害纳税人的人性尊严，故侵犯纳税人生存必需的财产之课税应当禁止；另一方面，纳税人生存状况处于最低标准以下，即意味着发生国家对其生存照顾的义务。

二　宪法上人的图像

学者指出，从宪法基本权利条款的内容观察，可以发现首先是以人的内心意志自由为基础的人性尊严为核心，再由此核心推展出诸如人身自由、行动自由、表现自由等基本权利，目的在于建构一个人的宪法基本形象。其次，借由人与物的结合关系（例如：财产权）、人与群体的关系（例如：参政权），以充实人的基本形象。目的在于建构一个人应该拥有的宪法基本形象。② 在现代自由、民主、法治的宪政国家，宪法上人的形象主要体现在以下两个方面。

1. 自我决定、自我负责

在自由民主宪政下，宪法所预设的人的形象是指平等、自由、拥有社会关怀的个人，在人格自由发展下，自行决定的本旨，在于自我负责，不仅对于自身事务自我负责，而且也对社会共同体负责，并透过纳税对社会共同体运作所需的公共支出履行其社会连带的责任与义务。③ 即宪法上的人性观，是指平等、自由的个人，在人格自由发展下，自行决定其生活方式、未来规划

---

① 潘英芳：《纳税人权利保障之建构与评析——从司法保障到立法保障》，法律学研究所硕士论文，台湾大学，2007年，第63页。

② 黄俊杰：《税捐基本权》，元照出版公司2006年版，第59页。

③ 林子杰：《人之图像与宪法解释》，法律学研究所硕士论文，台湾大学，2006年，第87页。

及其行为。① 因此，在个人与国家的关系上，人性尊严意味着，国家无自身的目的性价值，国家的正当性只在于——国家具体地以个人为目的。②

2. 社会连带

保障人性尊严是宪法的最高价值，并非意味着个人受基本保障的最终目的，是要把人变成一个自负的、绝对独立自主、完全孤立的人，相反的，宪法乃将每一个人定位在团体结合性与互动性上，宪法不但肯定个人人格具有独立之自主性，而且承认个人在社会关系和其对社会之多种义务，"人总是不可避免地是更大群体和人人联合的一部分，为了彼此协助、安慰和支持而相互依赖"③。

德国联邦宪法法院曾经对于《基本法》第 1 条人性尊严概念作出宣示："基本法中的人的形象，并非是一个孤立、自主的个人形象，毋宁说基本法将个人与国家间之紧张关系，以不侵犯个人之固有价值的方式，在个人之'共同体关联性'与'共同体联结性'的意义下加以决定。"这意味着对于人的概念的掌握放弃了古典的极端个人主义，同时也排斥团体主义，而是基于人格主义，从共同社会关联性和共同社会拘束性的角度形塑个人。④ 亦即人的图像在当代的理解上是具有人格发展自由、人性尊严、自我负责以及对群体负责之人，扬弃传统原子式的个体独立以单面

---

① 葛克昌：《地方课税权与纳税人基本权》，载葛克昌《税法基本问题（财政宪法篇）》，北京大学出版社 2004 年版，第 170 页。

② 许育典：《文化宪法与文化国》，元照出版公司 2006 年版，第 194 页。

③ ［美］理查德·A. 爱泼斯坦：《简约法律的力量》，刘星译，中国政法大学出版社 2004 年版，第 443 页。

④ 黄桂兴：《浅论行政法上的人性尊严理念》，载城仲模主编《行政法之一般法律原则（一）》，三民书局 1997 年版，第 9 页。

向地抗拒来自国家社会的介入、干预与侵犯。①

3. 权利与义务对等

耶林内克的公民身份理论认为，公民相对于国家而言具有四种身份，即被动身份、消极身份、积极身份和主动身份。其中被动身份指个人处于臣服国家的地位，属于个人义务领域。消极身份为公民划定私人领域，国家不得任意干涉。积极身份使得公民有向国家请求给付的权利。而主动身份表明公民得参与国家意志的形成，即与此四种身份对应的，是"个人对于国家有所给付、自由于国家之外、向国家有所请求、为国家有所给付等"。可见，公民相对于国家来说，其权利义务是对等的，基于被动身份的纳税义务等公民对国家的给付，与基于积极身份的公民向国家请求履行国家义务相关联。②

宪法上人的图像投射到财税宪法上，表现为：①在纳税人与国家及其他纳税人关系方面，人民为纳税主体所形成的人的图像，应系指与社会共同生活、受社会拘束之人，而非孤立于他人之外的个人，其一方面与国家的关系，系权利及自由受有公益目的限制之人民；另一方面则系扮演与其他平等负担公法上义务之人民共同生活、共同为市场竞争者之角色。②财税宪法上对纳税人图像的预设，应舍弃传统国家为征税主体之面相理解：仅将纳税人视为税捐仆役，认为纳税只是人民对国家课税权所尽之义务。进一步地，应该转化为以人民为纳税之权利主体，从此出发：一方面肯认纳税人拥有经济自主权（即自我决定与自我负责

---

① 林子杰：《人之图像与宪法解释》，法律研究所硕士论文，台湾大学，2007年，第87页。

② 李建良：《基本权利的理论变迁与功能体系——从耶林内克身份理论谈起（上）》，《宪政时代》第27卷第1期。转引自韩大元、冯家亮《中国宪法文本中纳税义务条款的规范分析》，《兰州大学学报》2008年第6期。

之权利），以建立理性的人格与自我发展的经济基础；另一方面，纳税人所行使之纳税义务，乃系为了共同协力地履行其对社会共同体运行所需之费用，尤其系愿意依量能原则、对公共财政需求提供其应承担的部分。①

社会国原则在税法上的意义在于：虽然一般认为宪法上民生福利国家原则仅为抽象的规定，但并非意味着是"无实质之空白概念"或无法律拘束力的方针规定。民生福利原则对税法而言，一方面作为国家目标的规定，负有尊重及注意的义务，并具有授权的性质，赋予立法机构对民生福利积极立法的宪法义务。另一方面，民生福利原则在税法的适用上具有作为论理解释方针、法律漏洞的填补与补充、平等原则违反的释明、税法裁量方针等功能。② 社会国原则与纳税人基本权保护之间有密切的关系，就国家"予"的一面而言，在税法上经由累进税率，以达成社会财富重分配的效果，即国家透过一个复杂的供需体系，一方面征收累进税，另一方面对穷人给予给付，以达到重新分配财富，矫正原先的福利分配并改善穷人的起步机会。③ 而从国家"取"的一面来考察，由于社会国原则以促成社会正义为己任，要全面提升国民的精神、文化及物质水准，莫不以巨大的财政收入为基础，因此国家的财政负担能力确实是国家社会任务的极限。社会国的活动既然必须仰赖经济，就必须尊重并保持该经济来源——税收，并保护纳税人的生存权、工作权及财产权，不可耗尽纳税人自我

① 潘英芳：《纳税人权利保障之建构与评析——从司法保障到立法保障》，法律学研究所硕士论文，台湾大学，2007 年，第 9 页。

② 葛克昌：《税法与民生福利国家》，载葛克昌《国家学与国家法》，月旦出版公司 1996 年版，第 196—198 页。

③ 陈清秀：《税法总论》，元照出版公司 2006 年版，第 50 页；许育典：《宪法》，元照出版公司 2006 年版，第 78—79 页。

追逐经济给付利益之本能。① 德国税法学家 D. Birk 认为，现代社会法治国家，其国家任务的履行，有赖具纳税能力积极从事营利行为，国家从其盈余中参与分配（课税）。社会国系不断社会化过程，须持续改造社会结构，要有长期可靠供养，只有保持并蓄积涵养税源，激发国民自我追逐利益的本能，在其取得收益后国家始得借由课税权参与分配，此时社会给付才有源源不绝、不断成长的财源。② 因此，社会国对税收的意义在于，从"取"与"予"两个层面均对纳税人权利保障提出要求。

第二节　纳税人税法上生存权保障

在现代社会，生存权是一项基本的人权，人只有在生存能够得到保障的前提下，才有可能去发展、创造、规划更为美好的生活。因此，生存权是指"人为了像人那样生活的权利"，而所谓"像人那样生活"，就是说人不能像奴隶和牲畜那样生活，是保全作为人的尊严而生活的权利。③ 具体而言，生存权包括人们的生命得以延续的权利，包括生命、健康、劳动、休息和获得生活救济的权利等。它不仅要求政府不得侵害国民的生命和健康，而且要求政府积极保障国民的生存条件，使国民得以享受健康的生活。生存权的基础在于现代社会对人性尊严的尊重。现代宪政国家要求所有国家行为须与宪法上价值观相一致，而以人性尊严为

---

① 转引自潘英芳《纳税人权利保障之建构与评析——从司法保障到立法保障》，法律研究所硕士论文，台湾大学，2007 年，第 69 页。

② 葛克昌教授主持：台湾地区"财政部"2005 年度委托研究计划"纳税人权利保障法可行性研究"，第 110 页。

③ ［日］三浦隆：《实践宪法学》，李力、白云海译，中国人民公安大学出版社2002 年版，第 158 页。

最高价值。生存权由宪法上基本价值所决定，在制定及适用法律、法规时，悉应加以遵守。税法整体秩序所表彰的价值体系，与宪法的价值体系必须相一致。因此，在税法上，也不可以有侵犯人性尊严、危害纳税人生存权的情形。[①] 事实上，就国家公权力而言，最可能损害人性尊严和生存权的，即为课税权。因此，对税法而言，税收的立法及执法在不得消极侵犯纳税人的生存保障的同时，还应积极保障纳税人的生存权。当代日本著名税法学家北野弘久先生甚至在此基础上进一步提出了税法的"人税化"主张。[②]

一 人性尊严与最低生活不课税

税收属于对人民财产权的侵犯，宪政理论告诉我们对于公民宪法基本权利仅可限制，不得剥夺，税收行为属于干预行政，因此必须有节制。人民虽有依法纳税的义务，但人性尊严及生存权同时也受宪法的保障，任何课税均不得侵犯纳税人为维持符合人性尊严的最低生活所必需的费用。税收所限制的基本权利核心领域，是符合人性尊严基本生活需求之经济生存权，因此应以人民可支配的剩余财产权，作为国家课税权行使之对象，以符合宪法秩序下税法之规范内涵，并且以维持人民重新运营经济生活所必需之再生利益，作为国家课税权之宪法界限。亦即宪法保障的私有财产有所收益时，须在发展人格及维护尊严所必要者后仍有剩余，始为公共利益之必要而课征所得税和其他税。"禁止税法对

① 葛克昌：《综合所得税与宪法》，载葛克昌《所得税与宪法》，北京大学出版社 2004 年版，第 3 页；杨小强：《税法总论》，湖南人民出版社 2002 年版，第 116—117 页。

② ［日］北野弘久：《税法学原论》，陈刚等译，中国检察出版社 2001 年版，第 104—105 页。

于纳税义务人及其家庭之最低生存需求采取税捐侵犯，已成为课税禁律。"作为国家课税权行使的对象或符合宪法秩序的税法的规范内涵，是以人民可支配余额的财产权作为合宪性的界限，属于人民不可支配的财产权部分，应为"非税标的"，换言之，维持人民重新营运经济生活所必需的再生利益，应作为国家课税权的宪法界限。[①] "基于生存权之保障，国家之课征租税，不得侵害人民之最低生活要求。……租税之课征，应依人民之纳税能力为之，而人民必也先维持其生存，而后有余力缴纳租税。因此，人民之最低生活水准，实为国家课税权之禁区，不得染指。"[②] "最低生活水平线，乃课税之禁区。"[③] "就最低物质及文化水准之下，加入课税之侵害，因危及生存权，纵其所受侵害之程度极微，亦有悖于公共利益与社会安全。"[④] 有学者进一步认为，人的存在本身是一切自由发展的前提，是作为社会成员要相互承诺尊重彼此自我决定的前提，因而也是个人参与宪法国家运作的前提。"国家若不能维持个人的基本生存，甚至侵犯个人之生存基础，那么国家高权的正当性亦无法存续。"人民生存所需是国家课税高权之"禁域"，这一保障理念具有长久的历史根源，这不仅是个人抗拒国家侵犯其自由的一种形态而已，而可以说先于自由的保护要求，即"宪法对自由的保护是在国家成立以后，对于国家作用的限制，立法者得依循法治国原则决定自由之内涵与行使之界限，其保护乃是经过在社会环境下法益权衡后'相对的保

---

① 黄俊杰：《纳税者权利保护法草案之立法评估》，《月旦法学杂志》2006年第7期，第183页。

② 陈敏：《宪法之租税概念及其课征限制》，《政大法学评论》第24期。

③ 葛克昌：《论纳税人权利保障法的宪法基础》，载吴从周等编《曾华松大法官古稀祝寿论文集——论权利保护之理论与实践》，元照出版公司2006年版。

④ 葛克昌：《税法与民生福利国家》，载葛克昌《国家学与国家法》，月旦出版公司1996年版，第205页。

护'；但个人的存在却是国家存续是否得以维持的基本条件，国家不侵犯个人生存是立宪国家正当性的前提，也是所有国家作用的前提，这是不容置疑的'绝对保护'"[1]。当前，人性尊严与最低生活不课税的价值得到社会普遍的承认，1985 年日本社团法人自由人权协会发布的《纳税者权利宣言》以及 2005 年我国台湾地区由民间团体提出的《纳税者权利保护法》（草案）均将"最低生活费等不受课税之权利"作为纳税人的权利而明列其中。

（1）宪法中人性尊严条款的具体化。日本学者认为，日本宪法中"最低限度的健康和有文化的生活"，与《世界人权宣言》第 23 条的"与人类的尊严相适应的生活"有相同的意思，也与《魏玛宪法》的"维持人类生存目的相适应"的意思相同。[2] 虽然"健康和有文化的生活"没有固定的内容，以各国社会文化的发展程度、国民经济力量、国民收入水平和国民生活情况等因素为基础，需要技术性专门研究，但是"它既然有以人类生活的最低限度为底线，理论上在特定的国家、特定的时间，大体客观上是可以决定的，并且是能做到的"[3]。三浦隆认为，国民以其各自家庭为基础，有"享有最低限度的健康与文化生活的"权利，国家（地方公共团体）为此必须制定积极地实现这一权利的必要的政策。[4] 日本东京地方法院 1980 年 3 月 25 日第二审判庭判

---

[1] 蔡维音：《全民健保财政基础之法理研究》，正典出版文化有限公司 2008 年版，第 153—154 页。

[2] ［日］宫泽俊义：《日本国宪法精解》，董璠舆译，中国民主法制出版社 1990 年版，第 234 页；［日］三浦隆：《实践宪法学》，李力、白云海译，中国人民公安大学出版社 2002 年版，第 159—160 页。

[3] ［日］宫泽俊义：《日本国宪法精解》，董璠舆译，中国民主法制出版社 1990 年版，第 235 页。

[4] ［日］三浦隆：《实践宪法学》，李力、白云海译，中国人民公安大学出版社 2002 年版，第 158 页。

决指出："在规定有关要求租税负担的最下限的课税最低限度时，要认定判断什么是健康的、文化的最低限度的生活……应认为是委由立法机关以合目的性裁量加以判断，就其认定判断的错误，通常属于是否妥当问题，即使有发生立法机关的政治责任，但并未立即产生违宪违法的问题。然而，倘若上述课税最低限度忽视现实的生活条件，达到一看明显偏低的程度时，就违背了日本宪法第 25 条规定（保障健康的文化的最低限度的生活）的精神，而产生违宪问题。"[①]

（2）由于宪法上人的图像，并非独立的个人，而是与他人共同生活的个人，家庭主要的功能之一，即为抚养共同体，纳税义务人不仅要维持自己的最低生活水准，同时要抚养家人，使其能有尊严地生存，这种法定抚养义务，降低了纳税义务人负担税捐之能力，须先扣除此种抚养义务，始有纳税能力。[②] 因此，租税国家负有婚姻家庭保障的义务，"最低生活水平，不仅指纳税义务人物质及文化之最低生活水准，还包括纳税义务人的家庭在内"[③]，个人所得部分只有超出其个人及其家庭最低生活所需费用后才有担税能力，故所得必须减除保障生存所必需的费用及课外负担，才可以作为课税的起征点，以保障纳税人及其家庭的生存权。因此，在国际上，对个人所得税的征收，通常实行按就业人口收入与家庭负担因素相结合的综合征收方式。例如，美国个人所得税征收就有单身申报、夫妻联合申报、丧偶家庭申报等多种申报方式，据纳税人家庭不同收入状况分别确定个税起征点；

---

① 陈清秀：《税法总论》，元照出版公司 1997 年版，第 56 页。

② 葛克昌：《租税国家之婚姻家庭保障任务》，《月旦法学杂志》2007 年第 3 期。

③ 葛克昌：《税法与民生福利国家》，载葛克昌《国家学与国家法》，月旦出版公司 1996 年版，第 202 页。

德国政府针对不同家庭情况采取不同的个税起征点，已婚家庭子女未满 18 岁，或者子女在 27 岁以下但仍在上学等情况可以少缴个税。

（3）生存权保障对象除自然人及其家庭以外，还应包括作为纳税人的中小企业。北野弘久指出，在现代社会，大企业与中小企业有不同的宪法地位。中小企业即使具有法人资格，因其所有权与经营权是相一致的，所以从生存权论的伸展意义上来理解，作为企业所有者的股东等应具有自然人的宪法地位，即中小企业在法理上可以作为生存权或产业权的适用对象。而与此相反，大企业不能作为生存权论的适用对象，因它在法理上属于超越股东等的独立实体。①

（4）对工薪阶层的特别保护。工薪阶层与有产阶层相比，一方面，就直接税课征而言，由于有产者的所得由种种财源而来，其内容复杂，易于逃漏，反之，工薪阶层由于税源征收制度的采用，则难以逃漏。另一方面，就单科课征来说，间接税多课在生产过程或流通过程中，生产者和商人易于逃漏，而工薪阶层在流通上居于弱者地位难以逃漏，因此工薪阶层在纳税上天然处于劣势地位。② 特别是由于工薪阶层税源征收制度的采用，以及工资所得扣除、必要经费扣除等方面存在的缺陷，北野教授认为，在日本占国民的大部分的工薪阶层被一般地从租税关系中疏远，甚至连自己的"存在意识"也无法表示，即使说日本工薪阶层处于奴隶之下，亦不为过分。因此，特别强调工薪阶层税制研究和改

---

① ［日］北野弘久：《税法学原论》，陈刚等译，中国检察出版社 2001 年版，第 108 页。

② 王首春：《租税》，商务印书馆"百科小丛书"1933 年版，第 53 页。

革，以维护工薪阶层的生存保障与人性尊严。①

（5）对生存权财产不课税或轻课税。在现代社会，应将一定的生存权性质的财产作为人权加以确定。对财产进行课税时，对于如一定的住宅用地和住宅、农业用地和农用工具、一定的中小企业业主的经营用地和经营场所、一定的小公司股份等生存权性质的财产，应区别于大企业的经营用地等资本性财产以及作为商品的土地、拥有的企业的土地、别墅用地等投机性财产，由于这些财产在宪法上有不同的价值，在质的方面有不同的税负能力，因此在宪法价值上应作不同的税负分担，应对生存权财产不课税或轻课税。例如，就固定资产税来说，对生存权财产不课税，或即使课税也不以买卖时的价格而是以可供生存用的利用价格（收益还原价格）课税，税率也应当采取低税率。对供继承人为了生存继续使用的一定生存权性质的财产，不课征继承税。若课税也以不卖出为前提，根据继续使用时的利用价格（收益还原价格）进行课税，税率应为低税率。②

（6）最低生活费的认定标准。首先，最低生活费在宪法上的底线为"绝对的生存最低所需"，即维持个人生理上继续存活的最低所需。但无论是在宪法上还是在税法上，具有自行谋求生计能力并有多余资财可作为课税标的的人，并不是一个只能"活下去"的人，而是一个能在具体社会环境中自立、工作换取收入、供应家计中衣食住行之基本需求后尚有剩余的国民。因此，所得税之课征对象中应退让之"基础生存所需"，并非"绝对的生存

---

① ［日］北野弘久：《纳税者基本权论》，陈刚等译，重庆大学出版社 1996 年版，第 141—157 页。

② ［日］北野弘久：《税法学原论》，陈刚等译，中国检察出版社 2001 年版，第 103—109 页。

最低所需",而是符合人性尊严的"社会通念中的最低生存所需"①。其次,最低生活水平并非固定不变,而是一种动态的概念,随着社会经济发展而调整,昨日的奢侈品可能已成为今日之必需品,而且最低生活水平的认定标准,不能仅仅以食的需求作为基本生活需求,同时应当顾及衣、住、行及维持健康的基本需求,更包括精神上最低生活水平的需求,亦即"生活必要费,不惟满足生理的要求的费用,即当时社会文化标准上生存所不可缺的费用也包括在内。其大小由文化、国富程度、货币购买力等决定"②,因此有义务对之予以因应调整。③ 再次,税法上的最低生活标准应当与社会救济标准予以协调,避免出现部分社会给付仍然不免于所得税负担的情况,以形成整体上统一的法秩序。德国联邦宪法法院在1992年9月25日判决,认定所得税法中抚养子女免税额低于儿童津贴(基本)法中儿童津贴为违宪。在该判决中,首先肯认税法立法者的立法裁量权应予尊重,但立法者如果在社会救助法中如对最低生活所需费用已作考量决定,租税立法者则有义务,将基本免税额高于该最低生活所需费用,以避免课税侵及人民最低生存标准,而有产生法律溯及既往问题。因国家有义务,创设合乎人性尊严存在所需的最低条件,而在所得税法中予以免税。同时,国家亦有义务,对不能满足最低生活条件

---

① 蔡维音:《全民健保财政基础之法理研究》,正典出版文化有限公司2008年版,第157页。

② 王首春:《租税》,商务印书馆"百科小丛书"1933年版,第36页。

③ 我国台湾地区"大法官会议解释"释字第422号解释指出:"行政院"函释关于农地承租人全年家庭生活费用之核计方式,径行准用台湾省(台北市、高雄市)办理役种区划现行最低生活费支出标准计算审核表中所列最低生活费支出标准金额之规定,"以固定不变之金额标准,推计承租人之生活费用,而未斟酌承租人家庭生活之具体收支情形及实际所生之困窘状况(诸如必要之医疗及保险相关费用之支出等),难谓切近实际,有失合理,与'宪法'保障农民之意旨不符"。

者，予以社会给付。[①]

二　所得税的课征

在税收制度中，德国学者 Neumark 认为，"没有任何税比所得税更为民主、更富有人性及社会性"[②]。所得税法一贯以斟酌纳税人生活所必需部分所得，注重生存权保障著称，其课征充分虑及纳税人基于个人情形不同而形成的担税能力，具体而言，个人的情形包括纳税人年龄、健康、职业和家庭成员的多少、负债、保险金的多少等。"照家庭关系说，既婚者要比独身者多加斟酌，家族中有不能劳动赚钱的，也非加以斟酌不可。再就保险金和负债说，或为勤劳所得者之绝对的必要或不形成本人的真正所得，也要斟酌减轻。至于纳税义务者的健康、年龄更不待言"[③]，这主要突出地表现在所得税扣除方面。所得税扣除的法理在于：税收是国家作用的前提，但个人的存续却是国家存立的前提。因而，国家得课征租税，但人民生存所必需的资产及生产工具却是不容侵犯的领域，此部分的资财应严格禁止作为课税对象，课税的起点必须是从人民足以自立维生之后开始，此部分对个人所拥有的、基础维生所需要的保护，即是所谓的消极之"基础生存所需保障"。因此，所得税课征中对于基础生存所需界定为"免税额"的规定，并非基于国家立法考量的宽待或政策的优惠，而是宪法原理上的必然。在所得税法上将人民最低生活所需

---

① 葛克昌：《综合所得税与宪法》，载葛克昌《所得税与宪法》，北京大学出版社 2004 年版，第 41—42 页。

② 同上书，第 3 页。

③ 王首春：《租税》，商务印书馆"百科小丛书"1933 年版，第 37 页。

的部分视为"禁忌区域",乃有宪法层次的根源。[①]

具体在所得税扣除上,日本所得税法规定所得扣除大致分为以下五种:第一,基本生活费扣除、老年人扣除、配偶扣除和抚养扣除。第二,残疾人扣除、寡妇扣除和工读学生扣除。第三,杂项损失扣除和医疗费扣除。例如,日本《所得税法》第57条之二,《所得税法施行令》第167条之五即规定薪资所得的特定支出(如通勤费、研修费、资格证照取得费、归家旅费、因职务调动所衍生的额外支出等),如超过薪资所得扣除额时,就超出部分得核实加以扣除。第四,社会保险金扣除、低额企业保险等分期付款扣除、人身保险费扣除以及财产保险金扣除。第五,捐款扣除等。我国台湾地区《所得税法》第17条规定了配偶免税额、抚养亲属免税额。在个人所得税的税前扣除方面,英国的扣除项目以规定细致而著称,有个人扣除、已婚夫妇扣除、子女税收宽免、工薪家庭税收宽免等。个人扣除方面,则按照一定的年龄界限予以分档界定,65岁以上到74岁的老人,扣除标准比普通纳税人提高了32%,75岁以上的老人扣除标准则进一步提高了6%。这一规定实际上是以税收优惠的形式体现社会对老年人的关爱以及对他们一生为社会所作贡献的尊重与肯定。再如,1986年美国总统里根的税收改革,大量减少因经济目的的税收优惠,但对家庭予以大力支持,抚养亲属的免税额增至2000美元,并依物价变动予以指数化。欧洲各国近年来亦无不大量提高抚养免税额,提高的程度往往惊人。

规定所得税扣除的意义在于:一则在于与国家直接提供服务的计划相比,通过所得税扣除方式使个体独立最大化,保留了选

---

① 蔡维音:《全民健保财政基础之法理研究》,正典出版文化有限公司2008年版,第156页。

择的自由，因此，个体更感受到尊重，更符合人性尊严；二则在于可以避免国家征税与发放福利之间所造成的浪费。因此，为保证国民最低限度生存权利的连续性，国家不应该先对于国民加以课税，之后，再以社会救助的方式退还给纳税人，以资补偿。一方面领受社会福利给付，另一方面需缴纳所得税，则使公权力过度不当干预。[①] 国民所获得的所得财产，首先应归属于自己，国家只能就不影响国民生存所必要的财产部分加以征收税捐。[②] 法律不允许国家一方面扮演放火者角色，一方面又扮演救火者角色；一方面课税侵犯人民所拥有担税能力之基本权，一方面又借社会福利法来救助无能力者。德国公法学者 Isensee 将此比喻为古希腊戏剧中由森林之神合唱之 Satyrspiel 滑稽剧，乃因其具有半人半兽之两面性格。[③]

三　生存权保障与其他税的课征

（1）生存权保障范围及于间接税。除所得税外，生存权的保护范围应适用于其他可能影响个人生存的全部各税。特别是现代政府在致力于降低税率、简化税制的同时，为保证财政收入又采取措施扩大税基，甚至增设新的税种，由于税基的重叠及税种的交叉，重复征税的现象亦比较普遍。因此，对纳税人构成一种累积性的税收负担，虽然个别税种可能考虑到纳税人生存权保障，但诸税种合致的结果又可能使这种期望不达。由于对纳税人生存权的保障，是由宪法的基本价值所决定，因此，在税务立法上必

①　葛克昌：《量能课税原则与所得税法》，载葛克昌《税法基本问题（财政宪法篇）》，北京大学出版社 2004 年版，第 130 页。

②　陈清秀：《税法总论》，元照出版公司 1997 年版，第 55 页。

③　葛克昌：《税法与民生福利国家》，载葛克昌《国家学与国家法》，月旦出版公司 1996 年版，第 173 页。

须予以综合考量，"此种基本权之保障，其衡量标准，不仅限于个别之税目，而应针对个人与家庭整体租税负担来权衡"①。量能课税原则为所有以财政收入为目的租税的基础原则，所有税目（非财政目的租税为例外）构成"税法体系之整体"，相互矛盾之部分无法存在于此体系中。② 因此，对纳税人的生存保障，不仅单就所得税而言，还应包括其他直接税和间接税。特别是作为累退税的间接税由于不考虑属人因素，可能造成对生活必需品课税。因为穷人把收入的更大份额花费在已经计税的商品和服务上了，因此，对其征税，势必影响穷人的生存。③ 在这种情况下，将出现国家一面通过税前扣除或直接给付等方式，促成低收入者及家庭的购买力，但因间接税又致其中的一部分又由国家收回。因此，有学者主张应透过退税来确保最低的生存条件，而对于生存所必需的重要财货，例如食盐、糖等生活必需品，则不应予纳入课税，以保障人民的最低生活需要。④ "对生活必需品征税过重会使大多数居民变成违法分子，国家渴望得到的税收将全部落空。"⑤ 事实上，在许多国家，食品、服装之类的日用品不包括在间接税征收的名单中。例如，美国很多州把食品（45 个州中有 28 个州）、药品（45 个州中有 43 个州）和其他生活必需品列

---

① 葛克昌：《税法与民生福利国家》，载葛克昌《国家学与国家法》，月旦出版公司 1996 年版，第 171 页。

② 葛克昌：《量能原则为税法结构性原则》，《月旦财经法杂志》2005 年第 1期。

③ 西方税收理论认为，对奢侈品课税，人们可以不消费它或少消费它，这样并不影响生存。但生活必需品没有替代品，没有弹性，必须消费，这样穷人就会面临无法生存的困境。

④ 陈清秀：《税法总论》，元照出版公司 1997 年版，第 58 页。

⑤ ［法］霍尔巴赫：《自然政治论》，陈太先、眭茂译，商务印书馆 2002 年版，第 305 页。

入免征销售税的行列。①

（2）避免隐藏性增税。隐藏性增税是指国民实质所得未增加，但因通货膨胀等名目使得所得增加，因累进税率效果，造成增税的结果，即立法者在立法上对税法未作任何变更下，较所增加的所得以超比例方式增加税收负担。北野弘久认为物价上涨意味着实质增税和不公平税制的扩大，这种"隐形增税"至少违反了《日本宪法》第83条以下规定的财政议会主义的宗旨，同时还加重了低收入者的负担，违反了《日本宪法》第14条、第25条等规定的应能负担原则的宗旨。因此，现代税法应当设置自动减税调整装置。这种"减税"并不是该词语原本意义上的减税，它是为纠正物价上涨导致的"不公平税制"而部分还原于公平的税制。② 在个税制度成熟的国家和地区，个税起征点早已与物价涨幅等经济指标挂钩，实现指数化、动态化调整。例如，当前世界许多国家已不同形式地导入了自动调整物价制度。美国联邦所得税中已于1981年制定了通货膨胀指数制度，于1985年实施。加拿大从1974年开始在个人所得税中导入指数化制度，并根据消费者物价指数进行各种扣除、税率的调整。法国规定物价上涨超过5个百分点时，政府负有调整个人所得税的义务，反之亦然。瑞士《联邦宪法》对隐藏式增税的避免作出了设计，第41条第5项明文规定对所谓"因冷酷累进所造成之结果，在个人所得税发生时，应定期予以调整"。在德国，个税起征点每年也要

———————

① ［美］B. 盖伊·彼得斯：《税收政治学——一种比较的视角》，郭为桂、黄宁莺译，江苏人民出版社2008年版，第167—168页；相比之下，"三鹿奶粉"事件中因食用不安全奶粉出现了众多"结石宝宝"，暴露了我国奶制品行业普遍存在着三聚氰氨安全问题，但我国至今仍对进口婴儿奶粉还要收10％的关税、17％的增值税等税，其做法实值得反省。

② ［日］北野弘久：《税法学原论》，陈刚等译，中国检察出版社2001年版，第111—112页。

做一次微调，以保障公众收入不受影响。除瑞士、德国、法国以外的其他西欧国家均有类似的法定调整制度。日本自动调整物价税制度采取的是每年对各项扣除、税率等基本制度进行调整的方式，北野弘久对之予以了批评，主张应导入一种与此不同的、具有独立性的单个的调整物价税额扣除制度，并将此作为所得税法的基本性义务规定，每年具体地计算所得税额时，物价调整税额扣除率最好以单独立法的方式逐年进行。进而主张将来对于不能享受这种调整物价税额扣除实惠的人（非纳税者），也要由国家支付给相当于调整部分的"生活补助金"。① 我国台湾地区现行《所得税法》第5条规定了对免税额等有因应物价指数调整的设计，同时还规定了"综合所得免税额、宽减额、累进税率及课税级距，营利事业所得税起征点及税率，均于每年度开始前，经立法程序公布之"。对此，台湾大学葛克昌教授指出，由于事实上"立法院"均只注意到免税宽减额的提高，对税率及课税级距极少变动，故每年所得税岁收均逐年超比例增加，尤以通货膨胀严重的年度为最。隐藏性增税的隐藏性在于税率及级距不变，因名目所得增加，所适用之边际税率提高。因此，免税额指数化无法免除隐藏性增税，必须在"宪法"或"宪法"解释上予以保障。

四　生存权保障与税收债务的免除、停止执行

税收正义不仅要求实现税收制度总体上、普遍的正义，而且要求维护具体个案的妥当性。妥当性是从正义的理念所导出，它是个别案件的正义，在此妥当性和正义彼此不相冲突，妥当性要

---

① ［日］北野弘久：《税法学原论》，陈刚等译，中国检察出版社2001年版，第112页。

求对于法律加以修正变更，以便在个案中实现正义。① 妥当性即个案的正义要求对于纳税义务人的经济上负担能力，必须加以考虑。不仅是一般性的，而且在具体的案件上，课税也应当考虑纳税人经济上的能力。如果税收稽征机关依法平等强制课征的结果，将危害纳税义务人的经济上生存或个人的生存时，则有免除纳税义务的必要价值。例如，纳税义务人如果未被免除税收债务，则将暂时或不再能够负担必要的生活费用。在此情形下，基于个别案件正义的理由，必须留给纳税义务人必要的财产不予课税，以便纳税义务人可以维持简单朴素的生活。对此，德国《租税通则》第163条第1项第1句即规定："租税之课征，依个别之情形为不妥当时，得核定较低的租税，并得于核定税捐时，不考虑提高税额的个别课税基础。"同法第227条第1项也明文规定："依个别事件的状况，在相同的前提要件下，已经缴纳的款项可以退还或用以抵缴。"

第三节　纳税人社会保障权②

"为何要课征税收，其正当根据是什么，这是在税收的历史上，很早就一直阐述的问题。它与如何看待国家的本质，具有十分密切的关系。"③ 社会契约理论认为，"谋求幸福——这是把人民意志和统治者意志联结起来的牢固的纽带"④。政府的建立，

---

① 陈清秀：《税法总论》，元照出版公司1997年版，第615—616页。

② "社会保障权"是我国研究宪法、社会法、社会保障领域的学者通常使用的一个概念，美国学者常用"福利权"来表达，在日本被表述为"生存权"。

③ ［日］金子宏：《日本税法原理》，刘多田等译，中国财政经济出版社1989年版，第15页。

④ ［法］霍尔巴赫：《自然政治论》，陈太先、眭茂译，商务印书馆2002年版，第73页。

"没有别的目的，只是为了人民的和平、安全和公众福利"①。因此，政府征税必须出于公共福利的目的，"国家必须征税才能维持其生存，但征税及其国家的生存不是目的，征税的目的在于支出，在于为保障人民的权利采取行动，国家的立法行为、行政行为和司法行为都是为了保障本国人民的人权而发动的"②。"不论最高权力的起源究竟怎样解释——是认为它起源于天，还是认为它要以人民同意为基础，它始终应该以公道原则为依据，它始终应该以谋求社会福利为目的。"③ 因此，"不管人民所同意置于自己上面的政权是什么形式，不管人民交给政府的是否为全权，人民永远不愿意也不会愿意让政府有权不公道地对待自己，让它有权使自己陷入赤贫境地。人民的目的从来不会是使自己的命运日益恶化"④。"政权只在它能够保障社会福利的时候才是合法的。"⑤ 国家征税的正当性在于"用之于民"，即为公众提供福利，这也是任何一个现代政府证明自身合法性的最根本的方式，克洛克曾指出："租税倘非出于公共福利需要者，即不得征收，如果征收，则不能认为是正当的租税。"⑥ 这种思想反映在很多国家的宪法或宪法性文件中，例如，法国《人权宣言》规定，"为了武装力量的维持和行政管理的支出，公共的赋税就成为必不可少"。美国《宪法》规定税收应"用于偿付国债并为合众国

---

① ［英］洛克：《政府论》（下），叶启芳、瞿菊农译，商务印书馆1996年版，第80页。

② 朱孔武：《财政立宪主义研究》，法律出版社2006年版，第217—218页。

③ ［法］霍尔巴赫：《自然政治论》，陈太先、眭茂译，商务印书馆2002年版，第82页。

④ 同上书，第40页。

⑤ 同上书，第45页。

⑥ ［日］小川乡太郎：《租税总论》，萨孟武译，商务印书馆1934年版，第57页。

的共同防御和全民福利提供经费"。《日本宪法》规定公款及其他
国家财产"不得供不属于公家的慈善、教育或博爱事业支出或利
用"。当前，世界各国主要通过保障纳税人社会保障权，以切实
制约国家征税必须"用之于民"。

一　社会保障的概念

社会保障是一个范围很广的概念，目前学术界对社会保障的
概念尚无统一认识，对其所下的定义不下 20 种。[①] 在现代公法
学中，"社会国原则"、"给付行政"以及"生存照顾"概念经常
并列，区别不大。[②] 笔者认为，社会保障亦与上述三个概念相类
似。但在我国，由于受宪法第 45 条的影响[③]，相当一部分学者
对社会保障与物质帮助两个概念予以混同，将社会保障权直接等
同于物质帮助权。[④] 事实上，社会保障是一个比物质帮助内涵和
外延宽广很多的概念，物质帮助则包含于社会保障之中。

社会保障的目的，一般认为主要着眼于当人民因经济社会地
位或突发之其他因素致生活限于困顿、无法自力维生时，课予国
家负有积极采取相应措施的义务，使其有机会得再度自立自决、

---

① 参见刘诚《社会保障法概念探析》，《法学论坛》2003 年第 2 期。

② 参见陈新民《"服务行政"及"生存照顾"概念的原始面貌——谈福斯多夫
的"当作服务主体的行政"》，载陈新民《法治国公法学原理与实践》（中），中国政
法大学出版社 2007 年版。

③ 《宪法》第 45 条第 1 款规定："中华人民共和国公民在年老、疾病或者丧失
劳动能力的情况下，有从国家和社会获得物质帮助的权利。国家发展为公民享受这
些权利所需要的社会保险、社会救济和医疗卫生事业。"但这种通过列举的方式来界
定公民请求国家物质帮助的前提，难免挂一漏万，例如失业即未包含在内。

④ 参见王家福、刘海年主编《中国人权百科全书》，中国大百科全书出版社
1998 年版，第 527 页；钟明钊主编：《社会保障法律制度研究》，法律出版社 2000 年
版，第 95 页。

重返社会之常态生活。① 而社会国理念下国家的生存照顾，根据质与量上的程度，可以区分为"绝对生存最低所需"以及"社会通念下之生存所需"两种不同的标准。"绝对生存最低所需"是指个人生命得以维系的生理上最低需求，基于此，国家只要提供人民每日生存所需最低热量的食物或相应的金钱即可。但在这种情况下，个人的存活维系恐与禽畜之饲养无异，个人将被沦为单纯的被饲养之"客体"，而终难达到促其重返社会，再度拥有自力维生能力之社会国目标。"社会通念下之生存所需"，则以当时社会环境中应有最起码所需的标准，保障人民合乎人性尊严的基本生存条件。② 从社会保障的目的出发，一般而言社会保障在内容上至少应包括：①社会救助（济），即通过国家和社会为陷入生存危机的社会成员无偿提供物质帮助来缓解其生存危机，实现对其生存权的保障，其目的在于事中和事后解决最困难的社会成员的生存风险。②社会保险，即通过规定社会成员参加强制性保险，通过社会互助维持公民基本生活的一种社会保障，其目的在于事前预防生活风险。③社会福利，即通过国家和社会为社会成员提供各种福利津贴、福利服务、福利设施及公共教育来改善并不断提高社会成员的物质文化生活水平，实现公民的发展权。以上三项内容，在层次上渐次提高，社会福利处于最高的阶段。社会福利的内容非常广泛，其目的在于改善和提高社会成员的生活质量，为社会成员的发展创造公平环境，其中应包含精神生活方面的内容，"假定人们天生渴望改善他们的福利，这并不是假定

---

① 简玉聪：《日本社会保障法理论之再探讨——以生存权理论为中心》，载《黄宗乐教授六秩祝贺论文集（公法学篇）》（一），学林出版社 2002 年版，第 289 页以下。

② 蔡维音：《社会国之法理基础》，正典出版文化有限公司 2001 年版，第 51 页。

人们是无情无义的只讲物质利益的人。即使对铁石心肠的经济学家来说，'福利'包括的也不只是商品，而且还包括其他人们也许会同样珍视甚至更为珍视的结果，例如父母亲情、闲暇、健康、社会地位以及亲密的人际关系"①。

二　对社会保障发展历史的简单考察

无论在东西方，社会保障均有着源远流长的历史。在西方，早在古希腊和古罗马的民主政体和共和政体中就有比较发达的公共服务，至古罗马共和晚期，"面包与马戏"已成为新兴权力阶层对民众的刚性承诺，在中世纪欧洲政教共治、封建割据的状态下，福利保障亦未消失。② 在法制层面，最早的社会保障法可以追溯到 1601 年英国颁布的《济贫法》，该法规定通过征收济贫税对无力谋生的贫民发放救济。但是，在现代社会保障制度建立之前，社会保障主要表现为社会救济，而社会救济作为一种慈善事业，是对穷人的一种恩赐，而非受救济者的权利，接受救济者往往以牺牲人格尊严、人身自由、政治权利等为代价。③

随着资本主义的发展，生产的社会化程度不断提高，社会逐渐融为一个有机的整体，社会成员的社会风险不断加大，传统的慈善事业已越来越不能满足社会成员的普遍需求。为除去失业、贫穷、疾病等弊害，乃要求国家积极地参与。在市民革命时期宪

---

① 　[美]罗伯特·C. 埃里克森：《无需法律的秩序——邻人如何解决纠纷》，苏力译，中国政法大学出版社 2003 年版，第 208 页。

② 　刘丽：《税权的宪法控制》，法律出版社 2006 年版，第 41—44 页。

③ 　石宏伟、周德军：《论社会保障权和我国社会保障立法的完善》，《江苏大学学报》2005 年第 5 期；李运华：《社会保障权原论》，《江西社会科学》2006 年第 5 期。由于济贫时代社会救济制度的不良名声以及由此引起的接受救济给受助者带来的社会屈辱感，各国逐渐放弃了社会救济的提法，而逐渐采取社会救助的概念。参见郭曰君、吕铁贞《论社会保障权》，《青海社会科学》2007 年第 1 期。

法中，呈现此种要求的规定，乃是国家（社会）对于生活穷困者，负有照顾其生活的一般义务。最早正式确认社会保障权的是1793年法国宪法，该宪法在《人权宣言》第21条和第23条分别规定："社会对于不幸的公民负有维持其生活之责，或者对他们供给工作，或者对不能劳动的人供给生活资料。""社会保障就是全体人民保证各人享受并保存其权利的行动；此种保障是以人民的主权为基础的。"德国则于19世纪80年代先后颁布了疾病、工伤、老年三项社会保障法案，率先通过立法建立了社会保障制度。第一次世界大战后德国《魏玛宪法》在社会保障方面堪称典范，该法第161条明确规定："为保持健康及工作能力，保护产妇及预防因老病衰弱而经济生活不受影响起见，联邦应制定保障制度，且使被保险者预闻其事。"

至西方社会国时期，奉行积极主义的人权观，霍姆斯指出，"宪政体制必须不止是限制权力的政体，它必须能够有效地利用这些权力，制定政策，提高公民福利"[①]。在英国，伦敦学院院长和劳工介绍所所长贝弗里奇，受政府委托起草了《社会保障和有关福利问题》的报告（"贝弗里奇计划"），该报告主张享受社会保障是每个公民的权利；受保者按统一标准缴费；按统一标准领取津贴和救济；发放津贴或救济以保证正常生活的需要等。该计划原则上被英国政府批准，英国率先进入福利国家。第二次世界大战后，世界各国有了一个相对和平的环境，各国在发展经济的同时，不断完善社会保障制度，先后有一批国家建立了完善的福利制度，进入福利国家行列。因此，20

---

① ［美］斯蒂芬·L. 埃尔金等编：《新宪政论》，周叶谦译，三联书店1997年版，第156页。

世纪被经常称为"社会安全"世纪①，"现代社会保障制度是人类 20 世纪所取得的最重要制度文明之一，是人类文明的伟大发明"②。

三　社会保障为纳税人所享有的一项基本权利

从历史上看，社会保障经历了一个从偶然的施舍到权利，从应然权利到法定权利，再到现实权利的演变过程。③ 现代社会，任何人，不仅应当作为自然意义与生物意义上的人而存在，更应当作为道德意义上尊严受保护的人而存在，拥有免于匮乏并尊严地生活的权利。这种权利，对保障现代社会所珍视的自由、和谐、社会团结而言，意义重大。正如学者所指出的那样，"生活最低标准和通常的社会保险不是施舍；它是人们固有的权利，因为食物、住所和健康是行使自由的必要条件。自由本身意味着拥有多种选择。当然，饥饿、寒冷、疾病和贫穷本身是不幸的。除此之外，它们还是自由的敌人"④。

在现代社会，社会保障权是一项基本的人权，已经得到国际社会的普遍认可，例如 1945 年《联合国宪章》和 1948 年《世界人权宣言》以"人人享有一切权利"为基本宗旨和内容。《联合国宪章》第 1 条第 3 款将"促成国际合作，以解决人类福利性质之国际问题"作为宗旨之一，《世界人权宣言》第 22 条规定，"每个人，作为社会的一员，有权享受社会保障，并有权享受他的个人尊严和人格的自由发展所必需的经济、社会和文化方面各

---

① 李鸿禧：《宪法与人权》，元照出版公司 1999 年版，第 444 页。

② 郑秉文、和春雷：《社会保障分析导论》，法律出版社 2001 年版，第 1 页。

③ 李磊：《社会保障权的宪法保护问题研究》，《河北法学》2009 年第 10 期。

④ ［美］弗里德曼：《选择的共和国——法律、权威与文化》，高鸿钧译，清华大学出版社 2005 年版，第 77 页。

种权利的实现";第 23 条第 1 款规定,"人人有权工作、自由选择职业、享受公正和合适的工作条件并享受免于失业的保障";第 25 条第 1 款规定,"人人有权享受为维持他本人和家属的健康和福利所需的生活水准,包括食物、衣着、住房、医疗和必要的社会服务;在遭到失业、疾病、残废、守寡、衰老或在其他不能控制的情况下丧失谋生能力时,有权享受保障";等等。1966 年《经济、社会和文化权利国际公约》第 9 条规定:"本盟约缔约国确认人人享有社会保障,包括社会保险。"第 11 条规定:"本盟约缔约国确认人人有权享受其本人及家属所需之适当生活程度,包括适当之衣食住及不断改善之生活环境。"第 12 条规定:"本盟约缔约国确认人人有权享受可能达到之最高标准之身体与精神健康。"此外,在区域性人权公约方面,《美洲人权宣言》第 16 条、《欧洲社会宪章》第 12、13 条,欧盟宪法第二部分的《欧盟基本权利宪章》第 94 条等均确立了社会保障权的内容,而国际劳工组织更有多达五十多项的有关社会保障的公约和建议书。

社会保障权作为一项基本人权,还得到各国宪法的普遍认可,已具体化为公民宪法权利。学者认为,宪法中规定社会保障内容的意义在于:"为彼此差异的社会与经济势力创造出一种可能性,使得它们对于政治意志形成过程中的合宪性参与,能够作为社会国家秩序形成的评判标准而发挥功效。"① 荷兰学者马尔赛文对 142 部民族国家的宪法进行分析,发现有 33 部宪法规定了享受宽裕或合理的生活标准的权利,有 95 部宪法规定了在失业、疾病、丧失劳动能力或年老情况下享受国家救济和社会保险

---

① [德]康德拉·黑塞:《德国联邦宪法纲要》,李辉译,商务印书馆 2007 年版,第 170 页。

的权利，有 62 部宪法规定了享受社会保险或社会救济的权利。①根据学者钟会兵的研究，①在韩国、泰国、伊朗、冰岛、俄罗斯、法国、荷兰、乌克兰、意大利、巴拿马、巴西、秘鲁、古巴、智利等 53 个国家和地区的宪法都明确规定公民有社会保障权。另外，还有日本、匈牙利等一些国家虽然没有直接使用"社会保障权"的概念，但也通过"生存权"、"福利权"等其他的概念表述表达了同样的内容。②在巴基斯坦、科威特、叙利亚、印度、约旦、罗马尼亚、西班牙、希腊、阿根廷、巴拉圭等 50 个国家的宪法中，分别用"国家保证"、"国家有义务"、"国家应"等词汇明确规定了国家对公民的社会保障义务。在宪法中规定国家提供社会保障的义务，就直接反证了公民的社会保障权。②

虽然在很多国家宪法中，民生福利条款是规定在抽象的基本国策中，但这并不意味着该条款是"无实质之空白概念"或"无法律拘束力之方针规定"③，该条款事实上课以立法者通过立法对其予以具体化保护的义务。当前，世界大部分国家均通过具体的立法对公民的社会保障权予以保护。据统计，至 1996 年，全球共有 168 个国家和地区制定了社会保障法律，赋予公民社会保障权利。④

四　社会保障的美国经验

基于个人主义传统，美国宪法上并无明文保障生存权的规

①　［荷］亨克·范·马尔赛文、格尔·范·德·唐：《成文宪法——通过计算机进行的比较研究》，陈云生译，北京大学出版社 2007 年版，第 136 页。

②　钟会兵：《作为宪法权利的社会保障权——基于文本与判例分析》，《学术论坛》2005 年第 10 期。

③　葛克昌：《税法与民生福利国家》，载葛克昌《国家学与国家法》，月旦出版公司 1996 年版，第 196 页。

④　史探径：《世界社会保障法的起源和发展》，《外国法译评》1999 年第 2 期。

定，有关社会保障问题，特别是社会福利给付问题，在传统上向来并不视为宪法上所保障的权利（right），而被视为一种恩惠（gratuity）或特权（privilege）。包括公职与公共福利等都被视为源自公共部门的利益，享受与否都取决于公共部门事前允许或事后承认，政府所给予的利益（如公共雇用、公共教育等领域）即被视为特权，因此有关特权的赋予与剥夺，无论是在实体方面或手续方面，政府皆拥有完全的裁量，行政当局可附加各种条件介入干涉受给付者的私生活领域（如突击性、强制性的家庭调查），即使对于接受给付者在不给予告知、听闻的情况下，恣意地中止给付亦不违法。政府供给最为重要的副产品之一，是拥有对接受者"道德品质"、政治活动等进行审查和管制权力的。例如，俄亥俄州要求接受失业补助者作忠诚宣誓。《国防教育法》也曾要求忠诚宣誓等。也就是说，受给利益并不等于国民的权利，政府因视福祉为一种特权、恩惠，因此不但可以随时停止福利支付，在支付的条件资格上，亦可任意附加任何条件，即使是侵害到宪法上权利的条件亦不为违宪。①

20 世纪 30 年代的大危机，促使美国政府开始意识到"政府必须竭尽全力救助失业人员，此举不是慈善行为，而是社会的责任"，要"通过政府的作用，现代社会负有不可推卸的责任，保护那些已尽全力维持生计但仍做不到的人避免遭受饥饿，防止可怕的人力资源的巨大浪费"②。1933 年，美国通过了《联邦紧急救济法》，1935 年，美国国会又通过了《社会保障法》。这两部重要法律的出台，使美国社会保障制度产生了质的飞跃，"即零

---

① 郑明政：《生存权的宪法规范与保障方式——检讨日本与美国学说及判例》，日本研究所硕士论文，淡江大学，2006 年，第 66—67 页；[美] 查尔斯·A. 赖希：《新财产权》，翟小波译，公法评论网（http://www.gongfa.com）。

② 杨冠琼：《当代美国社会保障制度》，法律出版社 2001 年版，第 40 页。

星救灾济贫制度发展成为国家固定的社会政策，施舍式的社会救助发展成为公民的一种法定权利"①。1944 年，罗斯福提出所谓"第二个权利法案"，它具体包括了足以应付衣食与消遣的收入，充分的医疗保障，体面的居所、好的教育、养老、疾病、事故与失业的救济等。② 1964 年，约翰逊总统在国情咨文中宣称"向美国的贫困无条件宣战"。不久，又向国会提出以经济机会法案为主要内容的反贫困立法计划。"向贫困宣战"与福利权运动中所倡导的"生存权论"互相结合，在 60 年代后半期影响了不少学说和判决。特别是随着"福利国家"在 20 世纪 60 年代的兴起，美国人民开始用积极的含义来考虑政府的作用，社会的目标正变为保障每个人在社会中都能过一种合适的人类生活，"这样一个政府权力的实施必须实现从上述目标中找到最终理由的社会，必然是以不断的权利扩展为标志的。20 世纪下半叶，新的利益几乎前所未有地逼迫着法律，要求以法律权利的形式得到确认"③。

　　对美国福利权理论作出重要贡献的主要有赖希、罗尔斯、米歇尔曼等学者。赖希认为：就现代社会人们十分依赖政府给付的现状而言，政府的给付在当今社会已逐渐成为人民财富的源泉，他将这些福利受给资格等"政府给付"称为"新财产权"。赖希指出，与身份紧密联系的供给形式，必须成为一项权利。在失业补偿金、公共补助和养老金等相关利益中，权利概念是非常必要的。这些利益的基础是：人们承认，不幸和匮乏通常都是由非个

---

① 郑功成：《社会保障学——观念、制度、实践与思辨》，商务印书馆 2002 年版，第 56 页。

② 聂鑫：《宪法社会权及其司法救济——比较法的视角》，《法律科学》2009 年第 4 期。

③ ［美］伯纳德·施瓦茨：《美国法律史》，王军等译，中国政法大学出版社 1990 年版，第 273 页。

人所能控制的力量造成的，比如技术变化、在物品需求上的变化、萧条和战争等。这些利益的目的，是确保个人的自足，恢复他的健康，使他成为家庭和共同体中有价值的一员；在理论上，它们代表了共和国中个人的正当份额。只有将这些利益转化为权利，福利国家才能实现它的目标：在一个每个人都不可能完全是自己命运的主人的社会中，为个人的福利和尊严提供最低限度的基础。① 罗尔斯在《正义论》中提出一般的正义原则："所有的社会价值——自由与机会、收入和财富以及自尊的基础都应平等地分配，除非任何价值的不平等分配对每一个人都是有利的。"具体又可以分为两个层次的原则，"正义的第一个原则：每个人都应有平等的权利去享有与人人享有的类似的自由体系相一致的最广泛的、平等的基本自由权利体系"（平等自由的原则），"正义的第二个原则：社会和经济的不平等的安排应能使它们符合地位最不利的人的最大利益，符合正义的储蓄原则，以及在公平的机会均等的条件下与向所有人开放的官职和职务联系起来"（机会的公正平等和差别原则）。整个正义原则优先于效率性与功利性原则，在正义两个原则之中，自由原则优先于差异原则和机会原则，而机会原则又优先于差异原则。罗尔斯的这种分配的正义观常常被视为福利国家的伦理基础，米歇尔曼在此基础上尝试构建起"最低限度保障"的福利权论。米歇尔曼首先将罗尔斯的正义原则作若干修正，依优先顺位为：第一原则：自由原则（政治、职业、生产活动选择自由的最大化）；第二原则：①机会原则；②差异原则；③处分原则（对收益处分自由的尊重）。并认为即使从差异原则导得出所得的权利（income right），仍不能说

---

① ［美］查尔斯·A. 赖希：《新财产权》，翟小波译，公法评论网（http：//www. gongfa. com）。

此包含福利的权利，福利权须从机会原则和自由原则中产出。而在"作为公平的正义论"之中，所谓"自尊"（self-respect）的善（good）具有以下两个角色：其一，所得、财富等基本财（primarygoods）；其二，作为正义各项原则的全体目的或目标。故正义各项原则都须符合"自尊"，自尊居于正义论的核心位置，为福利权不可缺少的要素。而在追求社会实质正义的过程中，个人无法满足基本的需要或正当要求时，州（政府）负有使其充足的最低限度保障的宪法上之义务。具体而言，食物、居所、医疗、教育等这些满足最低限度的生存手段，是为保障个人尊严与福祉的要求，故应为宪法上的"福利权"①。

赖希教授的"新财产权理论"在 20 世纪 70 年代美国的"戈德博格诉凯利案"中得到了运用，该案改变了美国传统中福利权是"特权"而非"权利"的观念，同时也开启了美国正当程序革命的大门。美国联邦最高法院在此后的诸多判决中，对福利权给予了程序性的保障与关注。② 由于美国宪法中没有生存权条款，为了将社会保障给付赋予法的权利性，学说上多以法律正当程序或平等保护条款来找寻生存权的踪影。但即使是特权论已消退的现在，作为以自立原则为基石的美国社会仍然存在福利诉讼的多样性，以及福利权保障的实效性等问题。

五　政府的社会保障义务

社会保障是纳税人的权利，众所周知，与权利相对应的是义务，这意味着社会保障同时是政府必须承担的一项义务。虽然

---

① 郑明政：《生存权的宪法规范与保障方式——检讨日本与美国学说及判例》，日本研究所硕士论文，淡江大学，2006 年，第 70 页以下。

② 胡敏洁：《福利权研究》，法律出版社 2008 年版，第 100 页以下。

"就业权和免于失业保障权并不意味着保证人人可以获得一份工作的权利，但是国家具有为了达到充分就业而进行努力的渐进义务。包括采取特定消除失业的政策，提供就业指导、就业培训等就业服务，制定相关的法律保障某些人的就业等"①。亦即，虽然一个国家的社会保障水平与经济发展程度有关，但经济发展相对落后绝不应成为政府在社会保障方面惰怠的借口。政府应积极建立、完善社会保障法律体系，利用立法、行政、司法的一切手段，特别是一些资源再分配的措施（如透过累进税来支付福利事业）给予低下阶层人士一些物质上的援助，透过满足了这些需要之后可以提高他们的谋生能力，从而获得更好的机会，改善他们的生活状况。② 目前，我国已加入《经济、社会和文化权利国际公约》、《儿童权利公约》、《消除对妇女一切形式歧视国际公约》等多部包含社会保障内容在内的国际公约，并加入了世界劳工组织 C102 公约——《社会保障最低标准公约》。2004 年宪法修正案将"国家尊重和保障人权"及"国家建立健全同经济发展水平相适应的社会保障制度"正式载入宪法。这表明保障公民享有社会保障权是我国政府的国际法和宪法上的义务，国家有责任、有义务去建立和完善各项社会保障制度。

---

① 杨成铭主编：《人权法学》，中国方正出版社 2004 年版，第 275 页。
② 参见齐钦、徐永德等《社会福利》，五南图书出版公司 2002 年版，第 86—87 页。

第四章

纳税人基本权的内在冲突与协调

纳税人基本权兼具自由权与社会权双重属性，难免存在内在的紧张，在宪法上主要表现为自由法治国与社会法治国、私有财产权与社会保障权的冲突。私有财产权是一种"免于国家干涉的自由"，而社会保障权则是一种"由国家实现的自由"①，社会国以调整现实社会不平为己任，勇于打破社会现状；而法治国以保障个人自由财产为前提，势必承认并保障现实不平等的现状，法治国保障经济上自由权，本以排除国家干预为目的，坚持法治国保障，亦不免使社会国积极干预理想为之落空。② 另外，从纳税人角度而言，作为纳税人，其当然不愿意向政府缴纳太多税收，而作为福利享受者，其则愿意接受更多的福利。第一个要求，作用于政府的征税环节，第二个要求，作用于政府的支出环节。这两个角色从两个方面同时对政府施加压力，要求政府要以最少的税款向民众提供最多看得见的福利。而从政府角度来看，政府既

---

① ［日］阿部照哉等：《宪法》（下），周宗宪译，中国政法大学出版社 2006 年版，第 39 页。

② 葛克昌：《宪法国体——租税国》，载葛克昌《国家学与国家法》，月旦出版公司 1996 年版。

是税收利益的获得者，又是向人民提供公共服务的执行者，如果仅依照其自立的行政法规来规范其征税行为，可能会导致其征税权力的不合理扩大和提供公共服务义务的不合理缩小。① 因此，现代国家无不在实践中探索协调两者之间冲突的办法。

第一节　主义之争——两种对立的模式

一　私有财产权优先模式及其修正

近代宪法是资产阶级革命的产物，而资产阶级革命的目的是私有财产和市场经济保障，因此确立私有财产保障优先地位是资本主义宪法的题中应有之义，其中典型者如美国宪法，美国立宪之初，立宪者们关注的是个人对抗政府的权利，而福利权则并未进入立宪者们的视野，"没有人建议过，甚至没有人想过建议《权利法案》的内容应当包括此类的保障"②。立宪者们普遍持以下信念："我们为之自豪的民权法案是设计用来支持'消极的权利'，来保护个人自由和权利不受侵犯；在积极促进自由或权利的享有方面，它们并不涉及社会或法律。国会不必拨款以使得穷人能够真正享受他们的权利，而且它甚至可以运用拨款的权力阻碍穷人这些权利的享有……宪法不要求国家制定法律补充 20 世纪的福利权利或保证这种福利的利益得到平等的享受。"③

近代宪法之所以选择私有财产优先模式的原因在于：资本主

① 秋风：《纳税人的维权意识》，《新财经》2009 年第 11 期；李炜光：《国民税负重否，政府无权断言》，《南都周刊》第 178 期。

② ［美］桑斯坦：《为什么美国宪法缺乏社会和经济权利保障》，傅蔚冈译，学术交流网（http：//www. annian. net/）。

③ ［美］L. 亨金：《权利的时代》，信春鹰等译，知识出版社 1997 年版，第 191 页。

义兴起之初，由于国家的保护以及工业革命的带动，使得商业活动日益发达，跨国贸易日渐兴盛。此时的资本家强烈需要经济贸易上的自由，国家的各种干预或扶助措施对资本家而言是阻碍，于是以提倡自由为尚的思想兴起，国家的任务及目的应仅限于治安的维持，使人民获得最大限度的自由。这一时期最典型的就是英国古典经济学派创始人亚当·斯密的自由放任理论，对国家的职责，限定于以下三点：其一为国防，其二为维持国内治安（司法），其三为经营个人所不能或不愿举办的（有限度的）公共事业。其时国家的职责及活动范围，在规模上趋于缩小，在性质上趋于消极，仅限于"守夜人"的角色。在法国宣扬亚当·斯密思想的萨伊曾指出，"最好的财政计划，是支出最少的计划，最好的租税，是人民负担最轻的租税"，足以表明自由主义的财政观念。[①] 因此，19 世纪的资本主义属于"自由权的基本权"的世纪（自由法治国的时代），自由权的本质在于"背离公权力的自由"，即国家最好不干涉市民的生活，国家仅仅起着"夜警"的作用。

在自由法治国时代，受达尔文进化论的影响，在人类生活领域引入"适者生存"原则，在经济领域自由放任经济学将竞争完全交付给市场这只"看不见的手"来操纵，在法律领域近代民法奉行意思自治、契约自由原则。这一时期，一个突出的现象是工业革命对人类生产方式与生活方式发生决定性的影响，导致了以下结果，即一方面，由于工业革命是指开始运用机械投入生产事业的过程，操作机械需要大量人力，遂导致大量人口向城市集中，多数工人生活及工作条件艰难，不同社会阶层间财富严重不均。此外，由于机械的运用，使农业事务开始不再需要如以前一

---

① 张则尧：《财政学原理》，三民书局 1988 年增订版，第 7 页。

样的大量的劳力，导致失业人口渐增。工业革命所导致的另一个现象是，人类失去自主提供生活所需物质的能力。由于工业革命所带来的生产技术进步，人类逐渐依赖科技所生产的市场产品生活，贫穷的人无法拥有生产机器，无法自行生产生活所需的各种物品，与从前自给自足的农业生活已经大不相同，因此，拥有的作为交易媒介的金钱远比保有农地来得重要，人类的社会依赖性愈加明显。① 完全自由竞争最终的结果是拥有生产机器的实力者可以无限制地积累财富，而无法拥有生产机器的经济上弱者，即沦为富者追求更多财富的工具，贫富悬殊日益明显。由于经济实力悬殊，贫困者无任何可以与商人商议的筹码，只能任由商人宰割，使用大量生产的劣质商品，在苛刻的工作条件下工作，劳力付出与所得不成比例，契约自由与经济自由的保障沦为形式，贫困者的自由成为空谈，即所谓的"法律在它崇高的平等原则下，同样地禁止富人和穷人不准睡在桥下，不准在街上行乞，也不准偷窃面包"，"平等权是宪法保障富人和穷人，可以拥有用香槟洗澡及冬天到里维拉亚避冬的权利"②。

20 世纪资本主义进入垄断资本主义阶段后，人们逐渐认识到仅靠自由权尚不足以确保人们现实上的平等和实质上的生存权，于是一种新的人权——"社会的基本权"（社会权）应运而生，人类社会步入社会法治国时期。人们认识到，自由法治国理论最大的缺陷即在于对其所极力保障的"个人"所作的理解上：近代法律中对人的定位是理性人、经济人，也就是假设人是"利

---

① 陈爱娥：《自由—平等—博爱—社会国原则与法治国原则的交互作用》，《台大法学论丛》第 26 卷第 2 期。

② 陈新民：《公法学札记》，中国政法大学出版社 2001 年版，第 303 页。

己的、理性的、运动着的"、"自由而平等"的人。① 亦即自由法治国所考虑的典型的"人"，是拥有资产受过教育的市民，换言之即为资产阶级，而非薪水阶级及劳工阶级。② 但这种自由法治国时代法律上对人所预设的强而智的有产者形象难以切合实际，是造成众多社会问题的原因，"人绝不总是能够认识自己的利益或总是能够追求其已经认识到的利益的，人也绝不总是仅仅在根本上受其利益驱动的，——而且当人们对困境茫然无措和轻率放荡这样的情况出现时，一个仅仅为精明的、自由的、自利的人类作出安排的法，必定使人的另一半同种并生的类群陷入灭绝"③。因此，在这一时期，法律中的人形象开始从理性的、强而智的人向盲目的、弱而愚的人转变。④ 政府的职能除了维护法律秩序外，同时政府也成为社会秩序的促成者，以积极地达成保护、教养、预防、重分配等功能，"人民依正义观念所要求于国家者，不仅消极之保境安民，更进而为积极之作为，要求国家扶助社会弱者、平均社会财富、建立社会福利制度、维持经济繁荣，以促进全民之自由幸福。因此正义之任务遂不限于定分，更进而为建设社会。因此在传统之正义外，别有'形成正义'之存在。此种正义理念在宪法内，主要表现于基本国策及人民受益权之规定"⑤。

---

① ［日］星野英一：《私法中的人》，王闯译，中国法制出版社 2004 年版，第34 页。

② 葛克昌：《国家与社会二元论及其宪法意义》，载葛克昌《国家学与国家法》，月旦出版公司 1996 年版，第 28 页。

③ ［德］古斯塔夫·拉德布鲁赫：《法律智慧警句集》，舒国滢译，中国法制出版社 2001 年版，第 148 页。

④ ［日］星野英一：《私法中的人》，王闯译，中国法制出版社 2004 年版，第71 页。

⑤ 陈敏：《宪法之租税概念及其课征限制》，《政大法学评论》第 24 期。

对社会权而言，其本质是"公权力产生的自由"，社会权是国家对人们的市民生活进行好意干涉的权力。国家干涉市民生活，通过阻止企业垄断，扶持、保护中小企业，以确保劳动者、消费者、残疾人等社会弱者的生存权。社会国的内涵包括：①社会形成，即国家在社会政治与经济政治两个方面负有积极主动的义务，其手段主要包括经常使用租税、补助与提供基本需求措施的手段去照顾人民的生活，以及提供如交通路线的开发等基本需求措施等。②社会安全，即国家必须保障人民享有一个合于人性尊严的生存条件，以减轻或避免人民面临经济困境，其方式主要包括：对老年、疾病、残障与失业提供社会保险，对社会生存最低保障的社会救助，提供人民生存所必需的水、电、交通与通信等设施的方式，以实现国家对人民生存的照顾。③社会正义，即国家必须致力于不同人民团体间的社会衡平，尤其是在法律上致力于对弱者的保护。① 通常认为，社会国有五项原则：创造可忍受之生活条件、引进社会安全体系、强调社会公平、确保社会自由、建立必要之公法补偿体系。② 总之，社会国原则以追求在自由民主宪法秩序之国家中的社会正义及安全为其目的。③

二 社会保障权优先模式及其改革

社会主义思潮及制度的诞生是对资本主义人剥削人、人与人之间极度不平等的制度的反动。社会保障权优先是社会主义宪法

---

① 许育典：《宪法》，元照出版公司 2006 年版，第 78—79 页。

② 黄锦堂：《行政法的概念、起源与体系》，载翁岳生编《行政法》，中国法制出版社 2002 年版，第 59—60 页。

③ 陈慈阳：《宪法学》，元照出版公司 2004 年版，第 252 页。

的最基本特征，无论是苏维埃社会主义共和国 1936 年宪法还是中华人民共和国 1954 年宪法中均包含了大量的公民劳动权、休息权、受教育权和物质帮助权等社会权方面的内容。社会主义宪法的首要特征就是确立了生产资料公有制和计划经济体制，而私有财产权和生产资料的其他形式所有制则是对社会保障权和生产资料公有制和计划经济形式的补充，并且属于被限制和改造的对象。确立社会保障权优先的社会主义宪法的根本动机是为了消灭人剥削人的制度，用国家控制和干涉经济的手段，消除社会成员之间财产占有和享有方面的极端不平等现状，走共同发展、共同富裕的道路，最终实现共产主义的崇高理想。但是，这一制度和社会目标对赖以实现的生产力水平和人类总体道德水平的要求极高。在人类社会发展的现今生产力水平和道德状况下，无视人与人之间能力的差别与人们逐利的本性，来实施这一制度，追求这一目标，尚具有很强的理想成分，不利于发挥人的主观能动性和创造力，非但很难达致共同富裕的目标，而且往往导致共同贫穷，甚至最终导致社会动乱或制度解体。[①]

因此，正如采取私有财产权优先模式的资本主义宪法不得不在坚持自由法治国的基础上，越来越关注用社会保障权对资本主义弊端进行矫正一样，以中国为代表的社会主义国家也开始进行了从计划经济体制转向市场经济体制，充分保护公民私有财产权的改革。中华人民共和国现行 1982 年宪法迄今为止已先后进行了四次修正：1988 年修正案对私营经济进行了松绑，规定"国家允许私营经济在法律规定的范围内存在和发展。私营经济是社会主义公有制经济的补充。国家保护私营经

---

① 钱福臣：《宪法中私有财产权与社会保障权的优先顺位及其社会功效》，《苏州大学学报》2009 年第 5 期。

济的合法的权利和利益，对私营经济实行引导、监督和管理"。
1993 年修正案明确规定"国家实行社会主义市场经济"，同时
还将"国营经济"改为"国有经济"，并规定了保障国有企业
和集体经济组织的自主经营权和民主管理权。1999 年修正案
确立了"中华人民共和国实行依法治国，建设社会主义法治国
家"目标，同时将个体经济、私营经济等非公有制经济"是社
会主义公有制经济的补充"修改为"是社会主义市场经济的重
要组成部分"，规定了"国家在社会主义初级阶段，坚持公有
制为主体、多种所有制经济共同发展的基本经济制度"。2004
年修正案确立了"国家尊重和保障人权"、"公民的合法的私有
财产不受侵犯"原则，规定了国家鼓励个体经济、私营经济发
展。可以看出，我国宪法对私有财产权的保护程度与市场经济
的发展程度是同步的。

第二节　"租税国"——两种权利冲突的协调

"财政为庶政之母"，缺乏健全的财政作为后盾，政府的一切
施政作为将无法开展，国家需要财政收入作为其存续条件，故被
称为"财政国"。由于现代国家必须仰赖人民的"金钱"给付，
故"财政国"是以"金钱"作为国家核心要素的同义词。在人民
相对于国家的公法上金钱负担中，租税是最主要且普遍性的财政
工具。由于租税是以金钱作为给付标的，以量能平等负担为基础
之租税，其相较于其他收入而言，对于人民基本权利之影响可降
至最低，以金钱代替劳役的方式，国家可避免过度介入社会运
作，而保持中立性的自由主义传统。因此，有学者认为，资本主
义国家实为"无产国家"，意指国家无产而私人有产，国家借由

征税分享私人之经济收益以为国用，又可名为"租税国家"①。

一　租税国的概念与逻辑

租税国概念最早由著名经济学家熊彼特在与财政学者 Rudolf Goldscheid 的论战中所提出。② 熊彼特针对第一次世界大战后德国的财务危机，认为战争所引发的财务危机，并非租税国的危机，租税国的体制，并不会因战争，而暴露它在本质上、结构上的缺陷，顶多只是凸显租税国家受到了外在的冲击而已。租税国家在面对危机时的处理方式，自然是透过租税的方式为之。因此，熊彼特力求经济自由度的确保，主张运用租税国家的体制，即足以应付得宜；反之，倘国家欲侵入私经济领域攫取财货，反而可能破坏市场机制，使经济发展趋缓。③ 租税国用以指国家的财政收入主要来源于税收，企业和公民在纳税之外没有其他名目繁多的各种收费负担的国家。租税国家的概念，系相对于"所有权者国家"（Eigentumerstaat）或"企业者国家"（Industriestaat）的概念。古代国家以所有权人身份，于其领土之内行使统治权，对于一切经济财具有获取、分配及使用之权，故称为"所有

---

① 蔡茂寅：《财政作用之权力性与公共性——兼论建立财政法学之必要性》，《台大法学论丛》1996 年第 25 卷第 4 期。

② 奥地利财政学者 Rudolf Goldscheid 面对第一次世界大战后奥地利的财政困境，提出了"是国家资本主义或是国家社会主义"的问题，他认为：对于战争所带来的财务负担，国家的租税制度已没有能力承担，需改造公共财的秩序，另外寻求一套财政系统，即在公共财政学的领域，必须将公共财（public property）的理论发挥到极致，进而成为法律秩序的基础，借以保障、增益公共财，并提高其生产能力。此外，Goldscheid 还认为，从财政社会学的观点来看，社会上自然发展的结果，将会是国家向人民的需求愈趋减少，而给予人民者，却愈益增加，因此一个规划完善的公经济体系，对于全体社会的所得来源而言，将是必要的。

③ 蓝元骏：《熊彼特租税国思想与现代宪政国家》，法律学研究所硕士论文，台湾大学，2005 年，第 3 页。

权者国家"。"企业者国家"是将生产工具收归国有，独占企业经营权，并以其收入作为财政主要来源。相对的，租税国家则承认："在全世界的一切政府中，公家都是只消费而不生产的……正是个人的剩余，才提供了公家的所需。"①

租税国存在的前提与法治国存在的前提一样，亦为国家与社会的两分。熊彼特认为，现代国家的缘起，乃在于现代意义之租税概念，与现代意义之国家概念相结合而成。租税的现代意义在于支应国家的财政基本需求，其产生，以公法与私法的区分为前提。而现代国家，则以国家与社会二元区分为前提。由于社会存在着独立个人以及不同利益集团之间的利益冲突，如何调和利益冲突，需要有独立于社会之外的国家存在。"国家社会二元论"的意义在于：社会自身无法自行规整调节，而需仰赖国家作为有组织的工具，以保障具体或一般之个人自由。国家公权力虽然得对人民之生活加以合理的干预，但必须先就"国家"与"社会"加以区分，作为保障个人自由之基本条件。② 德国学者 Vogel 认为，公权力介入社会单以"公共利益之增进"不足以作为其行为正当化之基础，尚须考量比例原则，即使介入是必要的，但介入时所采取的手段亦须采用对人民侵害最小的手段。在现代社会福利国家中，对人民所为的各种管制即应以侵害最小的租税为之，所以现代福利国家应以租税国形态表现方不致损害法治国基础。③ 租税国要求国家不得过度侵入社会领域，国家一方面应保障人民对私经济生活的"自由性"与"积极性"，另一方面借由人民在自由的私经济生活中所创造的收益取得税收，并借由税收

①　[法]卢梭：《社会契约论》，何兆武译，商务印书馆 1980 年版，第 104 页。

②　葛克昌：《国家与社会二元论及其宪法意义》，载葛克昌《国家学与国家法》，月旦出版公司 1996 年版，第 11—12 页。

③　同上书，第 39 页。

推展国家的任务。亦即租税国原则上要求其经济活动尽可能由人民经营，国家的财政收入主要来自于税收。[①]

租税国力求在政府征税权与私人财产权之间寻求平衡。众所周知，财产权是自由的基础。[②] 对于私人财产与自由之间的关系，著名学者秋风指出，"不论是市场，还是自治，本身就构成宪政主义政治安排的基础。宪政主义必然以私人财产权及建立于此上的自由市场经济制度为基础，因为，在组织经济活动的各种制度中，这种制度与宪政主义的原则相兼容，能为个人自由拓展出最宽广空间。同样，宪政主义也必然以社会自治为基础，任何社会问题首先由社会自身来解决，而社会自己解决社会问题也是需要资源的。假如过多的社会资源被民众授予政府，则社会自身用于解决这些问题的资源就会匮乏。政府权力的扩张，政府通过税的途径占用资源规模扩大，都有可能损害社会自治及市场发育，从而有可能危害个人自由"[③]。租税国家的理念在于：国家既不自行从事营利活动，国家任务推行所需的经费，主要依赖人民依据量能原则平等牺牲的税收来充实。对人民而言，牺牲了金钱给付保全了经济行为自由，是最小损害途径。其基本逻辑是：租税国透过宪法，确保人民享有财产权、工作权及土地所有权，作为人民私法自治与经济自由的前提，同时人民借由履行法定纳税义务，支应国家财政需要，国家原则上不介入市场经营。租税国体制下的宪法秩序，一方面肯认人民拥有经济的自主权（自我

---

① 葛克昌：《租税规避与法学方法——税法、民法与宪法》，载葛克昌《税法基本问题（财政宪法篇）》，北京大学出版社 2004 年版，第 21、24 页。

② ［美］詹姆斯·布坎南：《财产与自由》，韩旭译，中国社会科学出版社 2002 年版。

③ 秋风：《税的本质特征是什么?》，载传知行社会经济研究所编《税收的真相——公民税权手册 2007》，第 78 页。

决定与自我负责），有助于建立理性的人格与自我发展的经济基础，另一方面透过收取租税的方式，尽可能减少国家对人民经济活动与市场运作的干预，符合现代法治国家的潮流。[1] 换言之，透过租税为中介，人民经济自由除依法纳税外得免于国家干预；另一方面个人经济自由禁止国家干预之堡垒，亦因纳税义务得斟酌社会国目标而打开一缺口，国家借由累进税率、遗产赠与税制以及量能负担原则的贯彻，借此缺口国家得以闯入并重组社会之财货秩序。故社会国家理想，要同时维护法治国传统，只有以租税国形态，才能表现其功能。[2] 因此，现代租税国家无不以租税为国家收入的主要来源，同时亦只有租税才是国家收入的正当手段，税之外的以国库收入为目的的活动，只有在对自由权无所妨碍时，始得许可之。[3] 故租税国的意义在于：使国民与国家之间产生距离，为法治国家创造条件，即人民得保有私经济自由领域，得以自行选定目标，自行求其实现，而得以扩展私人与社会之发展空间。此种人民义务之减少，正为宪法上人民经济、文化、政治之基本权利，创造前提条件。在民主法治国家中国民与国家关系为有限的、可计算的、有距离的，同时也是自由的。[4] 借用德国公法学者 Friauf 的观点，在租税国体制下，人民的纳税义务，乃是个人享有私有财产权、经济自由法律保障所提供的

---

① 黄仕洲：《税法对私法的承接与调整》，法律研究所博士论文，台湾大学，2007 年，第 37 页。

② 葛克昌：《社会福利给付与租税正义》，载葛克昌《国家学与国家法》，月旦出版公司 1996 年版，第 58—59 页。

③ 葛克昌：《税法与民生福利国家》，载葛克昌《国家学与国家法》，月旦出版公司 1996 年版，第 181 页。

④ 葛克昌：《人民有依法律纳税之义务——大法官会议解释为中心》，载葛克昌《税法基本问题（财政宪法篇）》，北京大学出版社 2004 年版，第 43 页。

代价，如无纳税义务，亦无经济自由可言。[①] 因此，现代宪政国家，在财政宪法上多表现为租税国形态。[②] 而 Friauf 则进一步指出，"宪政国家，尤其是实质法治国家，本质上必须同时为租税国家"[③]。

二　租税国的意义

租税国是沟通自由法治国与社会法治国的桥梁，德国公法学者 Forsthoff 在其于 1945 年发表的《社会法治国之概念与本质》一文中指出："所谓现代法治国家为社会国家，主要系指社会国之功能表现在租税国而言。"现代法治国家同时承担着社会国的调节经济、国民所得重分配等任务，这类活动多透过税收手段来执行，因此，租税国原则乃作为法治国原则与社会国原则之间，不可或缺的中间联系角色。换言之，现代法治国家与社会国家之间以租税国家的形态为中介，这是因为社会国家如果同时要维持法治国家的传统，保障个人的自由财产权，应以租税作为媒介，以避免国家为调整社会上不平等而直接放弃对私有财产权的保护。[④] 亦即在宪法之价值体系下，租税国所象征之市场自由竞争秩序，势必经由法治国理念之贯彻，始具宪法保障之实益。易言之，法治国理念之落实，亦使得租税国理念相得益彰；反之，一

---

① 转引自葛克昌《量能课税与所得税法》，载葛克昌《税法基本问题（财政宪法篇）》，北京大学出版社 2004 年版，第 117 页。

② 葛克昌：《宪法国体——租税国》，载葛克昌《国家学与国家法》，月旦出版公司 1996 年版，第 139 页以下。

③ 转引自葛克昌《租税规避与法学方法——税法、民法与宪法》，载葛克昌《税法基本问题（财政宪法篇）》，北京大学出版社 2004 年版，第 5 页。

④ 潘英芳：《纳税人权利保障之建构与评析——从司法保障到立法保障》，法律研究所硕士论文，台湾大学，2007 年，第 66、71 页。

且法治国秩序受到动摇，租税国体系必受涉及。① 因此，在宪法体系中，从统治工具的角度观察，租税国犹如数学中"座标系统"，在整部宪法里，赋予各制度适当之定位，并使宪法意旨更加清明透彻，在国家财政技术与公众价值体系间，租税国理念使其相结合。在保障个人基本权利前提下，透过租税国，使得国家因公益对个人之干预成为可能。②

学者对租税国的意义给予了高度评价，日本学者三木义一指出，"政治在租税国家中所起的最终作用表现为征收和使用租税"③。北野弘久教授则更进一步指出，"租税国家，宪法政治的内容归根结底表现为如何征收租税和使用租税。人民的生活、人权与和平基本上都由征税和用税的方法决定，这一点也不夸张"④。由于租税国家主要的财政收入为租税，因而租税国家存在的基础是纳税人的贡献。因租税国家对纳税人贡献的高度依赖性，故租税国家以纳税人权利保护为逻辑起点。租税国家由租税所具有的"共同报偿性"（本质）与"非营利性"（界限），结合了国家的民主正当性而来。是以，租税国家建制原则，必须反映上述"租税目的"及"国家目的"的两个面向。就后者而言，指的是课税目的正当性，即课税公平原则；前者指的是税源的保持，即课税的效率原则。从宪法学的角度观之，课税的正当性，厥为租税公平的实践，透过量能平等原则的检验，作为确保；而

① 葛克昌、蓝元骏：《租税规划之宪法界限》，载林明锵、蔡茂寅主编《行政法实务与理论（二）》，元照出版公司 2006 年版，第 227 页。

② 葛克昌：《宪法国体——租税国》，载葛克昌《国家学与国家法》，月旦出版公司 1996 年版，第 162 页。

③ ［日］三木义一：《海扎尔的税法学思想》，陈刚编译，《外国法学研究》1995年第 2 期。

④ ［日］北野弘久：《纳税人基本权论》，陈刚、谭启平等译，重庆大学出版社1996 年版，第 1 页。

税源的保持，则是税捐客体本体的保障问题，借由比例原则的衡量，作为税捐违宪审查的基准。[①]

宪法上租税国原则，逻辑上内在地包含纳税人基本权保障的内容，主要包括：公债上限；国家不宜参与市场；隐藏性增税的避免这三方面。[②] 租税国原则对纳税人权利保障的意义还在于：①私有财产保障。租税国乃国家自身不从事私经济活动，而留由社会自由发展；人民对于国家仅负纳税义务，以换取经济自由与营业自由之保障。私有财产之所以负担纳税义务，其前提即在于国家对私有财产予以宪法之保障。[③] 因此，一方面纳税人对国家在负担了纳税义务之外，原则上不再负担其他强制性金钱给付义务；另一方面，国家必须依法征税，且征税所依之法必须合宪，宪法上税概念的范围，是对立法者行使课税立法权的限制，立法者仅得依据宪法限制人民基本权利，但不得制定具有扼杀性效果的税法，因此等立法已非基本权的限制，而是剥夺，将使税源枯竭。[④] 私有财产保障意味着税源的保持，熊彼特指出，租税国家虽有课税的权力，但国家必须尊重纳税人的纳税意愿，并保持其经济能力，即须遵守"税源保持原则"，一旦超越此界限，纳税意愿及纳税能力减退，则租税的源泉及基础，势将枯竭与崩坏，将导致租税国家灭亡。[⑤] ②由于税收无具体对待给付，因此，人

---

① 蓝元骏：《熊彼特租税国思想与现代宪政国家》，法律学研究所硕士论文，台湾大学，2005 年，"论文摘要"部分。

② 葛克昌：《论纳税人权利保障法的宪法基础》，载吴从周等编《普华松大法官古稀祝寿论文——论权利保护之理论与实践》，元照出版公司 2006 年版。

③ 葛克昌：《人民有依法律纳税之义务——大法官会议解释为中心》，载葛克昌《税法基本问题（财政宪法篇）》，北京大学出版社 2004 年版，第 67 页。

④ 黄俊杰：《宪法税概念与税条款》，传文文化事业有限公司 1997 年版，第 16 页。

⑤ 转引自葛克昌《宪法国体——租税国》，载葛克昌《国家学与国家法》，月旦出版公司 1996 年版，第 148 页。

民只为公共利益而牺牲，除须有法律依据外，只有平等牺牲义务，而无特别牺牲义务。① ③租税国家体制下，国家原则上不据有生产工具，其收入取诸强制性的租税，由于此种法定义务并无具体之对待给付，故纳税义务人基本上有权自由安排其所得与财产，以达到减少租税负担之目的，换言之，人民有权从事租税规划。②

三　租税国保障纳税人基本权的途径

1. 个人所得税为主体税种的税制结构

建立合乎事物本质的合理税制，为法治国家发动公权力贯彻实施税法的前提，若税制不合理，任何单纯追求财政收入增长为目的的"国库主义"行为，均将在公民有"守法义务"、"纳税义务"等旗号下取得其表面的合法性，实则与法治国家的要求，渐行渐远。

事实上，税法作为"侵权法"的特性决定了无论在哪个国家，公民通常都不喜欢纳税。因此，在西方国家，政治人物一般不愿意看到要求开征新税或者提高税率的法案获得通过。政府的窍门是在养活自己和服务民众的同时，避免引起公民对增税的厌恶甚至注意，即必须在必要的收入和大众反应之间寻求政治平衡，不仅涉及向公民课税多寡的决策，而且还牵涉征收的技巧。因此，通过不明显的间接税方式征收往往是首选。19 世纪时，英国学者即指出：直接税使国民比任何时候都更清楚自己实际缴

---

① 葛克昌：《宪法国体——租税国》，载葛克昌《国家学与国家法》，月旦出版公司 1996 年版，第 158—159 页。

② 葛克昌：《遗产税规划与法治国理念》，载葛克昌《税法基本问题（财政宪法篇）》，北京大学出版社 2004 年版，第 134 页。

纳了多少税，政府在征税和安排公共支出时就会比较顾忌纳税人的反映，而流转税是一种间接税，它的纳税人并不是负税人，随着商品的流转，流转税的大部分都可以被转嫁给后续环节。间接税征收方式往往模糊了人们向政府缴税的总额，因此也会减弱大众对税收的抵制。[①] 间接消费税对于全体国民，固然可以在形式上实行平等的课征，但其缺点在于不能详审各人的负担能力，以斟酌税率，由于各人负担能力的差异，则有对富者轻课而对贫者重课的缺点。特别对日常用品课征间接税，尤足以压迫负担能力薄弱者，往往引起生活问题及社会问题，结果不得不使国家支出巨额的救济费予以救济。对此，北野弘久教授一针见血地指出，"在间接制下，身为主权者的大多数纳税人（国民）在间接税制中不能从法律上主张任何权利，这对于一个租税国家来说，无疑是一个法律上的重大问题"。"纳税人作为主权者享有监督、控制租税国家的权利，并承担义务"这样的观念"几乎不可能存在"。"只要消费税占据了国家财政的中枢，就会造成人民不能监督、控制租税国家运行状况的可怕状态。"[②]

在历史上，直接税的征收比间接税要敏感得多，特别是个人所得税制在西方各国的确立，是一个比间接税制要艰难得多的过程，最容易激起纳税人的反抗。例如，英国的个人所得税起源于小威廉·皮特时代的 1798 年"三部合成捐"，因遭到民众反对而时兴时废，直到 80 多年后的 1874 年威廉·格拉斯顿任首相时才在英国税制中固定下来。直到 20 世纪，英国个人所得税仍然和政府年度预算一样需要议会每年以法案来确立。1808 年，德国

---

①　李炜光：《中国的财产权与税收的宪政精神》（http://www.aisixiang.com/data/detail.php? id=20230）。

②　[日]北野弘久：《税法学原论》，陈刚等译，中国检察出版社 2001 年版，第 24 页。

因普法战争失败，为筹措对法赔款而开征所得税，由于受到贵族阶级的强烈反对，直到 1891 年首相米魁尔颁布所得税法以后才正式建立了所得税制。法国早在 1848 年就有所得税的倡议，中间经过了半个多世纪，至 1914 年才得以实行。美国在 1861 年南北战争爆发后就有所得税的征收，但由于资产阶级的反对而于 1872 年废止，进入"进步时代"（1880—1920 年）后美国总统塔夫脱提出修改宪法，开征个人所得税和公司所得税，但遭到保守势力的顽强抵抗。他们耸人听闻地称所得税体现的是共产主义的原则，最高法院也宣布所得税违反美国宪法。直到 1913 年威尔逊总统颁布《宪法》第 16 条修正案，规定"国会有权对任何来源的收入规定和征收所得税"，所得税的合法性才得到确认。[①] 由于个人所得税在促进社会公平方面的作用更是明显，它对于调节收入分配、公平税负、缓解社会分配不公等方面都具有十分重要的意义，尤其是能直接引发纳税人的"税痛"，从而推动纳税人自觉地维护自身权利、监督政府，因此它已逐渐成为法治国家首选的税种。目前，西方各国的税制结构基本上以直接税为主，并且是以个人所得税（包括具有个人所得税性质的社会保障税）为主体税种。"在当代西方工业化国家，直接税收入一直是税收最大的一部分。各国对直接税的混用存在很大差异，一些国家的重头是所得税，而另一些国家则更依赖于社会保障捐，但不管怎样，这两个税源一起构成了政府收入的主干。"[②] 像法国、意大利这样曾经依赖间接税的国家，已经提高了直接税的比例，而像瑞典和澳大利亚这样有着高度直接税负担的国家，多少转向更多

---

① 王怡：《国家赋税与宪政转型——对刘晓庆税案的制度分析》，香港中文大学《二十一世纪》网络版，2002 年 11 月号，总第 8 期。

② ［美］B. 盖伊·彼得斯：《税收政治学——一种比较的视角》，郭为桂、黄宁莺译，江苏人民出版社 2008 年版，第 244 页。

地征收直接税。在大多数工业化国家，个人所得税是最大的一笔收入来源。其总额大约占经合组织（OECD）成员所有税收总额的 1/3，除了三个国家外，它是其他所有国家最大的一个税种。[①]在我国台湾地区，伴随着民主化的进程，"建立以所得税为中心的税制"已成为税制改革的中心。当前，在我国内地，也有不少有识之士正在呼吁我国税制改革的方向应以在所有税种中相对来说最公平的所得税为主体的直接税体系为主。[②]

2. 奉行国家补充性原则

社会国的兴起，在给社会弱势群体带来福音的同时，也带来了"福利国家的危机"。社会国巨大的福利给付所需的资金，无不来源于纳税人所缴纳的税款，因此不可避免地带来国家权力的扩张，即过去的政治国家由于经济职能的拓展而变成经济国家；消极国家由于被要求关心公民集体福利而变成积极国家；立法国家由于行政机关职能的扩张演变成行政国家。[③]高额税收沉重地打击了纳税人工作的积极性，高额福利在某种程度上起到了奖懒罚勤的作用。由于社会福利给付来源于纳税人的纳税贡献，其支出的增加即同时意味着纳税人负担的增加，因此，"越不信赖人民自我救助能力，越忽视国家救助仅具补充性，对国民之幸福与休闲照顾越无微不至，人民之租税负担越沉重"[④]。此外，相对向国家纳税而言，接受国家的社会给付，同样亦影响

---

① ［美］B. 盖伊·彼得斯：《税收政治学——一种比较的视角》，郭为桂、黄宁莺译，江苏人民出版社 2008 年版，第 11、29 页。

② 参见李炜光《征税权应归属人民代表大会》（http：//www. aisixiang. com/data/detail. php？id＝18385）；李炜光《中国的财产权与税收的宪政精神》（http：//www. aisixiang. com/data/detail. php？id＝20230）。

③ 王伦刚：《中国经济法的根基》，法律出版社 2007 年版，第 68 页。

④ 葛克昌：《两税合一之宪法观点》，载葛克昌《所得税与宪法》，北京大学出版社 2004 年版，第 81—82 页。

个人的自由，因为接受给付，必须顺服于国家所定义的给付要件之下，践行其申请程序，履行其负担或条件。[①] 福利国家的危机不仅仅在于财务负担或经济成长，更在于个人自由的逐渐丧失。早在 20 世纪 40 年代，哈耶克即发出"通往奴役之路"的警示。[②] 因此，在福利国家给付问题上，从租税国和私法自治[③]中逐渐发展出新自由主义的"国家辅助性理论"（亦称"国家补充性原则"）。

H. Peters 提出的"国家辅助性理论"认为：实现公共利益是国家责无旁贷的任务。但是，国家这种追求、实现公益的行为，必须在社会的个人凭自己的努力，都无法获得利益的情形下，方得为之，故是一种"次要性"的"辅助性质"的辅助行为。[④] 亦即国家存在的意义仅在于补充个人能力所不及，国家公权力的行使应符合此补充性原则，当人民个人能力足以应付的事项，国家即不应介入。国家为保持、促进及防卫社会整体自由的组织，其行为须受补充原则的限制，不能仅以"公共目的"为由，便予以介入，而需考虑到目的与手段间比例原则的适用，由于公权力的使用常以强制方法为之，基于最少损害原则，只有在

----

① 葛克昌：《税法与民生福利国家》，载葛克昌《国家学与国家法》，月旦出版公司 1996 年版，第 184 页。

② ［英］哈耶克：《通往奴役之路》，王明毅、冯兴元等译，中国社会科学出版社 1997 年版。

③ 从价值观角度而言，私法自治的运作模式及其功能比国家公权力为之者有较高的水准。

④ 陈新民：《公共利益的概念》，载陈新民《法治国公法学原理与实践》（上），中国政法大学出版社 2007 年版，第 332 页以下。W. Weustendfeld 在 1962 年发表的《现代法律及国家思想的公益意义》一文中亦指出，为防止政府的滥权，认为个人应主动地、积极地以全力谋求自己的幸福及利益后不逮，方可以请求国家及社会予以援助。国家不是作为人民追求利益、幸福的监护者，而是要保障人民都有一个可以独立追求自己幸福的活动空间，故需以法律来界定这种空间的范畴。

社会不能自己达成时国家才能介入。[①] 亦即接受国家救助者，必须首先运用一切自己可能维持生活的手段与方法，若竭尽全力尚不能维持最低生活时，始接受国家救助。[②] 即所谓的"个人能自我实现之处，即国家干预停止之所"，公权力行使仅具有补充性，在社会各种团体组织中，公共事务只有在下级团体力有未逮时，上级组织始有处置之任务。若某事项能由较低层级为更佳、更妥适执行者，则较高层级无再行置喙之余地。[③] 易言之，即"个人能成就者，无须家庭为之；家庭能处理，民间团体不必插手；民间组织能处置者，政府无须出面；地方政府能为之者，中央政府不必介入"，此所谓"就近原理"[④]。因此，本于国家权力行使的补充特性，对于物品制造与服务提供等涉及人民生存照顾的事项，应首先由人民自身透过工作权等自由权行使方式来自行实现。只有当人民或社会无法自行满足需求，国家始得介入，进而扮演给付者与执行者的角色。[⑤] 故这种社会法治国的补充性原则，可以演绎推论出个人自由先于国家之社会义务，同时含有公权力应尽力促成实现个人基本权的宪法上要求。国家补充性原则涉及职业自由及私有财产使用自由的基本权，涉及个人对自己生活安排的自我负责性：凡个人得以自我实现、自我成就时，国家

[①]　葛克昌：《国家与社会二元论及其宪法意义》，载葛克昌《国家学与国家法》，月旦出版公司 1996 年版，第 38—39 页。

[②]　葛克昌：《税法与民生福利国家》，载葛克昌《国家学与国家法》，月旦出版公司 1996 年版，第 200 页。

[③]　转引自詹镇荣《德国法中"社会自我管制"机制初探》，载詹镇荣《民营化与管制革新》，元照出版公司 2005 年版，第 168 页，注 4。

[④]　Fleiner-Gerster, Allgemeine Staatslehre, 2Aufl. 1995, S. 455. 转引自葛克昌《制度性保障与地方税》，《法令月刊》第 59 卷第 5 期。

[⑤]　詹镇荣：《补充性原则》，《月旦法学教室》2003 年第 12 期。

的社会任务将退居幕后。①

国家的补充性原则的意义在于：①表现在税收的课征上，要求国家应留给人民生存发展所需的财产数额，对于人民赖以维生或发展自我所需的财产，国家不得借课税高权行使之理由，加以触。②社会福利给付应以直接的金钱给付为主。基于对人民自由权与人格发展效用最大的原则，以及经济学角度的效益原则，避免政府直接物质给付所造成的贪污、浪费、不经济，社会福利应直接以金钱给付为主，服务、实物给付在特殊、不得已的情况下例外为之。③以税收优惠的方式进行社会福利给付。如一方面对纳税义务人生存所必需的所得，予以课税，特别是以间接税的方式由于不醒目而更容易发生；而另一方面，纳税义务人营养及住宅所需，由国家社会给付供应，这对纳税义务而言往往并未改善其状况，而在申请手续与举证程序中，反而对申请人自我救助能力有所危害。② 换句话说，即"凡行使国家救助之处，首先应采行者乃租税改革，以税法支持社会救助；有所不及，则以国家之现金救助行之；最后，才是国家之服务给付，以济私人救助之不足"③。

3. 地方财政自主权

现代法治国家普遍奉行的地方自治制度的基础在于宪法上的人性尊严与以个人基本价值为中心的民主原则，亦即"国家系因人民意愿而存在，而非人民为国家之意愿而存在"，人先于国家而存在，人是国家的目的而不是国家及社会作用的手段或客体，政府为人民而存在，而非人民为政府而存在。以人性尊严为中心

---

① 葛克昌：《社会福利给付与租税正义》，载葛克昌《国家学与国家法》，月旦出版公司 1996 年版，第 68 页。

② 同上书，第 67 页。

③ 同上书，第 68 页。

之民主理念，其要求在于人民越接近之公共事务，应尽可能自我决定并自我负责。[①] 地方自治的核心则在于地方需有独立的财源，1985 年《欧洲地方自治宪章》第 9 条规定："地方自治团体拥有自主课税权，上级政府虽可依法律限制地方自治团体之课税权，但不得借此妨碍其任务。地方自治团体应有充分之财源，以因应地方自治任务；对财力不足之地方自治团体，实施财政调整制度。"在现代民主法治国家，由于课税划分影响权限划分极大，近年来在德国引起许多纷争，《财政调整法》第二章亦被联邦宪法法院宣布为违宪。[②] 地方所以须有其自主财源，除可供其自主调度，不必仰赖中央，避免国家过度干预外，更重要理由有二：

其一为财政自主。地方须有多大财政规模，可与地方决定须增加多少自治事项一并考量；亦即，由收入支出两方面一并考量。现代国家作为给付国家，给付国家的给付行政，目的在于以公权力促成基本权的充分实现，以实现个人的自由。而个人自由的实现，前提在于首先必须拥有实体及精神上必要物资，给付国原则，在于政府确保必要物资的供应。因此，"财政为庶政之母"，地方自治团体之一切施政均须有财源为支持，财政资源实为地方自治所须具备之物质要件。

其二为财政责任。民主政治的主要功能表现为责任政治。从距离来看，地方政府比中央政府靠近纳税人，更方便了解纳税人的偏好及需求。因此，地方政府提供地方性公共物品比中央政府

---

① 葛克昌：《规费地方税与自治立法》，载葛克昌《税法基本问题（财政宪法篇）》，北京大学出版社 2004 年版，第 195 页；葛克昌：《地方课税权与纳税人基本权》，载葛克昌《税法基本问题（财政宪法篇）》，北京大学出版社 2004 年版，第 171 页。

② 葛克昌：《宪法国体——租税国》，载葛克昌《国家学与国家法》，月旦出版公司 1996 年版，第 157 页。

提供更有效率。① 以人性尊严与个人基本价值为中心的民主理念，要求越与人民邻近的事务，应尽量由人民自我实现、自我决定。宪法人性观是指平等、自由的个人，在人格自由发展下，自行决定生活方式及未来规划。个人为发展自己人格，就其居住区域，有权参与自己关系密切的公共事务，并愿意为其付出财政责任。"以人性尊严为价值中心之宪政国家，地方财政之自我决定、自我负责，为个人参与公共事务之基本权利，不容国家以公式化代其决定，剥夺其权利。"因此，地方税收立法的意义在于："居民能自主决定租税负担，对自治事务与财政收支，始能寄予关怀；对地方未来发展规划，才能重视。居民之自我监督、杜绝浪费、增加利益效率，也才有可能。地方自治之基本精神，在于地方自治事项在议会立法过程中，经由辩论、公开、协商、斡旋、妥协而理性权衡不同冲突利益，在公开之意思形成中，决定公共事务，而此种决定居民愿意为其负代价"②。在决策过程中，财政之自我决定、自我负责，为自治行政中重要一环。财政责任之厘清，能使地方公共财，更符合居民之偏好。

---

① 1972 年，奥茨（Oates）从信息不对称的角度提出的"奥茨分权化定理"，他认为：地方政府将一个帕累托有效的产出量提供给他们各自的选民，总是要比中央政府向全体选民提供的任何特定的且一致的产出量要有效率得多。因为与中央政府相比，地方政府更接近民众，更了解辖区内选民的需求。奥茨甚至认为"地方政府之所以被创建出来，是由于偏好在地方区域内都相差无几，而在地方区域之间却相差悬殊"。参见苗连营、程雪阳《分税制、地方公债与央地财政关系的深化改革——基于立宪主义的视角》，《河南省政法管理干部学院学报》2009 年第 4 期。

② 葛克昌：《地方课税权与纳税人基本权》，载葛克昌《税法基本问题（财政宪法篇）》，北京大学出版社 2004 年版，第 172 页。

第 五 章

纳税人基本权的保障

第一节 国家财政权的民主控制

从社会契约的角度而言，国家权力来源于公众通过契约的让度与委托，国家权力来源于人民。但是，社会契约始终只是一种理论上的假设，事实上历史证明国家往往却是"一种表面上驾于社会之上的力量……从社会中产生但又居于社会之上并且日益同社会脱离的力量"[①]。由于国家、法律均必须由具体的人来操纵，按照经济学家的解释，每个人或组织花钱是否节约，取决于花谁的钱，办谁的事，效率最高的是花自己的钱办自己的事，效率最低的是花别人的钱办别人的事，而政府花钱就属于后者。因此，如何避免出现"代理人危机"，预防发生决策者个人偏好代替民众偏好现象，防止国家异化为一种压迫的力量，沦为"追求收入最大化的利维坦"，必须对政府施行有效的税权约束。西方宪政的发展历程表明：宪政开始于人民控制国库。经人民同意、由议

---

① 恩格斯：《家庭、私有制和国家的起源》，《马克思恩格斯选集》第 4 卷，人民出版社 1972 年版，第 166 页。

会掌握国家的"钱袋子"是西方诸国普遍的制度安排和宪法通例，"赋税为代议制之母"的含义为议会对税权的控制，表现为对政府整个财政过程的控制，"税收法定"与"用税法定"二者并行不悖，不可偏废。资产阶级国家建立之后，至少在形式上开始确认国家权力来源于人民，并在此基础上进行各项制度的设计和建设。围绕着财政税收制度，西方法治先进诸国发展出了一整套公民授权、监督机制以及运行办法，在法律上表现即为贯彻财政民主主义、财政法定主义、财政健全主义、财政平等主义等完善的财政法体系的建立，以防范政府滥用财政权力，损害人民的利益。这种财政法律体系的内容包括：首先，财政被定义为一种服务于大众的公共物品，它源自于人民的公共需要，因此必须受到人民的制约；其次，财政权力不再是一种单纯用于统治的工具和手段，它来源于人民的授权，同时也在此范围内受人民的监督；再次，财政的民主基础备受重视，人民通过议会行使对财政的决定和控制权成为财政法的基本原则；最后，财政法的功能开始转向保障财政的民主统制，财政权力的失范成为关注的重点，人民的基本权利开始凸显。[①] 这套制度既是高度政治化的，也是高度技术化的。概括来说，这种授权和监督机制以民选的最高权力机构——议会为核心，以法案表决和预算监督为主要手段。现实中，这种机制基本上有效地形成和保持了政治领域的均衡和稳定，同时这个机制及其运转构成了现代意义上的政治生活的主要内容。[②]

[①] 熊伟：《论财政法的概念与调整对象》（http：//www.cftl.cn/show.asp? c_id＝21&a_id＝903）。

[②] 李子旸：《现行税制有哪些弊端》，载传知行社会经济研究所编《税收的真相——公民税权手册 2007》，第 89 页。

一　无代表无税

在历史上，立宪主义政治乃是以国王课税必须得到国民承认这一财政问题为契机发展而来。近代市民革命前的欧洲，是由所谓家产国家思想所代表的那种应称为"王的财政"的原理所支配。此时，国政必要财源的筹措，原理上属国王的责任，在国法上，人民并无纳税义务。但在国王无法以自己的责任确保充分的财源的场合（例如战费），由人民依其自由意思赠与补助的援助金的形式即被采用，国王请求援助金，须由贡纳者的代表决定。这实质上成为近代财政原理的萌芽。① 由于不断的战争造成了国家财力紧张，原有收入已经远远不够维持巨大的开支，政府成了"穷人"，必须通过征税才能获得足够的收入。而当时西方社会恰好存在着一个"有钱无权"的中间阶层，他们自然希望通过控制政府征税权来与政府相抗衡，以维护自己的财产权。考察英、美、法三国资产阶级革命的历程，可以发现无一不紧紧围绕征税同意权而展开，"对政府行为的控制，至少在最初的时候，主要是经由对岁入的控制（control of revenue）来实现的"②。"对统治者的控制，一直是通过对征税权的约束来实现的。"③

英国是宪政制度最初的实践者。人民（一开始以地主和贵族

---

① ［日］阿部照哉等：《宪法》（下），周宗宪译，中国政法大学出版社 2006 年版，第 422 页；［日］芦部信喜：《宪法》，林来梵等译，北京大学出版社 2006 年版，第 314—315 页。

② ［英］弗里德里希·冯·哈耶克：《法律、立法与自由》第 2、3 卷，邓正来等译，中国大百科全书出版社 2000 年版，第 426 页。

③ ［澳］布伦南、［美］布坎南：《宪政经济学》，冯克利等译，中国社会科学出版社 2004 年版，第 10 页。

为主，后来以商人和新兴地主为主）对约束政府征税权的宪政制度的需求和国王因税收需要而对宪政制度的供给，一起推动了英国宪政制度的发展[①]，"英国议会制度，本因讨论课税而产生"[②]。在欧洲的封建时期，按照"国王自理生计"的财政原则，王室和政府的费用由国王来自行支付。随着开支的日益增长，国王不得不创设尽可能多的财源。税收便是其经费的重要来源。英国诺曼王朝的国王约翰连年进行战争，为增加政府财力和筹集军费，于1199—1215年间将世俗贵族的兵役免税提高了16倍，并提高封建继承税，且一再扩大征收财产税（1/30，1/7，甚至1/4）。凡不能及时如数缴纳者即被没收土地或处以重罚。税赋的苛重最终导致政治大冲突在1215年爆发，约翰王被迫签署了由贵族拟订的《自由大宪章》，明确规定"一切盾金或援助金，如不基于朕之王国的一般评议会的决定，则在朕之王国内不允许课税"。《自由大宪章》的基本历史意义就在于用法律条文明确规定了主权者征税必须受限于法律和人民同意的双重约束，从而开启了宪政与税收历史关联的先河。1225年，《自由大宪章》又获得了重新颁布，在重新颁布的《自由大宪章》中补充了御前大会议有权批准赋税的条款，明确了批税权的归属。此后，国王与议会争论的焦点问题便是征税问题。1297年的《有关承诺赋课金的法案》明确规定禁止无承诺课税原则。至13世纪末，英国出现了下议院，此后，治税权、预算权便牢牢地掌握在议会手中了。事实上，13世纪以后英国平民及其代议机构就掌握了治税权和对王室的财政监督权。甚至在1378年，议会的全部时间都用来讨论税收的问

---

① 刘守刚：《西方宪政发展中的税收动因研究》，《华东政法学院学报》2003年第6期。

② 王世杰、钱端升：《比较宪法》，中国政法大学出版社1997年版，第224页。

题，以至该年只通过了一项立法。在斯图亚特王朝统治期间，国王与议会在税收问题上的矛盾达到了无法调和的地步。1628年的《权利请愿书》规定，"没有议会的一致同意，任何人不得被迫给予或出让礼品、贷款、捐助、税金或类似的负担"，从而正式在早期的不成文宪法中确立了税收法定主义。1689年"光荣革命"胜利后，英国国会制定《权利法案》，重申"国王不经国会同意而任意征税，即为非法"，从而使税收法定主义在英国得到了最终的确立。这一原则"在历史的沿革中，以保护国民、防止掌握行政权的国王任意课税为目的"[①]。税收法定原则的确立，其作用不仅在于限制了政府征税的权力，更为重要的是，借助代表民意的国会"同意"这一形式，为税收的合法性找到了依据。

美国独立战争的起因是1765年英国政府在殖民地开征印花税和糖税以转嫁英法战争中1.4亿英镑的财政亏损。而此前英国政府在殖民地只征收关税。北美殖民地人民担心此例一开，英国政府以后会进一步征收其他税收，便以英国议会无殖民地代表参加为由，宣称英国政府无权向殖民地人民征收印花税。但英国政府无视北美人民的呼声颁布了《印花税法》。《印花税法》严重影响了北美的各种商业活动，因此遭到了广泛的反对。在北美针对《印花税法》的讨论中逐渐形成了这样一种观点，即"无代议士，则不纳税"。虽然《印花税法》后来迫于压力而撤销，但是在1767年，英国议会又试图通过新的法案来开征一系列的针对北美殖民地的新税种。由此开始，两地矛盾不断加深，最终导致北美独立战争的爆发。1776年，美国在《独立宣言》中指责英国

---

　　① ［日］金子宏：《日本税法原理》，刘多田等译，中国财政经济出版社1989年版，第49页。

"未经我们同意，任意向我们征税"。在美国独立后，1787 年美国宪法在第 1 条第 8、9、10 项和宪法修正案第 16 条规定了有关的税收条款。

在法国，租税也必须经议会的批准方能征收。腓力六世于 1338 年签署文件，规定"除非有紧急需要，而且经过各等级人民同意，国王无权征收任何新税"①。大革命前的法国，面临严重的财政危机，原因在于皇室的挥霍无度以及严重的税负不公——有负担能力的教士和贵族不承担税负，甚至他们认为纳税是有失其身份的，而无负担能力的农民和城市工匠税负却异常沉重。1788 年的巴黎议会否定了国王路易十六抽税及修改司法程序的通令。路易十六为了筹划税收方案，解决财政问题，迫不得已在 1789 年召开了三级会议，正是由于三级会议的召开，引发了法国大革命。革命后颁布的《人权宣言》庄严宣称："公民平等地受法律保护和惩罚、平等纳税和决定税收。""除非当合法认定的公共需要所显然必需时，且在公平而预先设定的条件下，任何人的财产权不得受到剥夺。""公民都有权亲身或由其代表来确定赋税的必要性，自由地加以认可，注意其用途，决定税额、税率、客体、征收方式和时期。"

综上可以看出，近代西方资产阶级革命正是起因于征税问题，人民为了反抗国家任意征税侵犯个人的财产权，才寻找到了"宪政"这一出路。近代西方宪政制度的发展史，就是一部人民要求政府采用规范的税收制度，停止任意侵犯私人财产权的斗争史②，是一场声势浩大的"宪法革命"，"在经历了绝望漫

---

① 刘启戈：《世界中世纪史》（上），三联书店 1957 年版，第 267 页。
② 刘守刚：《西方宪政发展中的税收动因研究》，《华东政法学院学报》2003 年第 6 期。

长的努力，泼洒无尽鲜血，耗费巨额财富后，法律最终战胜了意志"①。资产阶级革命胜利后，一方面确立了个人免受国家干涉的自由和私法自治原则，另一方面则确立了强制性的财政收入必须经代表人民的议会（立法机关）同意，即"财政议会主义"②。征税必须得到纳税人同意被普遍确立为一项宪法性原则。在这方面，以简洁、惜墨如金著称的美国宪法在征税问题的规定上却极尽详尽之能事，因此美国宪法被学者称为"是一群财产利益直接遭受威胁的人们，以十分高明的手段写下的经济文献"③。戴雪在论述英国岁入法律时指出，"政府取税于民间必有赖于法案之成立一节尤不可忽略。此为英吉利宪法中之一大义。依此大义，所有民间纳税必须符合立法原意"④。在议会实行两院制的国家，征税权主要由下院（众议院、平民院）控制，例如美国《宪法》第 1 条第 7 款规定："一切筹集岁入的法案均应由众议院提起，但参议院得提出或共同提出修正案，一如在其他法案中那样。"对于为什么必须由下院来控制税权，布莱克斯通指出这是出于政治上的考虑："贵族院，作为一个终身任职的世袭团体，可由国王随心所欲地册封，因而，可以认为，比起人民自由提名、短期选举产生的平民院来，它更容易受到国王的影响；且一旦受到影

---

①　[美] C. H. 麦基文：《宪政古今》，翟小波译，贵州人民出版社 2004 年版，第 78 页。

②　许志雄等：《现代宪法论》，元照出版公司 2008 年版，第 346 页。

③　[美] 查尔斯·A. 比尔德：《美国宪法的经济观》，何希齐译，商务印书馆 1984 年版，第 19 页。

④　[英] 戴雪：《英宪精义》，雷宾南译，中国法制出版社 2001 年版，第 347 页。

响，就会持续下去。"①

在当代西方法治国家，税收问题普遍占据各国政治事务中核心的地位，在一些小国，甚至规定每年由国会调整一次税率。英国议会的征税立法在某种程度上是附属于预算立法，很多税种是需要通过议会一年一度予以确认，凡未被议会确认者，即丧失法律效力，政府不能再行收取。而在税收问题上进行投票，则是公民同政府打交道时发出的一种有力的声音，这种声音在 20 世纪70 年代和 80 年代越发响亮。至少在美国，就税收问题进行的公决投票，在一般意义上，乃是公民支持政府的一个指标，在具体问题上，是公民支持公共开支的指标。公投也是瑞士民主的内在组成部分，而且一直抑制着公共收入和公共开支的增长。② 美国和瑞典的某些州，允许公民直接就法律的变更提出建议，并通过投票来决定。在税收政策上，公民直接立法最著名的例子是加州第 13 号提案（1978 年，加州选民投票通过第 13 号提案，把财产税直接缩减了将近 57%）。在美国，还有一些州规定，州或者地方财产税的一切变化，都要经过公民投票。事实上，这种投票也经常进行。③ 此外，在讨论税收事务的过程中，纳税人的知情权与参与权受到充分的保障，例如，法国经济与财政部定期向公民公布财政预算，详细报告收入情况、开支原则、开支范围，税务局还编发专刊，向纳税人介绍税金使用的详细项目，而每当国会召开专门会议，对税制改革进行辩论时，电视台开辟专门频道进行现场直播，纳税人可以通过各种方式和渠道发表自己的看法

---

① 转引自秋风《什么样的税制才算优良？》，载传知行社会经济研究所编《税收的真相 2007》，第 81 页。

② ［美］B. 盖伊·彼得斯：《税收政治学——一种比较的视角》，郭为桂、黄宁莺译，江苏人民出版社 2008 年版，第 178 页。

③ 同上书，第 183—184 页。

和意见。

二　预算的议会控制

"租税，须经应支付租税之代表同意"的原理，带来所谓的租税法律主义。而且，此原理一旦被承认，代表者表决租税的权利，即不可避免地扩大至监督被征收金额的用途，以及讨论租税系属必要的根据的权利。于是，乃确立了议会不仅就国费的征收（课税）为决议，亦对于国费的支出予以决定性的统制之宪法上的构造。[①] 国家收入及支出，每年以预算形式向国会提出，并由国会审议决定，这是近代国家通行的重大原则。预算是人民透过立法权以控制政府的最有效的工具，甚至可以说预算是政治活动的节目表，一切政策目标大抵均以收支预算的方式具体实现。在代议民主制度的前提下，除了法案的审议之外，预算审议可说是议会最重要的职权，也是国民对国家的施政计划进行监督及统制的重要手段。而所谓预算，是指"国家于一会计年度内，以岁入岁出为中心所订立之财政计划，经议会决议而成立，授权并课政府以执行义务之制度"[②]。学者认为，预算的宪政价值体现在：① "保权"宪政功能，即为国家全部权力活动提供经济基础，满足国家权力运行正常需要，以及通过代议机关代表民意的预算立法行为保证政府在政治领域内的合法性

---

① ［日］阿部照哉等：《宪法》（下），周宗宪译，中国政法大学出版社 2006 年版，第 422 页。以英国为例，1215 年《自由大宪章》第 12 条规定议会的征税同意权；1628 年《权利请愿书》在第 1 条开宗明义地再次重申这一原则，使得议会对于国王的财政收入权限获得绝大的控制权；其后议会的统制权乃渐次及于国王（政府）的财政支出事项，1911 年通过的《国会法》，在第 1 条即对岁出应受议会审议一事设有明文规定。

② 蔡茂寅：《预算过程的统制》，载许志雄等《现代宪法论》，元照出版公司 2008 年版，第 359—360 页。

权威地位；②"控权"的宪政机制，即通过控制政府的财政支出，节制公共资金使用，从而截断政府滥用权力的物质来源，通过控制预算牢牢地扼住政府的"经济命脉"，从而取得对于政府的全面支配地位；③"维权"的宪政宗旨，即国家在预算财政收入和支出时，应实现预算民主，保障纳税人在税收政策形成过程中的发言权以及确保国家将税收用于生产纳税人所需要的公共产品和服务，真正做到"取之于民，用之于民"①。因此，预算是赋税征收和使用的"刹车装置"，它涉及政治民主、国民福利、法治化及良好的公共治理，可为社会公众对政府收支活动进行约束和控制、提高政府财政活动的绩效、为社会提供良好的公共服务提供一套卓有成效的方法和技术，增强政府的合法性和可信度。②

在现代国家，公共预算远不仅仅是简单地分配政府资源的工作，它们对塑造公共生活、国家制度、公众与国家关系的文化建设等意义重大。③ 预算制度不仅是公共财政的重要内容与运行规则，而且是纳税人及其代议机构控制国家财政的基本途径。法治国家的预算制度要求政府活动的所需经费，必须通过正当法律程序来实现其有效合理配置，从而对政府活动进行有效控制，最终目的在于经由分权制衡的宪政原则来保障公民基本权利，由此成为国家政治过程的中心。④ 在代议民主的宪政制度下，立法机关所具有的审议预算权限，不仅是以民意代表的立场监督财政支

---

① 范毅：《中国宪法文本上的"财政"概念群》，《财贸研究》2008年第6期。

② 李炜光：《〈预算法〉修订的思想底蕴》（http://www.aisixiang.com/data/detail.php? id=20260）。

③ ［美］乔纳森·卡恩：《预算民主：美国的国家建设和公民权（1890—1928）》，叶丽娟等译，格致出版社、上海人民出版社2008年版，第2页。

④ 黄世鑫等：《政府预算》，空中大学出版社1995年版，第114—115页。

出、减轻国民赋税负担，而且经由议会的审议，实现参与国家政策及施政计划的形成。因此，预算并非只是有关年度收支的"预估单"，而是规约政府行为的法规范。在欧美各国，通常不将预算与法律在形式上加以区别。在日本，多数学说将预算理解为一种不同于法律的特殊法形式。① 而在美国，对政府使用税款的规定更加严格，政府机构除了必须取得国会的预算授权外，还必须得到国会的立法授权才能有钱使用，且通常须先得到立法授权。立法授权允许政府机构做什么和为它们规定各自开支最高限额。预算授权则为政府机构提供经费，但不得超过立法授权规定的最高限额。这种双重授权限制，加强了国会对行政部门的监督，使政府机构既受到各立法委员会的监督，同时又使立法委员会和拨款委员会相互制约，使国会的权力分散。② 美国财政预算首先保障社会福利开支，行政管理与预算局把开支分为"可控制"和"不可控制"两类，其依据是国会和总统在单一的预算年度中削减该项目的难易程度。不可控制的开支主要是津贴项目，尤其是社会保障计划。公民们在职时对这些项目做过贡献，一旦他们不在职（失业、工伤和退休了），他们就相信自己有权利为自己以前的"付出"获得回报。③

随着现代行政部门扩张，政府的开支不断增加，预算的编制就逐渐转移到行政部门手中。但是，预算的最终决策权仍然保留

① ［日］芦部信喜：《宪法》，林来梵等译，北京大学出版社 2006 年版，第 315—316 页。
② 李道揆：《美国政府和美国政治》（下），商务印书馆 2004 年版，第 596—597 页。
③ ［美］B. 盖伊·彼得斯：《税收政治学——一种比较的视角》，郭为桂、黄宁莺译，江苏人民出版社 2008 年版，第 102 页。

在代议机构手中。① 英美等不少国家甚至直接将立法程序适用于预算审批的过程，通过的预算即成为法案，与议会通过的其他法律具有同等的法律效力。这样，政府的一切收入和支出，都必须经由立法机构最严格的审查。这种审查能够最大限度地把民众意愿导入预算中，从而使预算收入和政府开支都最大限度地逼近民众的偏好。为了适应预算立法的需要，现代各国代议机构都在议会内部建立了完整的预算编制组织体系。无论是一院制议会，还是两院制议会，预算的具体审核都是由议院的各种常设委员会与其属下的各种小组委员会负责进行，各院都会设立预算委员会，负责对预算进行统筹，而最终的预算案则由议会大会——通常两院联合大会——审议表决。除此之外，参、众两院的拨款委员会

---

① 例如，2006 年 7 月 1 日美国新泽西州州长签署了一个 17 号行政令，下令新泽西州政府除警察、消防队、监狱等"基本的"政府部门以外的"非基本的"政府部门都暂时关闭，这些部门的公务员都临时下岗。起因在于：根据新泽西州的法律，在每年新的预算被州议会批准通过之前，政府不应当有新的花销。2006 年州预算批准截止日期是 7 月 1 日，新泽西州议会没能在该日之前通过新的年度预算，于是州长下令冻结那些"非基本政府部门"的运行。州议会之所以未能通过州政府的提案，原因是，新泽西州政府面临 45 亿美元的赤字，为此州长采取了一系列开源节流的做法，其中最大的建议是要求将新泽西州的消费税从 6％提高到 7％（意味着每一个家庭平均一年多开支 275 美元左右），期望以此每年获得 11 亿美元的进账，而这个提议遭到由民主党控制的州议会的反对，双方僵持不下，最后错过了预算批准的截止日期，于是出现州长下令关闭"非基本的"政府部门。但是，无论州长还是州议会都得罪不起选民。固然，增加税会得罪选民，然而一部分公共服务长期关闭以及大量公共雇员的"临时下岗"，同样也会惹恼选民。于是，从 7 月 1 日州长签署 17 号令起，州政府和州议会开始马不停蹄的谈判，连美国国庆日的假日都不休息了，州长据说也"睡在了办公室"。7 月 6 日，州议会里的民主党内部达成了妥协，表示愿意接受消费税从 6％增加到 7％，但是作为条件，由增税所得的收入，其中有一半必须用于缓解由于高不动产税对老年人口造成的压力。7 月 8 日，这一提案在新泽西州议会的上下两院通过，很快州长签署了 19 号行政令，下令解除 17 号令，各个"非基本的"政府部门重新开张，直到 7 月 10 日，基本上所有的政府部门都恢复工作，新泽西这场"预算战役"才平息下来。参见刘瑜《哪怕只增百分之一的税》，载刘瑜《民主的细节》，上海三联书店 2009 年版，第 8—13 页。

及其小组委员会也在很大程度上行使着预算审核权。除了这个政治程序之外，议会还会建立支持性机构，如美国国会设有自己的预算局，负责在经济形势预测和财政收入估计方面给两院的预算委员会提供技术上的帮助。尽管总统已经设立了预算管理局，但议会仍然建立自己的机构，为的是向国会议员提供更为客观中立的预算数据。正是通过这样一套体系，宪政国家的议会确实具有完整的编制、审查预算的能力。这种能力确保了议会不可能在预算问题上被行政部门欺骗，可以独立地制定出符合议会多数意愿的预算法案。民众大体上可以相信，这样的预算法案不会被行政部门控制，而是最大限度地体现着民众的意愿。①

三　独立的国家审计监督

"财政为庶政之母"，国家政务的开展及职能的实现必须仰赖于财政，国家财政上的收支究竟应由何者，透过何种程序编列、审议、执行及审计，不但涉及机关与机关间的权限分配，最终亦影响到国家财政之健全以及人民财政的负担。② 由于各国的公共财政主要来自于国民纳税及其他公共财产增值，因而监督公共财政，就是对国民的纳税行为负责；同时，公共财政开支经常直接或间接影响到社会福利，因而在现代，监督公共财政也体现了对公民社会权利和经济权利的保护。因此，现代国家无不建立了独立的国家审计制度。

国家审计是由国家设立的专门审计机关进行的、对公共财政

---

① 秋风：《什么样的税制才算优良？》，载传知行社会经济研究所编《税收的真相——公民税权手册 2007》，第 84 页。

② 萧文生：《现代民主法治国原则下的政府审计制度》，《中正法学集刊》第 18 期。

收支进行审查与稽核的活动，其目的是揭示财政资金管理中存在的问题，规范财政收支，从而推动政府廉政、实现人民对国民经济的管理。① 国家审计制度的基础为人民主权、权力制衡，人民运用审计，不仅是为了防止国家权力和法律发生不符合人民意志和利益的嬗变，而且是人民自己管理国家和社会，保证法律能充分和正确体现民意的一种必要选择。国家审计的法律监督以国家的成本核算和国家实现公共财政的效能为审查对象，不仅体现在合法性审计上，还体现在制约权力、节约资源、降低管理成本、提高政府效能等方面。②

审计制度最早出现于英国，英国于 1861 年在众议院中建立了独立的审计机构，专门向议会报告审计情况。1896 年纽约第一次公布《公证会计师条例》以后，审计制度开始在美国发展起来。目前，世界上已有 160 多个国家确立了审计监督制度。审计监督制度必须独立且应受到宪法层面的保护已为现代社会所公认，1956 年最高审计机关国际组织第二届布鲁塞尔国际大会就确保最高审计机关独立性提出"宪法应规定审计机关的机构设置和职能性质，还应有正式条款规定审计机关的独立性以及审计人员不得被任意撤换"等五条建议。1977 年最高审计机关国际组织《利马宣言》规定，"最高审计机关的建立及其独立的程度应在宪法中加以规定"；"国家机关是国家整体的一部分，因此，它们不可能绝对独立。但最高审计机关必须具备完成其任务所需的职能上和组织上的独立性"。目前，世界上绝大多数成文宪法国家都在其宪法中确立了国家的审计监督制度，明确规定了审计机

---

① 程洁：《国家审计监督的现代化与法治化》，《中国审计》2003 年第 1 期。

② 李季泽：《国家审计的法理》，中国时代经济出版社 2004 年版，第 3—4、11、21 页。

关的职责、权限、审计机关负责人的任免等内容。英国没有成文宪法，但通过一系列法律和宪法惯例规定了国家审计制度。由于各国经济基础性质、政治文化传统、经济结构因素、政治力量对比等不尽相同，各国选择了符合本国国情的各不相同的审计体制模式。例如，英国、美国、澳大利亚等国家选择了立法模式，法国、意大利、西班牙等国家选择了司法模式，中国、韩国等国家选择了行政模式，德国、日本等国则选择了独立模式。虽然各国审计制度模式不尽相同，但一般而言审计独立是各国的通例。

现代民主国家中，审计机关与其他机关各司其职、互相制衡，一般而言，行政机关负责预算的提案及其实施，立法机关负责预算的审议，审计机关负责预算执行及决算审定。审计机关作为国家财政收入与支出的监督部门，每年将预算执行情况和决算草案的审计结果，向国家权力机关报告，是现代民主国家通行的做法。可以说，国家审计对于保证国家财政收入与支出的健康运行以及国家财政向纳税人负责，发挥着至关重要的作用。

四　保障纳税人财政知情权

在现代社会，知情权是一项基本的人权，已得到国际社会普遍的承认[①]，2008 年《亚特兰大知情权宣言——关于推进知情权的亚特兰大宣言与行动计划》重申知情权为基本人权，应为所有文化与政府体制所共有。实践中，欧洲委员会、美洲国家组织、非洲人权和民族权委员会已通过明确的声明和宣言表达了其对知

①　《世界人权宣言》第 19 条，《公民权利和政治权利国际公约》第 19 条，《美洲人权公约》第 13 条"承认公民普遍享有知情权，政府必须为该权利的行使提供机制"，《非洲人权和民族权宪章》第 9 条所规定人类拥有"寻求、获取和传递信息"的权利，《欧洲人权宪章》第 10 条关于"获取和传递信息"的权利的类似规定。

情权的认可，经济合作与发展组织已开始制定关于知情权的重要计划，最近联合国反腐败公约针对各国政府保证公众有效的知情权作出明确的要求。

纳税人财政知情权是纳税人所有权利的基础，正如麦迪逊指出的那样："不予民众信息或不予其获取信息之手段，则所谓民众之政府或为滑稽剧之序幕，或为悲剧之序幕。不，亦为此两者。知识务须支配无知，而且意欲担当统治者的国民必须以知识所给予的力量武装自己。"① 因此，对政府而言，财政公开是国家财政的基本准则，阳光财政乃民主的必然要求。在一个民主制度里，公众只有在完全知晓政府运作的前提下才能决定公共事务，因为纳税人为政府行为支付账单，他们应该有权利知道政府在做什么。"在人民享受真正自由的国度里，赋税分配是不能恣意妄为的。应当让人民知道，他们缴纳的赋税用在哪些地方。掌权者应当向人民作报告，因为他们只是公帑的管理者，而不是所有者。"②

与纳税人财政知情权相应的是政府的财政公开，所谓财政公开是指"除法律规定须保密者外，政府及其使用财政资金的所有单位有义务向社会公开其财政收支的数额、来源、使用效果、过程，接受社会公众的质询、监督和约束"③。故财政公开，乃是公民行使知情权、参政权和监督权的基本前提和重要内容，而且是规范财政权力的行使、限制财政权力滥用的重要措施，亦即公

---

① Madisom 给 W. T. Barry 的信（1922 年 8 月 4 日），转引自林爱珺《舆论监督与法律保障》，暨南大学出版社 2008 年版，第 6 页。

② ［法］霍尔巴赫：《自然政治论》，陈太先、眭茂译，商务印书馆 2002 年版，第 249 页。

③ 宋槿篱：《关于财政公开问题的研究》，载刘剑文主编《财税法论丛》第 4 卷，法律出版社 2004 年版，第 338 页以下。

开是监督的前提。透过财政公开，国家方得具有财政透明度可言。自第二次世界大战以来，开放政府成为政府民主化与法治化的一个最新标志，国际货币基金组织（IMF）的《财政透明度良好做法守则》，规定的财政透明度四项基本原则是：○作用和责任的澄清，涉及确定政府的结构和职能、政府内部的责任以及政府与经济中其他部门的关系；②公众获得信息的难易程度，强调在明确规定的时间公布全面财政信息的重要性；③预算编制、执行和报告的公开，涉及提供关于预算程序信息的种类；④对真实性的独立保证，涉及数据的质量以及对财政信息进行独立检查的需要。

根据税收的征收与支出流程，一般来说，纳税人的知情权主要包括四个方面：对税收政策制定的知情权，对税收政策内容的知情权，对税收管理的知情权以及对税款支出方向、效率的知情权等，其保障途径主要如下：

首先，通过宪法及财政法的规定予以保障。"财政公开主义"是近代以来财政法的一项基本原则，在一些法治国家已通过宪法明文确立。例如，美国《宪法》第 1 条第 8 款规定：一切公款收支的报告和账目，应经常公布。法国《共和国元年宪法》规定：部长或经管人签署并证明的各部支出细账，应在每次立法议会会期开始时印刷公布之。各种赋税和一切公共收入的收支状况，亦应以同样方法公布之。日本《宪法》第 91 条规定，"内阁必须定期，至少每年一次，对国会及国民报告国家财政状况。"1978 年修订发布的《日本财政法》第 46 条规定：内阁在预算成立后，必须立即把预算、前年度岁入岁出决算及公债、借款和国有资产的现有额及其他有关财政的一般事项以印刷品、讲演和其他适当的方式向国会及国民报告；除上述规定外，内阁至少要在每季度向国会及国民报告预算使用情况、国库情况及其他财政情况。

其次，程序方面可操作的法制保障。美国在 1998 年颁布的第三部《纳税人权利法案》（Taxpayer Bill of Rights 3，TBR3）中要求加强信息披露，责成财政部长制定一系列便于纳税人知悉和了解税法的信息通告，征税机关对税法任何的解释和说明均必须及时提供和告知纳税人。英国《纳税人权利宪章》将信息权与获取帮助权一并规定，"税务局和海关负有帮助纳税人了解并履行税法所规定的相关义务的责任"。加拿大《纳税人权利宣言》中，纳税人可以要求税务机关提供如何纳税与如何提起复议和诉讼的信息资料。澳大利亚《情报自由法》为所有的纳税人提供了知情权利。根据《情报自由法》的规定，每个人都拥有合法的可强制执行的权利以获得联邦政府机构的文件（除了法律规定保密的文件外）或部长的官方文件。情报自由法使纳税人可以介入非常广泛的信息情报范围，这比他们过去所拥有的介入权要宽松得多。OECD 在 1990 年关于纳税人的权利和义务的调查报告中，也将"纳税人有权获得最新的有关税制实施和税额评估方式的信息"作为纳税人保护的一项基本原则。[1]

五　当代西方纳税人基本权保护的新课题

（一）民主政治导致"租税国危机"

现代民主制度具有一种扩张税收规模的内在机制。因为，一方面，民众普遍地以为，政府只是对富人征税，自己则是这些税款的受益者。民主制度下所制定的某些税制，比如累进的个人所得税，更容易让人们产生这种幻觉。另一方面，在财政支出方面，公共选择学派认为，政治家们总是倾向于实行宽松的财政政

---

[1]　楚望台：《各国对纳税人权利的保护》，传知行社会经济研究所编《税收的真相——公民税权手册 2007》，第 107 页。

策，这样能赢得更多的选票。公共选择当事人也会由于种种原因常常不会去约束政府扩大开支的计划，反而会支持开支的扩大。在财政支出方面同样存在"幻觉"，公共支出的收益和个人分担的成本之间的关系往往比较模糊，公共选择当事人会错误地以为赋税既定，政府支出越大个人收益越大。因此，学者指出："在单纯民主制度下，议会已丧失支出控制者及刹车手的传统角色……由于顾及选民与压力集团，成为主动及乐于补助之国家支出推动者。"[1] 议会内部的选票交易，会诱导每一个临时凑合而成的多数派利用自己具有决策权的机会，剥夺其他群体，增进自己群体的利益。而每一种税开征之后，几乎不可能废除，税率的上调也具有刚性。长此以往，国民整体的税收负担会越来越沉重。

现代民主制度下，政府有着举债的倾向，政府通过举债代替课税，可以减轻来自纳税人反对课税的压力。而相比纳税，个人也往往因为举债可以减轻现时纳税的压力而愿意选择支持政府举债。按照西方财政幻觉假说，当政府用债务融资代替税收融资时，由于公债的资产效应，个人在持有公债时往往认为是自己的资产增加了，而不认为是未来纳税义务增加了，个人没有负担将来税收的预期或无法完全预期到举债所含的未来纳税义务，因此，"理性的个人常常选择以发行国债方式为所有公共物品和劳务融资"（布坎南，1964）[2]。由于政府和个人都愿意举债，20世纪西方国家政府公债急剧增加。

此外，自第二次世界大战以来，国家被要求积极地采行社会

---

[1] 葛克昌：《租税国危机与其宪法课题》，载葛克昌《国家学与国家法》，月旦出版公司1996年版，第108页。

[2] 李一花：《"财政自利"与"财政立宪研究"》，《当代财经》2005年第9期。

经济的措施，西方福利国家在实践中产生了诸多问题：（1）福利制度的推行，不可避免地加重了纳税人的负担，加剧了社会矛盾。20世纪80年代，西方世界开始兴起规模巨大的纳税人运动，有学者曾对此作出了悲观的预测，"当社会上的实际税率上涨到个人收入的百分之三十五或者更多时，当人们越来越意识到税收在不断上涨时，他们就会有新的不满，除非政府能够详细说明增加税收的原因……结果，政治动荡陡然加剧。在未来十年，我们也许会亲眼目睹西方现行党派制度的解体"①。（2）福利国家政策使得政府的支出一再膨胀，原有的以税收为主要形式的财政收入结构，不能满足财政的需要。为了满足不断扩大的支出，政府必然不断开拓新的财源，一方面政府转向特别公课，另一方面发生了大量赤字，政府开支长期地、大量地依赖债务收入。巨额债务在给政府带来严重的财政负担的同时，也产生了民主宪政体制的危机：首先，政府债务事实上课予为了该支出而收入的义务。从而，如果仅出于政府的需要而征税，将会产生国会的财政决定权事实上受制约的结果，使得权力分立的传统宪法理论面临新的挑战。其次，债务负担不仅是课予将来支出的义务，按民主政治体制下政府权力系附有期限，不论政府或国会权力均只能行使至下届选期为止。现今政府发行公债事实上乃是课予未来政府以返还本息的义务，这侵犯了未来政府的收入权及未来国家的立法权，破坏宪政体制，故属违宪之越权行为。因此，如果政府的这种收支行为在没有外部有效约束的情况下，政府行为的扭曲和过重的负担就会对社会经济运行与发展造成极大的损害，也就会激起纳税人的不满和反抗。

---

① ［美］丹尼尔·贝尔：《资本主义文化矛盾》，赵一凡等译，三联书店1989年版，第306页。

综上，西方民主政治、福利国实践，一方面，一些国家因此产生了巨大财政赤字、饱受内外债务困扰，甚至造成财政危机；另一方面，还造成了"租税国危机"，"租税国"有转向"公课国家"、"公债国家"的危机，"租税国"基础动摇势必影响法治的基础，人们不禁惊呼"国家不消灭公债，公债将消灭国家"。正如德国宪法学者 Isensee 指出，财政危机的议题与福利国家"民主政治发展，大都由'财政危机'转为'经济危机'，最后陷入'宪法危机'之不归路"[①]。

（二）从公共选择到财政宪法

从经济学上来看，19 世纪的德国著名的经济学家瓦格纳根据实证的研究发现，"随着社会经济的不断发展，国家财政支出呈现出来一种不断上升的规律性趋势"，此后一些经济学家进一步用计量方法检验了这一假说的有效性，这一趋势性现象被称为"瓦格纳定律"。政府事务的增多及机构的不断扩张，必然导致开支越来越庞大，纳税人负担亦越来越沉重。在现代社会，人们逐渐认识到：税收跟国家一样是一个必要的恶，因为它动用了强制，因此应该像对待国家权力一样，把它降低到最低限度。当代西方学者设计了许多方案，例如诺齐克提出了"最低限度意义上的国家"[②]，而激进的丹麦进步党致力于切实削减税收，并试图将丹麦所有的政府活动都私有化，其领导人甚至提出丹麦的防务削减到只需要一部电话机的钱就可以了，通过这部电话，任何一

[①]　转引自葛克昌《租税国危机及其宪法课题》，载葛克昌《国家学与国家法》，月旦出版公司 1996 年版，第 95 页。

[②]　［美］罗伯特·诺齐克：《无政府、国家和乌托邦》，姚大志译，中国社会科学出版社 2008 年版。

个打来电话的人都可以听到"我们投降了"①。但现代社会国，政府必须为公众提供福利，征税不可避免。因此，如何有效地控制征税规模，在政府征税权与纳税人财产权保护之间寻求平衡成为民主国家所面临的现实课题，对此，公共选择学派的理论为我们提供了有益的思路。

公共选择理论的核心为民主财政理论，即应在宪法的框架内有效地控制政府的一切收入和支出，确保经公众一致同意后，能真正地实现税的"取之于民，用之于民"。在传统政治学看来，国家被看做是代表全社会的唯一决策单位，国家将所有个人的利益统一起来，并致力于社会福利的最大化。公共选择理论对此进行了颠覆，它把经济人假定、经济学的成本——收益计算引入政治决策的分析，认为在追求私利最大化上，"政治人"和"经济人"并没有什么本质的区别，政府官员政治行为的目的和市场中的个人一样，也是追求个人利益最大化。② 作为公共选择者的投票人和国家机构的代理人在集体选择或作公共决策的过程中，同样要进行个体的"成本与效益"分析。

---

① ［美］B. 盖伊·彼得斯：《税收政治学——一种比较的视角》，郭为桂、黄宁莺译，江苏人民出版社 2008 年版，第 178—179 页。

② 布坎南所创立的公共选择理论有两项核心要素：一是将政治视为交易的概念，即政治领域是各种利益集团讨价还价的谈判场所；二是经济人模型，即政府首先是一个谋求自身利益最大化的自私性组织。参见［美］詹姆斯·M. 布坎南、戈登·塔洛克《同意的计算：立宪民主的逻辑基础》，陈光金译，中国社会科学出版社 2000 年版。在诺斯的国家理论所设计的国家模型中，统治者以自身福利或效用最大化为目标。具体而言，其目标有二：一是界定形成产权结构的竞争与合作的基本原则，以使统治者的租金最大化；二是在第一个目标的框架中降低交易费用以使社会产出最大，从而使国家税收增加。但是，诺斯指出国家的上述两个目标并不完全一致，当二者一致时，国家是经济增长的关键，当二者不一致时，国家又是人为经济衰退的根源，这就是所谓的"诺斯悖论"。参见诺斯《经济史中的结构与变迁》，陈郁等译，上海三联书店 1994 年版，第 20 页。

"有限政府"是一个可取的理想，那么，适度的税收规模就指与有限政府相匹配的那个税收规模。当然，究竟怎样算适度，这是一个公共选择问题。詹姆斯·布坎南指出，一个社会可以通过制定某种"财政宪法"，限制政府、也限制民意代表基于某种权宜的考虑，过分地扩张税收规模。布坎南认为财政收入即税收是财政运行的关键，要严格地阻止一切歧视性的权力如征税权的滥用，除非实施平等适用于每个人的抽象性的普遍规则。因为，规则越抽象就越与个人的具体偏好和利益无涉，就越合乎大家都能接受和认可的利益即公共利益的要求，也就越能趋向"一致同意"并最终达成谅解协议。而宪法的普遍性和原则性恰好能满足这一条件，宪法文本的存在本身，就是对民主的一种限制，它意味着，有一些对于个人来说至关重要的自由和权利，即便是多数人都表示同意，也不能随意侵害。因此，应当先于支出在立宪阶段确立税收的规模和结构。这是因为在立宪阶段，人们还不知道自己将来在制度结构中的地位，"无知之幕"使人们不了解自己究竟会成为穷人还是富人，于是大家都愿意选择公平的而不是偏私的税制。[①] 此外，布坎南还认为政府收入大量地依赖于公债而不是征税权受纳税人（通过国会）控制的税收，会使公民对政府行为的控制能力越来越小，将使行政部门的权力得不到应有的控制，这将破坏宪政制度的稳定。为此，他们提出财政立宪主义，主张制定宪法上的限制规则，压缩赤字规模，将预算平衡和相关财政原则写进宪法，以约束政府权力。布坎南指出，"预算不能离开民主政治的海洋浮游，它们只能建立在对外部形式的种种约

---

① 刘蓉、刘为民：《宪政视角下的税制改革研究》，法律出版社 2008 年版，第34 页；刘丽：《税权的宪法控制》，法律出版社 2006 年版，第 91 页。

束之中"①。"要防止可能存在的对国家的利用，唯一的手段是契约立宪约束，它能严格限定国家活动和国家职能的范围。当政治被限于只担负少量的并明确的任务时，是不可能有严重的掠夺性的。"②

布坎南认为，财政立宪就是对财政事项进行基本规则的约束，其中的财政事项主要包括征税权、货币发行权、举债权以及财政支出权等。他所说的基本规则就是生成规则的规则，产生制度的制度，即元规则、元制度。③ 公共选择学派提出的财政立宪理论，主张在立宪的阶段就制定出近乎永久的、基本的、稳定的财政制度以此来限制政府的税收和支出。著名经济学家弗里德曼主张制定一部"货币宪法"，即在承认政府具有发行货币的垄断权的前提下，在宪法中详尽规定政府所应遵循的货币供应程序作为对这种垄断权施加某种刚性的规则，使政府不至于滥用这种权力。④ 孙斯坦教授在《自由市场和社会正义》一书中以对关税的禁止、平衡预算对征税权的限制、禁止对货币的进出口进行控制为例，主张制定调整政府和经济之间关系的"财政宪法"，指出所谓财政宪法"是调整处理政府和经济之间的关系的文件"⑤。乌尔弗拉姆在《纳税人权利和财政宪法》中提出财政

---

① ［美］詹姆斯·M. 布坎南、理查德·E. 瓦格纳：《赤字中的民主》，刘廷安等译，北京经济学院出版社 1988 年版，第 177 页。

② ［美］詹姆斯·M. 布坎南：《自由、市场与国家》，平新乔译，上海三联书店 1989 年版，第 130 页。

③ ［澳］布伦南、［美］布坎南：《宪政经济学》，冯克利等译，中国社会科学出版社 2004 年版，第 120 页。

④ ［美］米尔顿·弗里德曼：《资本主义与自由》，张瑞玉译，商务印书馆 2007年版，第 43 页以下。

⑤ ［美］孙斯坦：《自由市场与社会主义》，金朝武等译，中国政法大学出版社 2002 年版，第 295 页。

宪法就是"保护纳税人权利免受无限政府侵害的一套程序性安全装置"①。

　　当代西方各国宪法中无不包含了大量财政方面的内容，虽然各国宪法中有关财政条款的具体内容和繁简程度不尽相同，但总的来说相当丰富、细致和明确。概括地讲，宪法中包含的财政条款主要涉及八个方面：一般性条款、税收条款、公共支出管理条款、政府预算管理条款、公债管理条款、政府间财政关系条款、财政监督条款和程序性条款。宪法中的财政条款，一方面对政府财政管理权力的行使形成了最高的法律约束，另一方面使政府的公共财政活动有所遵循，有所归依。②

第二节　制定纳税人权利保护法

　　自 20 世纪 80 年代以来，纳税人权利在第三次税制改革浪潮的契机中，得到了全球性的普遍关注和保护。各国先后以"纳税者权利宣言"、"纳税者权利宪章"等方式提出纳税人权利保护的内容，之后开始尝试以立法明文化的方式更进一步落实，已形成一股潮流。欧盟明确要求其成员国尊重和保护人权，并积极推动税收领域的纳税人保护；OECD 更是在 20 世纪 80 年代末对其成员国进行了一次纳税人权利保护状况的全面调查，并在 1990 年公布了一份调查报告，敦促其成员国加强纳税人权利保护。纳税人权利保护在当代国际社会已蔚然成为潮流，不少国家为了表明政府对纳税人权利保护的信心和决心，均以不同的立法直接对纳

---

　　①　转引自李龙、朱孔武《财政立宪主义：我国宪法时刻的理论基础》，《法学杂志》2004 年第 1 期。

　　②　陈必福：《财政立宪：我国宪政建设之路径选择》，《亚太经济》2005 年第 6 期。

税人权利作出集中的规定，以明白、醒目的形式确立纳税人权利的崇高地位，促使全社会关注和改善纳税人权利。各国立法例如下。[①]

一　原则指导性的立法例

英国 1985 年《纳税者权利宪章》（The Taxpayer's Charter)、澳洲《纳税者权利宪章》(The Taxpayer's Charter)、新西兰 2000 年《内地税宪章》（Inland Revenue Charter)、加拿大 1985 年和 2002 年两度公布《纳税人权利法案》(Taxpayer Bill of Rights)、法国《纳税人宪章》(Charte du contribuable)、西班牙《纳税人权利宪章》（Carta de Derechos del Contribuyente)、墨西哥《纳税人权利宪章》（carta de los derechos del contribuyente)、意大利《纳税人权利宪章》(Statuto del Contribuente) 等。尽管这些宣言、宪章大多不具有法律效力，但其中对纳税人权利的承诺确实为征税机关自身所遵循，这为纳税人提供了法定权利之外的更多保护。

二　修正既有税法的立法例

（1）美国联邦分别于 1988、1996 与 1998 年三次制定纳税者权利法案，其立法主要目的即在于把"正当法律程序"的观念注入税收稽征程序，纠正内地税法中对纳税人权利保护不周的规定，同时制衡内地税局的稽征权力。美国 1988 年纳税者权利法案，其重要内容有：①协谈调查之录音权。②受告知稽征程序进

---

① 参见黄俊杰《税捐基本权》，元照出版公司 2006 年版，第 3—9 页；葛克昌主持台湾地区"财政部"2005 年度委托研究计划"纳税人权利保障法可行性研究"第 2—4 页；陈敏绢《日本纳税者基本权利之初探》，《财税研究》2004 年 7 月。

行之权利。③协谈程序中有咨询税务代理人之权利。④有权选任代理人。⑤因可归责于内地税局提供错误建议者，应减轻罚款金额。⑥纳税义务人遭受苦情时，纳税者监察官有发布协助调查之权。⑦内地税不得以税务员执行税捐之成果作为绩效评量基础。⑧得协议以分期付款缴纳税款。⑨纳税义务人于穷尽行政救济程序后，税务法院如认为内地税局之主张并非充分正当，而判决纳税义务人胜诉者，得附带判决内地税局负担诉讼费用。⑩因内地税局人员故意或重大过失，对于纳税义务人就其实际发生、直接经济损失所负之民事赔偿，以美金 10 万元为赔偿上限。⑪扣押纳税义务人之财产，应至少于 10 天前，制作通知单。1996 年 6 月及 1998 年 7 月分别通过第二次、第三次权利法案，前者针对以下重点，①稽征与征收之正当法律程序，②纳税者保护官的设置与任务执掌，后者乃内地税局再造与改革法，创设内地税捐监控委员会，将稽查与征收之正当法律程序落实于稽查及征收程序。

（2）韩国是在 1996 年 6 月，面对纳税者权利关注度日益高涨的情况，乃提案修正国税基本法引进有关纳税者权利的明文规定，于第 7 章第 81 条之 2 以下制定《纳税者权利》专章，规定稽征机关执行税法时，应遵守的基本行为准则，例如第 81 条之 5 要求稽征人员，除有违反协力或漏税违章外，应推定纳税者为诚实或其所提出之申报书为真实；以第 81 条之 6 要求稽征人员为调查国税而检查账簿、书面或其他资料时，必须于调查开始 7 日前，依法通知其调查标的的税目、调查事由。

（3）日本"自由人权协会"1986 年 2 月提出《纳税者权利宣言》，其内容包括：①最低生活费用不课税。②接受适当正确程序之权利。③有救济违法课税之权利。④纳税者有统制租税征收方式与税款使用之权利。⑤薪资阶级纳税者权利。⑥纳税者之隐私权。⑦对信息公开参加财政过程公开之权利。1996 年东京地方税理会则提出《纳税者权利宪章》，内容有："一、前言部分：纳税者权利系指：超越租税实体法规定部分，有不被课税之权利。有享受租税程序所规定程序保障之权利。享受其他宪法所规定之国民保障之权利。二、接受有关税务信息之权利。三、自行申报纳税之权利。四、享有不必支付正确税额以外之权利。五、公正、公平、礼遇的被对待处理之权利。六、享受正当程序保障之权利。七、对于公益代表人申诉苦情之权利。八、得向具有独立机关声明不服之权利。九、得参加租税立法之权利。十、监督税金用途之权利。十一、享有保持秘密及保护隐私之权利。"2002 年 7 月 12 日，日本民主党、日本共产党及社民党在野三党向众议院提出《在税务行政上有助于国民——纳税者权利保护之国税通则法部分修正法律草案》，要求规范税务行政的基本理念与贯彻正当法律程序。

三　国际组织的立法建议

（1）OECD 在 1990 年为成员国制定了《纳税人宣言》范本，规定了纳税人的基本权利：①信息权。纳税人有权要求税务机关提供有关税制及如何测算税额的最新信息，同时，税务机关要告诉纳税人包括诉讼权在内的一切权利。②隐私权。纳税人有权要求税务机关不侵害其个人权利，纳税人有权拒绝税务机关无理搜查住宅及被要求提供与正常课税不相关的信息。③只缴纳法定税款的权利。纳税人有权考虑个人的具体情况和收入多少并按税法规定只缴应纳税金，拒缴额外税金。④税收预测与筹划的权利。纳税人对自己的经营行为的课税结果有权进行预测和税收筹划。⑤诉讼权。纳税人对税务机关行政行为的合法性、适当性存在异议时，有权提起诉讼。[①] OECD 建议各成员国对其所拟采行的宪章作因地制宜的调整，其本虽不具备法律地位，不过 OECD 仍建议其成员国尽可能在立法上：①尚未公布纳税人权利宪章的国家和地区可以考虑公布宪章，以勾勒出纳税人之权利及义务。②已经公布纳税人权利宪章的国家和地区则被鼓励尽量给予国（地区）内纳税人与该组织所公布的《示范宪章》内相同的权利义务保护。

（2）欧洲"世界纳税人协会"1996 年 6 月 15 日于匈牙利布达佩斯集会，通过《纳税人宪法权利宣言》，对欧盟及其成员国提出八点关于纳税人权利的宪法层次的要求：①于宪法层次上制定关于纳税人的负担上限；②于宪法层次上制定政府支出的上限；③于宪法层次上要求政府应对于政府支出、预算过程、审计过程提供完整而正确的资料与纳税人知悉；④于宪法层次上要求政府明定公债上限；⑤于宪法层次上要求明定足以维持生活水平的免税额；⑥于宪法层次上要求明定财货、劳务、各种收入来源应最大限度地由私人或私部门提供；⑦于宪法层次上要求明定相对应机制，以避免因通货膨胀导致隐藏性的税捐增加；⑧于宪法层次上避免不同国家间对收入重复课税。

四　我国台湾地区《纳税者权利保护法》（草案）

2004 年 4 月，我国台湾地区泛紫联盟抗议税制不公，发出"税制不公，人民叹声"的呼吁。2005 年 3 月 29 日，由泛紫联盟与台北律师公会等团体共同策划《纳税者权利保障法》，认为台湾也需要自己的纳税者宣言，借此昭明人民权利意识，提升公民社会主动制衡及监督政府的权力，使政府施政不负人民的托付，而发表《纳税人也有权利》——《纳税者权利保障法》立法

---

① 萧红：《保护纳税人权利的国际趋势》，《中国税务报》2001 年 8 月 7 日。

原则说明新闻稿。其后，于同年 4 月 8 日举办《纳税者权利基本法》公听会，针对纳税者权利受宪法保障、现行税制及课税执行上不公之处与纳税者权利保障法案之诉求，提出讨论，以期落实于立法。权利宣言共十项内容：①全体纳税者有最低生活费不受课税的权利；②全体纳税者有受平等课税的权利；③全体纳税者有仅依法律纳税的权利；④全体纳税者有要求稽征机关严守正当法律程序的权利；⑤全体纳税者有请求适当救济的权利；⑥全体纳税者有不受过度执行的权利；⑦全体纳税者有不受重复处罚的权利；⑧全体纳税者有预测及规划税负的权利；⑨全体纳税者有提起纳税者诉讼的权利；⑩全体纳税者有要求财政公开透明的权利。《纳税者权利保障法》（草案）对于纳税者之基本权保障有下列重要规定：第 3 条，最低生活费不受课税权利。第 4 条，租税法律主义。第 5 条，个人税捐负担之公平。第 6 条，租税规避责任的法制化。第 7 条，租税优惠不应过度牺牲公平课税。第 8 条，税捐债务之继承。第 9 条，财政资料公开。第 10 条，解释函令之公开。第 11 条，提起纳税者宪法诉讼权利。第 12 条，正当程序保障。第 13 条，课税调查。第 14 条，稽征机关应负举证责任。第 15 条，推计课税。第 16 条，禁止过度原则。第 17 条，减责事由。第 18 条，违反扣缴义务之处罚上限。第 19 条，税捐复查委员会之设置。第 20 条，行政救济权利之加强保障。第 21 条，税务行政法庭与税法实务问题研究委员会之设置。第 22 条，纳税者权利保护咨询委员会之设置。第 23 条，纳税者权利保护咨询委员会之职掌。第 24 条，奖助财税法学之研究。第 25 条，纳税者权利保护官之设置。

五 我国纳税人权利保护法立法建议

在我国，长期以来纳税人权利未受到重视。随着市场经济的进一步深入，以及广大纳税人权利意识的提高，这种状况正在逐渐改变。2009 年 12 月，国家税务总局发布公告，首次对纳税人的权利和义务进行告知，公告称，纳税人在履行纳税义务过程中，依法享有知情权、保密权、税收监督权、纳税申报方式选择权、申请延期申报权、申请延期缴纳税款权、申请退还多缴税款权、依法享受税收优惠权、委托税务代理权、陈述与申辩权、对未出示税务检查证和税务检查通知书的拒绝检查权、税收法律救济权、依法要求听证权、索取税收凭证权。值得注意的是，国家税务总局在公告的行文中，对纳税人称呼是"您"，语气非常谦逊，与以前的公文行文风格有很大的区别，更重要的是该公告首次将"纳税人"和"权利"联系在一起。但遗憾的是，目前无论是《税收征收管理法》还是国家税务总局的《公告》，其中所规定的均为纳税人在税收征管过程中所享有的程序性权利，尚未涉及宪法层面上的纳税人基本权。因此，有必要制定一部包含纳税人基本权在内的专门的《纳税人权利保护法》。

当前，世界各国有关纳税人权利保护立法的特点是：英美法系国家纳税人权利保护立法重点在于强调正当法律程序在税收稽征中的运用，赋予纳税人诸多程序性权利，而鲜有涉及实体性权利。而 OECD 的《纳税人宣言》范本、欧洲"世界纳税人协会"的《纳税人宪法权利宣言》、日本《纳税者权利宣言》和《纳税者权利宪章》、我国台湾地区《纳税者权利保护法》（草案）等法律文件除了列举大量纳税人程序性权利之外，更写入了大量涉及纳税人财产权保护及规范税款用途的实体性权利。此外，世界各国有关纳税人权利保护立法例主要有以下三种形态：①定位为宪法性基本法模式；②汇编法模式，即由专门的权利保障法来汇编现行法律中有关的规定，具备法律的强制效力，使权利保障体系更加完整；③示范法、宣言法模式，即将纳税人的应然权利和实然权利加以罗列和宣告，作用在于使权利体系化，为未来立法提供借鉴与立法规则。我国如果制定《纳税人权利保护法》，应如何定位？笔者认为，就我国目前的国情而言，制定包含纳税人程序性权利与实体性权利，尤其是突出纳税人基本权的《纳税人权利保护法》有重要的现实意义。但是，我国的《纳税人权利保护法》只宜定位于示范法、宣言法的模式，因为如果定位为宪法性基本法模式，将与现存法律存在大量冲突，大量法律法规面临修改，因此基本不具有现实的可行性，而汇编法模式的缺陷在于由于只是现行法律中有关规定的汇编，并未创立新的内容，难以在纳税人基本权方面实现突破，因此在某种意义上可以说是立法资源的浪费。

第三节　纳税人基本权的司法救济

西谚有云，"无救济，无权利"、"救济先于权利"。"凡权利受到侵害时应有法律救济之方法，此为权利本质。"[1] "法律和救济，或者权利和救济这样的普通词组构成了对语。"[2] "很难设想有一种没有救济办法的权利；因为缺少权利和缺少救济办法是互为因果的。"[3] 事实上，正如戴雪所指出的那样，"承认个人自由权的存在并无丝毫的困难，亦无甚益处。其实在的困难乃在于如

---

① ［英］威廉·韦德：《行政法》，徐炳译，中国大百科全书出版社1997年版，第95页。

② ［英］戴维·M. 沃克编：《牛津法律大辞典》，邓正来等译，光明日报出版社1988年版，第764页。

③ ［英］威廉·韦德：《行政法》，徐炳等译，中国大百科全书出版社1997年版，第475页。

何使其实行保障"①。国家征税被视为对纳税人的一种合法的"侵害"，保护纳税人权利的核心就是使纳税人获得有效、平等的防卫权，使纳税人在忍受税收这一"侵害"的同时，拥有抵御不法侵害的防卫权。但是，"强制私人尊重法比较容易，国家在此可起举足轻重的仲裁人的作用，而强制国家尊重法比较不易，因为国家掌握着实力。"②　在封建社会，由于租税的承担者完全处于被动的、被强制的地位，纳税人权利缺少有效的体制内救济途径，只有当租税负担到了不堪容忍之时，矫正这种税收不公正的方式便是暴动和起义。但这种监督成本过于高昂，不严重超出纳税人的承担底线不会被轻易使用。而在现代民主法治社会，赋予权利被侵犯者诉权，利用司法判决对纳税人权利进行救济为通例。③

一　对纳税人自由权的司法救济

（一）明确宪法税概念

宪法是人民权利的保障书，宪法中规定公民有依照法律纳税的义务，但是，公民并不因此条款而直接承担纳税义务，该条款还必须通过普通法律加以具体化。但是，民主的立法程序却并不一定能保证良法的产生，遵循多数决的民主原则通过的法律并不能排除侵犯少数人的权利和自由的风险，即存在着"多数人暴政"的可能。"多数人暴政"与一个人专制独裁相比有一定的进

---

①　转引自邱汉平《宪法上关于人民之权利规定之商榷》，载邱汉平《邱汉平法学文集》，中国政法大学出版社 2004 年版，第 318 页。

②　[法] 勒内·达维德：《当代主要法律体系》，漆竹生译，上海译文出版社 1984 年版，第 74 页。

③　纳税人基本权中已为具体法律所明确规定的权利受到公权力的不当侵犯，可以通过正常的行政诉讼途径予以救济，而纳税人基本权中尚未被具体法律所明文规定的权利内容往往要通过司法违宪审查、纳税人诉讼等途径救济。由于纳税基本权救济方面的行政诉讼与其他行政诉讼并无不同，本书不再赘述。

步性，但正如杰斐逊所指出的那样："一百七十三个暴君必然与一个暴君一样具有压迫性……一个由民主选举产生的专制政府并不是我们奋斗所寻求的目标。"① 由于民主尚不足以保障人权不受来自于立法权的侵犯，在立宪主义者看来，"宪法只不过是一套限制政府权力的方案。今天的公民是缺乏远见的，他们极少自制力，散漫得很，总倾向于牺牲永久性原则以获得短期的快乐和利益。宪法是治疗这种短视症的制度化的药方。它以约束性规范的名义剥夺一时的多数派的权力。宪法是清醒者彼得，而选民是醉鬼彼得"②。因此，立法权必须受到作为"高级法"的宪法的内在限制。

宪法在国家法律中具有最高的法律地位，是税法的立法依据和立法渊源，可以说宪法是人民基本权利之保障书，而税法则是具体化之宪法。税法之制定及施行应遵循宪法精神，税法所得限制基本权利之范围，更应以宪法为其界限。立法者在具体化宪法条款时不得滥用其立法形成自由，以保障公民基本权利不受违宪的立法限制。对税收立法而言，从内在规定性来说，宪法中的税概念是判断普通法律中的税的正当性的判断标准，是立法者进行税收立法的依据，同时宪法税概念隐含了国家与纳税人之间的权利义务关系，纳税人对国家征税权与用税权的监督，为纳税人基本权保障的武器，"如果立法者制定法律，课赋人民之义务，虽名之为'税'，而实质并非宪法所称之'税'，除别有其他宪法依据外，人民即无服从缴纳之义务"③。

---

① ［美］杰斐逊：《杰斐逊文集》，刘祚昌、邓红风译，三联书店 1998 年版，第 111 页。

② ［美］史蒂芬·霍姆斯：《先定约束与民主的悖论》，载埃尔斯特等编《宪政与民主》，潘勤等译，三联书店 1997 年版，第 224 页。

③ 陈敏：《宪法之租税概念及其课征限制》，《政大法学评论》第 24 期。

　　我国宪法中，直接涉税的条款只有一条，即第 56 条规定：
"中华人民共和国的公民有依照法律纳税的义务"，虽然这是典型
的税收法定主义的表述方式①，但由于权威的宪法解释机关未对
何为宪法之税作出解释。从语义上理解该条款可能包含两层意
思，其一是公民有纳税的义务；其二是公民的这种纳税应该依照
法律。但问题在于，该条款中的"法律"究竟是仅指狭义的法
律，即最高国家权力机关所立之法，还是广义的法律？对于该条
款中是否包含税收法定主义原则，学界运用文义解释、目的解
释、体系解释等相同的法律解释方法，却得出了肯定说和否定说
两种结论。② 一种认为，这一规定隐含了或揭示了税收法定主义
的意旨。③ 另一种则认为，该规定仅说明了公民的依法律纳税的
义务，并未说明更重要的方面，即征税主体依法律征税，因而无
法全面体现税收法定主义的精神；但立法机关在《税收征收管理
法》第 3 条规定："税收的开征、停征以及减税、免税、退税、
补税，依照法律的规定执行……"以此来弥补宪法的缺失，使得
税收法定主义在税收法律中而不是在宪法上得到了确立。④ 由于
对宪法上税的含义并不明确，宪法税概念与税法中的税概念的内
涵是否相同亦不明确，因此实践中税收立法、执法、司法产生混
乱在所难免。

　　德国基本法对税的概念并未予以明确解释，而联邦宪法法院

　　① 我国台湾地区"宪法"第 19 条规定："人民有依法律纳税之义务"，司法实
践中"大法官会议"通过一系列解释文最终确立了"租税法律主义"。

　　② 李刚、周俊琪：《从法解释的角度看我国〈宪法〉第五十六条与税收法定主
义——与刘剑文、熊伟二学者商榷》，《税务研究》2006 年第 9 期。

　　③ 饶方：《论税收法定主义原则》，《税务研究》1997 年第 1 期。

　　④ 张守文：《论税收法定主义》，《法学研究》1996 年第 6 期。

的判决曾多次认为宪法税概念与法律税概念的意义相同①，遂引起德国学者支持与反对两派之间的不同意见，即此宪法税概念与法律税概念是否具有同一性的论争。同一说认为基本法税概念与法律税概念相符，甚至将德国《租税通则》第3条第1项第1句税的法律定义，即"公法团体，以收入为目的，对所有该当法律规定给付义务之构成要件者，课征无对价之金钱给付。收入得为附带目的"，直接作为基本法税概念之内涵。非同一说学者对法律税概念的评价，有认为仅得作为宪法税概念的解释协助。此外，基本法税条款的修正，依基本法第79条第2项的规定，需经联邦众议院及联邦参议院均2/3多数同意才可，而普通法律条款的修正却不必如此严格，则若将法律税概念的定义规定作为基本法税概念的内涵，当普通法律条款（未达修正基本法所需的多数）修正时，基本法税条款本身虽然未修正，是否即意味着其内涵已随着普通法律修正而变更，更引起质疑。② 因此，宪法税概念的内涵界定属于宪法问题，宪法上税定义影响人民基本权利至巨，同时还涉及中央与地方权限划分等事项，自应保持宪法上的安定性。同时，在方法论上，宪法税概念内涵亦不应追随法律上税的定义，因为前者是后者最终违宪审查的标准。同一说除使宪法丧失作为法律违宪审查基准的功能，造成宪法问题须以法律内容作为决定基准外，其无形中亦将法律税概念提升至宪法位阶，不但混淆宪法与法律的位阶关系，而且造成宪法的安定性因法律对税定义规定得随时修正而有所影响，使立法者得以修法的形式而达修改宪法之实。

---

① 黄俊杰：《宪法税概念与税条款》，传文文化事业有限公司1997年版，第19—23页。

② 同上书，第25页以下。

鉴于以上同一说的缺陷，学者通过不同的推论途径，试图提出独立于法律税概念外的宪法税概念定义。例如，德国学者 Vogel & Walter 认为，虽然基本法未就税概念加以定义，但基本法已有许多规定涉及税，通过对这些条款的综合分析与归纳，可以得出宪法税概念的特征。Dieter Birk 认为宪法的税概念，根本上应通过对基本法的解释而得出。在作宪法解释时，如果《租税通则》的税概念与宪法的价值不相抵触的，则得作为协助宪法解释之用。但是，Birk 并未进而就宪法税概念提出具体内涵的定义，相反的，他主张只要《租税通则》的税概念与基本法的财政宪法整体不相抵触者，甚至得将《租税通则》中的概念与基本法税概念两者视为同义的。Klaus Stern 主张普通法律的税概念仅容许作为宪法解释的协助，而宪法税概念的解释则应由宪法本身着眼，即考虑基本法所使用税概念的功能及目的。不过，Stern 也没有提出宪法税概念的定义。此外，他还认为解释不得是无条件的及未顾及其他法秩序，因此，长久以来所形成的税概念应列入考虑范围。[1]

在我国台湾地区，也面临与德国类似的情况。对此，葛克昌教授强调法律上税之定义仅得作为宪法税概念解释起点与辅助材料，宪法税概念仅能借由宪法解释途径，由宪法整体秩序中探求之，在从宪法税概念的功能为切入点下，提出不同面向之宪法税定义，并将一般税概念特征以台湾地区"宪法"之意义加以检证，结果系宪法税概念亦具有一般税概念之特征。[2] 陈敏教授认为：宪法税概念的功能，系设定租税立法权的初步限制，以资保

---

① 黄俊杰：《宪法税概念与税条款》，传文文化事业有限公司 1997 年版，第 27 页以下。

② 葛克昌：《人民有依法律纳税之义务——大法官会议解释为中心》，载葛克昌《税法基本问题（财政宪法篇）》，北京大学出版社 2004 年版，第 71 页以下。

障人民权利。因此，宪法税概念应有其合理之客观内涵，不容因个人之主观而异其实质，而宪法税概念首先应就宪法规定之精神求之，必要时始补充以一般通念。[①] 黄俊杰教授认为，由于宪法规范的效力优越于普通法律规范，且宪法是法律违宪审查的基础，因此，法律税概念仅得作为宪法税概念的协助，但不得取而代之，且更不得以某特定法律税概念作为宪法税概念之全部内容，避免侵及宪法的最高性。并且，立法得具体化宪法税概念所得之各类税法，仍然必须接受合宪性之检验，故尚不得据以推论某特定法律税概念系等同于宪法税概念。[②]

综言之，不论学者所采用的推论路径为何，其对宪法税概念的认识，至少有两层意义：一为宪法税概念不等同于法律税概念；二为推论过程的不同，并未影响学界对宪法税概念特征的理解，而宪法税概念有共识的叙述为："国家及地方自治团体，为支应公共事务之财政需求（至少以财政收入为附随目的），依法向人民所强制课征，而无对待给付之公法上金钱给付义务。"当然，宪法税概念并非永久不可变更其内容，在不同时空背景与环境下，宪法税概念在不同时期似得有不同之内涵，然相对于法律税概念，其仍应固守宪法最高性与安定性之最后防线。[③]

（二）司法违宪审查

宪法是国家的根本大法，它以限制政府权力与保障公民权利为核心内容，规定了各项国家最基本的制度，是治国的总章程。同时，就功能而言，"宪法的功能不同于位阶在宪法之下各种法律，宪法不但明定立法者之裁量范围及界限，同时对于不同法律

---

① 陈敏：《宪法之租税概念及其课征限制》，《政大法学评论》第 24 期。

② 黄俊杰：《宪法税概念与税条款》，传文文化事业有限公司 1997 年版，第 34、38 页。

③ 陈敏：《宪法之租税概念及其课征限制》，《政大法学评论》第 24 期。

间因不同之评价标准所造成之漏洞与差异，负有整合及统一之功能"①。宪法具有最高的权威，必须被严格遵守，违反宪法必须承担相应的违宪责任。宪法规定的种种权利能否落到实处而不至于沦为"纸面上的宪法"或"名义宪法"，特别是在立法具体化宪法相关条款时，如何有效地防止立法权的滥用以避免侵及纳税人基本权，关键在于是否有完善的行宪、护宪制度。在诸种制度中，赋予权利被侵害者诉权是重要的一项内容。为保证宪法的权威，目前世界上大部分国家都实行了违宪审查制度，"违宪审查制度乃是宪法保障制度中的一个主要的，最具有实效性的机制"②。当代世界各国，违宪审查方式有多种③，但通过司法（宪法法院或普通法院）进行违宪审查是普遍的、行之有效的制度。对于司法违宪审查的意义，学者指出，"如果没有独立的、拥有司法审查权的、容易接近、能实施这些权利的司法机关，那么，包括平等权在内的基本权利保障就只是一堆空洞的浮词丽句"④。

　　对限制国家课税权、保障纳税人基本权而言，建立司法违宪审查制度至为关键，它是建立公平税制，贯彻税收法定主义和保护纳税人权利的基本监督保障机制。葛克昌指出："宪政国家之

---

　　① 葛克昌：《租税规避与法学方法——税法、民法与宪法》，载葛克昌《税法基本问题（财政宪法篇）》，北京大学出版社 2004 年版，第 3—4 页。

　　② 林来梵：《从宪法规范到规范宪法》，法律出版社 2001 年版，第 321 页。

　　③ 违宪审查主要有四种模式：以英国为代表的立法机关行使违宪审查权模式、以美国为代表的普通法院通过受理公民的诉讼来行使违宪审查权模式、以由专门的机关如法国的宪法委员会行使违宪审查权和以德、俄等国的宪法法院行使违宪审查权模式。据统计，现在世界上有 60 多个国家仿效美国模式，近 40 个国家实行专门机关审查制，采用"自己监督自己"的立法机关审查制则为数不多，且大多属议会至上或权力机关至上的国家。

　　④ ［美］路易斯·亨金、阿尔伯特·J. 罗森塔尔：《宪政与权利》，郑戈等译，三联书店 1996 年版，第 135 页。

税法，本应由原则理念所组成体系，但现实上往往屈服于立法妥协。税法立法原则之坚持通常最缺乏抵抗力，此由于租税系以满足国家一般收入为目的，本身并无充分之交换筹码。但租税正义是现代宪政国家负担正义之基石，税法不能仅仅视为政治决定之产物，也不能仅从形式上经由立法程序，即谓租税的课征已取得正当合法依据。毋宁说税法需受伦理价值之拘束，并受限于正义理念所派生原则。"① 亦即具有直接民主正当性的税收立法者，在税收立法时，不得滥用立法的形成自由。"纵然民主之立法者所为之多数决定，亦不得忽略基本权利应作为拘束立法者之最根本的正义规范。"② "税法为强制无对待给付之公法上金钱给付，不能仅以有法律依据即有服从义务，因此可能有多数暴力或民主滥用情事，为保障少数人，税法应受严格平等原则之拘束，不能仅以立法者经过权衡，不违反比例原则为已足。仍需进一步审查是否违反实质之平等原则，例如是否违反量能课税及租税中立原则，此时已超出立法裁量权范围，而为司法审查之对象，为大法官之重大任务。"③ 因此，传统由人民选出国会议员，以立法控制来保障税课对人民基本权侵犯时代已经结束。在一个财政权甚少受限制的现代给付国家，纳税义务人的基本权不能仅以形式上议会保留为满足，民主的参与程序及立法程序的公开化、透明化，并不一定能保障纳税义务人。因此，从强调"无代表不纳税"之法律保留（议会保留）不得不面临迈向寻求宪法保障之新

---

① 葛克昌：《量能课税与所得税法》，载葛克昌《税法基本问题（财政宪法篇）》，北京大学出版社 2004 年版，第 117 页。

② 黄俊杰：《纳税者权利之维护者》，载黄俊杰《纳税人权利之保护》，北京大学出版社 2004 年版，第 8 页。

③ 葛克昌：《综合所得税与宪法》，载葛克昌《所得税与宪法》，北京大学出版社 2004 年版，第 32 页；葛克昌：《地方课税权与纳税人基本权》，载葛克昌《税法基本问题（财政宪法篇）》，北京大学出版社 2004 年版，第 179 页。

时代。"晚近税法发展的趋势，乃由立法控制而步向司法审查：税法需依宪法标准予以衡量或具体化。"[①]

在当代民主法治国家，利用司法违宪审查功能为纳税人权利提供救济是极为有效的权利救济途径。英美法系国家有悠久的宪法司法审查传统，德国宪法上几乎所有的条款，无论是基本权条款还是规定一般宪法原则的条款，均能被法院直接援引适用于税收领域的纳税人权利保护。在我国台湾地区，近年来台湾的税务诉讼占行政诉讼的 60% 以上，台湾"大法官会议解释"对"宪法"所进行的解释中，有很大一部分是与税法有关的，单就人民申请大法官解释案件中，税法案件则占绝大多数。初期的大法官公文解释主要针对租税是否违反法律优位原则（命令不得抵触法律）或法律保留原则（课税须有法律依据），即主要涉及的是"租税法律主义"问题。[②] 从释字第 221 号解释提出"课税公平原则"之后，类似概念"公平合法课税"（释 537 号），"租税公平负担"（释 506 号）、"公平合理"（释 397 号）、"实质课税公平原则"（释 420、496、500 号）等经常出现在"大法官会议解释"中，表明从形式法治迈向实质法治。[③] 截至 2007 年 2 月，共发布"大法官会议解释"623 号，其中与租税有关的解释有 104 号，占全部"大法官会议解释"的 16.69%，在与租税相关的

---

① 葛克昌：《人民有依法律纳税义务——大法官会议解释为中心》，载葛克昌《税法基本问题（财政宪法篇）》，北京大学出版社 2004 年版，第 29—30 页。

② 例如，通过"大法官会议解释"释字第 210、217、337、413、478、505、566 号等解释，明确了租税法律主义内涵："人民有依法律所定之纳税主体、税目、税率、纳税方法及税捐减免等项目负缴纳税捐之义务或享受减免税捐之优惠，主管机关基于法律概括授权而订定之施行细则，仅得就实施母法所定纳税义务及其要件有关之事项予以规范，不得另为增减。"

③ 葛克昌：《租税优惠、平等原则与违宪审查——大法官释字第 565 号解释评析》，《月旦法学杂志》2005 年第 1 期。

"大法官会议解释"中违反"宪法"或与"宪法"意旨不符的解释有 23 号，占全部与租税相关的"大法官会议解释"的 22.12％，不仅凸显租税相关的"大法官会议解释"占有较重的比例，并且"违宪"的比例亦偏高。[①]

二 对纳税人社会保障权的司法救济

在西方法学传统上，自由权与社会权长期处于二元对立的状态，其所产生的一个后果是：公民自由权受到侵犯，司法给予救济，而公民社会权受到侵犯，司法不给予救济，导致实践中长期排除社会权具有司法性。一些专门规定社会权的国际人权文本中特别提出了社会权是通过立法方式予以实现的权利，给予立法者以立法裁量权，且在监督机构上实行不同于自由权的报告这一弱监督体制，而非法院实施的权利。为实施《欧洲人权公约》设立了欧洲人权法院，但在《欧洲社会宪章》和《欧洲共同体劳动者基本权利宪章》中却没有相似的法院设置。[②] 在《经济、社会和文化权利国际公约》和《公民权利和政治权利国际公约》中，规定缔约国对经济和社会权利的实现义务、有关权利的克减或者限制方面对缔约国赋予了不同的义务，以及在公约的实施机制方面等的重大差异，使在公约起草之时业已存在的一种观念不断强化：经济和社会权利与公民权利和政治权利是完全不同性质的两种权利；与公民权利和政治权利相比；经济和社会权利只是一种

[①] 林瑞丰：《"我国"纳税者权利保护之探讨——以"大法官会议解释"为中心》，会计学系硕士论文，逢甲大学，2007 年，第 28 页。

[②] 张弘：《欧盟宪法公民社会权司法救济及借鉴》，《北方法学》2009 年第 6 期。

相对次要的、不可诉的、更接近于道德权利的宣言。[①] 这种状况，不利于纳税人社会保障权司法救济制度的建立。

（一）社会保障权的性质

社会保障权属于社会权，是公民按照宪法规定享有的可以要求国家积极保障其过上享有人类尊严的基本生活的权利。它与要求政府不作为的消极权利不同，其实现有赖于政府的积极作为，而这意味着巨大的财政负担。根据分权理论，这属于议会的事项。在美国，这触及了联邦最高法院所谓的"政治问题"，最高法院走得太远将有可能背负"反民主"的恶名，因此联邦最高法院通常对此持克制的态度。一些国家处理社会保障权的问题类似于上述美国联邦最高法院处理"政治问题"的做法，例如，1937年《爱尔兰宪法》第45条"社会政策的指导原则"开头便说，这些宪法规定的（社会政策）原则只能由国会具体细化为法律，而不能由法院在裁判中直接适用。[②]

德国公法学将基本权利的功能划分为"主观功能"和"客观功能"，基本权利的客观功能主要在提供立法、行政及司法之措施及刺激，要求国家在可能的范围内有义务创造法律上、组织上及财政上之条件，使人民事实上有可能利用及行使基本权利。但是，个人并不能据此获得请求权。作为一种社会权，社会保障权的内涵被认为应从基本权利的"客观功能"上来理解。[③] 通常认为，德国《基本法》所确立的"社会国原则"是对立法者与行政

---

① 钟会兵、李龙：《社会保障权可诉性分析：背景、规范与实践》，《武汉大学学报》2009 年第 6 期。

② 参见聂鑫《宪法社会权及其司法救济——比较法的视角》，《法律科学》2009年第 4 期。

③ 参见李建良《基本权利理论体系之构成及其思考层次》，《人文及社会科学集刊》第 9 卷第 1 期。

机关的一般授权，"却没有证立个人要求国家承担此类义务或者发布具体行为指令的请求权"。宪法社会权通常"不能作为一种直接的、能够获得司法保护的公民权而被证立，这一点对于看待基本法中的基本权是非常重要的"①。而宪法法院的职责被认为是裁判政府是否越权或滥权，而非判定立法与行政行为是否明智，故而其在宪法社会权问题上持司法克制的态度。②

在日本，日本《宪法》第25条第1款规定，"所有国民，均享有营构在健康和文化意义上最低限度生活的权利"。第2款课以国家努力使生存权具体化的义务，规定"国家必须就一切生活领域和层面，努力提高和增进社会福利、社会保障以及公共卫生"。在日本学术界，对该条款的性质，主要存在三种观点：①"纲领性规定说"（"方针规定说"）。多数主张该条只是对国家课以必须确保国民之生存的政治性的、道义性的义务，而不是对各个国民保障具体性的权利。②"抽象权利说"。主张国民为营构健康且文化的最低限度生活，具有得要求在立法及其他国政上，采取必要措施的抽象权利，国家则负有与此权利对应的法的义务。③"具体权利说"。认为若国家未立法具体化宪法第25条时，得提起不作为违宪确认诉讼。但此说不认为得以宪法第25条为根据请求给付判决。③

---

① ［德］康德拉·黑塞：《德国联邦宪法纲要》，李辉译，商务印书馆2007年版，第168、162—163页。

② 转引聂鑫《宪法社会权及其司法救济——比较法的视角》，《法律科学》2009年第4期。

③ ［日］阿部照哉等：《宪法》（下），周宗宪译，中国政法大学出版社2006年版，第236页；［日］大须贺明：《生存权论》，林浩译，法律出版社2001年版，第69页以下；［日］三浦隆：《实践宪法学》，李力、白云海译，中国人民公安大学出版社2002年版，第158—159页。

（二）社会保障权具有可诉性

承认社会保障权是一项权利，那么国家就有义务满足权利人的合法要求，保障权利人社会保障权的实现。"有权利即有救济"，法院有责任保护社会权，并为此发展新的、有效的救济方式。一般来讲，当民主过程能保证立法分支和行政分支有效地履行宪法义务时，法院保护社会权的作用会很小。但是，一旦权利的实现被忽略，法院就有宪法上的义务促使其他政府分支履行其宪法义务。社会权的受害者通常是社会中处于最弱势地位的人群，法院不应成为旁观者。虽然分权原则和民主原则是重要的宪法原则，但它们并不是绝对的。权力分立只是一种手段，其目的是保障人权的实现，不应成为人权保障的障碍。同样，"民主制也须依附于权利，它的目标就是促进权利"[①]。事实上，社会权的实现不仅与资源的多寡有关，更与资源的分配有关，不仅是一个物质问题，更是一个政治问题。政府的政治决策对社会权的享有程度会产生实际的影响，政府可能会基于社会经济发展的目的而减少本可用于满足人们基本需要的资源、拒绝或迟延履行法院的判决。因此，当立法机关和行政机关无法或不愿实现资源的合理分配时，法院应在这方面发挥更大的作用。[②]

1. 学理上的理由

（1）有学者反对消极权利与积极权利的二元对立，认为"所有权利都是积极权利"，将权利划分为积极与消极的两分法"只是徒劳"，指出：保护公民的自由权利与政治权利同样需要政府作为、同样成本高昂，例如政府为保障人民的人身、财产安全需

---

① ［美］L. 亨金：《权利的时代》，信春鹰等译，知识出版社1997年版，第139页。

② 张雪莲：《南非社会权司法救济的方式评析》，《河南政法管理干部学院学报》2009年第3期。

要雇佣大量警察；而为了保障人民权利与自由而设计的司法程序也未见得经济；宪法还为了保障实现民主设计了费时费钱的选举程序；更不用说政府为了实现平等权而积极付出的各项努力（比如为穷困的刑事被告提供免费律师、为解除种族隔离采取的各种措施等）。① 因此，消极权利与积极权利一样，应可以通过司法途径予以保护。

（2）"以利益为基础"理论承认社会权保护个人的紧急程度不同的利益。如南非学者 David Bilchitz 认为社会权保护两类利益，一类是个人最基本、最紧急的生存利益；另一类是生存利益之外更宽泛的利益，它们的实现能使人们过上更好的生活。这两种利益是不同的，前者具有紧急性，如果受害者不能得到立即的救济，他们就有遭受无法挽回的损害的危险，因此这种利益必须得到优先考虑，它们构成了社会权的最低核心内容。对于这种最低核心层面的社会权，政府负有利用包括司法权在内的所有可利用的资源立即予以实现的义务。②

（3）有学者指出，社会权的效力有四种理论："方针条款"、"宪法委托"、"制度保障"和"公法权利"。所谓"方针条款"是指宪法规定的社会权只是给予立法者一种日后行为的"方针指示"，不具法律约束力，这些方针指示的作用，政治大过道德的意义，也大过法律意义。"宪法委托"是指立法者由宪法获得一个立法的委托从而将社会权法律化、具体化，这种委托只对立法者产生法律约束力。"制度保障"是指宪法保障社会权，如同宪法所特别保障的政党、私有财产制度、宗教自由制度及公务员制

---

① ［美］史蒂芬·霍尔姆斯、凯斯·R. 桑斯坦：《权利的成本——为什么自由依赖于税》，毕竟悦译，北京大学出版社 2004 年版，第 19—30 页。

② 张雪莲：《南非社会权司法救济的方式评析》，《河南政法管理干部学院学报》2009 年第 3 期。

度一样，如以后立法者的立法违背这些制度之基本内容及目的
时，这些法律将构成违宪之效果。前三种方式都否定了社会权的
直接司法效力，只有"公法权利"承认社会权受到侵害时公民可
直接请求法院予以救济，主张此见解者认为唯有如此，社会基本
权方可以真正地被实践出来。①

以上三种理由，均包含着社会保障权可诉性的成分。此外，
需要指出的是，虽然法院不能直接强制实现宪法社会权，并不等
于其不能间接地处理社会保障权的问题。除了单纯宣告政府行为
未满足宪法社会权的要求之外，法院还可以通过适用形式平等的
标准与比例原则来间接保护宪法社会权，以避免直接地强制实现
社会权，与政府（包括立法与行政机关）发生正面的激烈
冲突。②

2. 国际法的规定

（1）《经济、社会和文化权利国际公约》虽然课以成员国主
要通过立法的方式予以保护的义务，但并未排除司法方式的运
用，相反委员会十分强调司法救济的重要性，它在《第9号一般
性评论》中指出，"在很多情况下，如果（经济、社会与文化权
利）不能通过司法救济来实施和巩固，（公约第2条第1款所规
定的）其他'方式'可能会变得毫无用处。""一项公约权利没有
司法机关的作用就不能充分实现的任何时候，司法救济就是必须
的。"③《经济、社会和文化权利国际公约》第2条第1款规定：

---

①　参见陈新民《论社会基本权利》，载陈新民《法治国公法学原理与实践》
（上），中国政法大学出版社2007年版，第84—85页。

②　转引自聂鑫《宪法社会权及其司法救济——比较法的视角》，《法律科学》
2009年第4期。

③　转引自王建学《论社会保障权的司法保护》，《华侨大学学报》2006年第1
期。

"每一缔约国家承担尽最大能力个别采取步骤或经由国际援助和合作，特别是经济和技术方面的援助和合作，以便用一切适当方法，尤其包括用立法方法，逐渐达到本公约中所承认的权利的充分实现。"该条款曾引起不小的争议，有人据此认为此类权利"是不可司法的"。事实上，后来的《林堡原则》对此款的解释是："在国家一级，各缔约国应根据此种权利的性质运用一切适当措施，包括立法、行政、司法、经济、社会和教育措施，以履行其依公约所承担的义务。"在人权委员会第 5 届会议上，对此形成的一般义务为："除了立法之外，可被认为是适当的措施还包括，为根据国家制定的法律制度属于司法范围的权利提供司法补救办法……另外，在《A 公约》中还有其他一些条款，如第 3 条、第 7 条第 1 款第 1 项、第 8 条、第 10 条第 3 款、第 13 条第 3 款、第 13 条第 4 款、第 15 条第 3 款，看来也能由许多国家法律体系的司法和其他机构加于立即适用。"①

（2）《欧盟宪法条约》在第二部分《欧盟的基本权利宪章》中，以人为中心而非以权利为中心和以社会中的人而非以假设的自然状态中的人为哲学基础的基本权利观，将所有权利熔为一炉，不仅一改传统欧洲社会将基本权利二分为自由权和社会权，用不同的人权文书分别予以阐述的历史，而且通过将基本权利的哲学基础认定为"共同价值"而非天赋权利，完整地表达了自由权与社会权不可分割和相互依赖的法律观点。在此基础上，承认包括公民社会权在内的所有权利都具有司法性。②

---

① 钟会兵、李龙：《社会保障权可诉性分析：背景、规范与实践》，《武汉大学学报》2009 年第 6 期。

② 张弘：《欧盟宪法公民社会权司法救济及借鉴》，《北方法学》2009 年第 6 期。

（三）司法实践的经验

社会保障权作为一项宪法基本权利或具体的法律双利，一些国家在实践中对社会保障权给予了司法救济。对社会保障权的司法救济主要存在三种类型：①视社会权为公法权利的直接司法救济。这类国家包括德国、法国、希腊、爱尔兰、意大利、日本、西班牙、葡萄牙、瑞典、南非、芬兰、匈牙利以及俄罗斯和其他独联体国家等，其中最突出的是德国、南非和芬兰。②通过适用正当程序和平等保护规范的间接司法救济。一些国家宪法虽然没有明确规定社会权，但法院根据其特有的宪法理论和有效的司法审查机制，通过适用宪法规定的正当程序条款和平等与非歧视条款对社会权进行间接司法救济。美国、澳大利亚、加拿大、奥地利、挪威等国家是典型。③视社会权为国家政策指导原则的间接司法救济。一些国家宪法规定了社会权，但只是作为国家政策指导原则，如印度、爱尔兰、尼日利亚、冰岛、斯里兰卡、丹麦、荷兰、瑞士等。作为国家政策指导原则的社会权虽然没有直接的司法强制力，但它课加给国家以政治和道德义务，成为宪法的灵魂。法院通过适用指导原则解释权利法案、立法和其他政府行为，这些指导原则有可能成为新的社会权的来源，从而使社会权受到法院的间接保护。①

一些学者认为，应将国际人权法及宪法中的社会双利分为不同的层次，予以不同的保护，其中即包含司法救济的保护。例如，有学者指出，根据《经济、社会和文化权利国际公约》及其相关文件精神，社会保障权可以分为三个层面的权利：一是自由权性质的社会保障权，如公约第 2 条和第 3 条规定的社会保障平

---

① 参见龚向和《通过司法实现宪法社会权——对各国宪法判例的透视》，《法商研究》2005 年第 4 期。

等权；二是每个缔约国均有责任承担最低限度的核心义务保证立即实现"最低限度生活水准"的社会保障权，这些权利往往容易界定，如社会救济权、灾民的紧急救助权、最低生活保障权等；三是对资源要求很高又不容易界定的、维持最低限度生活水准以上、一定质量的生活水平社会保障权，公约要求缔约国在其可利用的资源范围内采取合理的立法和其他措施以逐渐达到权利的充分实现，如社会福利权、部分社会保险权等。前两个层面的社会保障权具有鲜明的自由权性质，而且，其所形成的国家义务的内容不仅是明确的、充分的，而且往往是急迫的。因此，社会救助权应当形成无选择性的国家义务。而对于第三层面，相对于行政机关和司法机关而言，社会保障权所形成的国家义务内容是不明确、不充分的，相对而言较难以履行，但对于立法机关而言，其履行有关作为的国家义务则是不存在障碍的。① 还有学者指出，各国宪法条文中关于社会权的规定依其拘束性可分为两类：其一是方针条款（原则条款），它是一种"非裁判性的宪法委托"（不具有"可司法性"），是"政治性"、"道德性"条款，只具有"对政治机关建议"的作用，其实现主要依靠舆论加以保证；其二是对于国家权力机关（首先是立法者）比较具体的"宪法委托"，当立法者完全不作为或者立法内容不充分时，可能引发宪法争议。②

（1）德国的经验。对于受救济者与行政机关间的法律关系，德国自魏玛时代以来，学说与实务均一致维护传统的见解，即法律虽明文规定行政机关对生活陷入贫困的人民，负有提供给付、

---

① 钟会兵：《论社会保障权实现中的国家义务》，《学术论坛》2009 年第 10 期。

② 程明修：《宪法基础理论与国家组织》，新学林出版公司 2006 年版，第 198—200 页。

维持其最低生活水准的义务，但受救济者受益，只是受有法律规定"反射利益"的结果，并未相对享有公法上的主观请求权，行政机关是否给予救济，受给付者均无争执的余地。基本法制定后，联邦行政法院随即推翻这项传统见解，如果法律规定课予行政机关保障国民最低生存基础的义务，受给付者亦相对地享有权利，其权利如受公权力之侵害，得向行政法院提起诉讼。行政法院判决（BVerwGE1，161.）分别从宪法的几项基本原则加以论证：①基本法强调所有的国家权力之行使，包括立法均受宪法价值拘束的宪政国家理念，即使是给付行政亦须严守宪法保障人性尊严、个人自由权、平等权的价值。②基本法保障人性尊严不受侵犯，乃禁止将任何人当作公权力的客体加以对待，个人虽然仍受公权力的支配，但是不是以前臣民的身份，而是以国民的身份，每个人都是独立自主的主体，享有同样的权利负担同样的义务。③传统济贫法将受领者当作客体的观点，显与上述意旨不符。依据法治国原则，人民与国家的关系是法的关系，应该要受法院的审查。依据民主原则，人民一方面透过选举权可以影响国家权力，另一方面却只是高权行为的客体，显然相互矛盾。④依据社会国原则，国家提供给付，主要在使每个社会的参与者都能互相承认其为权利主体。这种否定受给付者主体性的说法，也与社会国原则背道而驰。随后联邦宪法法院也于判决中强调〔BVerfGE5，85（204f.）.〕，基于人性尊严的价值，行政机关与受领给付者之间，已不再是过去君主与臣民的关系，而是国家与国民的关系。

有鉴于此，德国于1961年新颁布《社会救助法》，不再使用具有负面意义的用语，如社会救济，而采较为中性的社会救助，该法第4条明文规定了如法律就救助给付作"应为"之规定，亦即行政机关须为羁束处分，则符合救助要件的国民享有社会救助请求权，如果行政机关拒为给付，人民得以诉讼请求给付。反之，如法律作"得为"规定，行政机关仍享有裁量的权限。[①]

（2）日本的经验。日本《宪法》第 25 条第 1 款规定，"所有国民，均享有营构在健康和文化意义上最低限度生活的权利"。第 2 款课以国家努力使生存权具体化的义务，规定"国家必须就一切生活领域和层面，努力提高和增进社会福利、社会保障以及公共卫生"。虽然日本最高法院承认日本《宪法》第 25 条具裁判规范性，但是对何谓"健康和文化意义上最低限度生活"？其标准如何判断？下级法院与最高法院的做法并不一致。例如，著名的"朝日诉讼"一案判决中（本案是有关在 1956 年当时每月600 日元的生活救助费是否足以维持健康和文化意义上最低限度的生活水平的被争诉的案件），东京地方法院一审判决采纳了原告人朝日茂的主张，认为"健康和文化意义上的生活水平"之具体内容虽然并不固定，但理论上，在特定国家的特定时期，大体上应该能够客观地加以决定，为此将厚生大臣设定生活保护基准的行为认定是应该服从司法控制的羁束行为，并判示：如本案这样对维持上述生活水平之程度有欠保护的情形，乃违反了《生活保护法》第 3 条和第 8 条第 2 款，同时实质上也违反了日本《宪法》第 25 条。但本案向最高法院上诉的过程中，原告死亡，其养子夫妇主张继承诉讼，但最高法院判示，由于生活保护受给付权乃是本人一己所专属的权利，故因本人死亡，则诉讼终止，但同时又以"尚者，为慎重起见"的表述，附加了如下意旨的意见：①《宪法》第 25 条第 1 款，只是宣明了国家有责任运营国政，以使全体国民能营构其健康和文化意义上的最低限度生活，

---

① 参见孙迺翊《社会救助制度中受救助者的人性尊严保障》，《月旦法学杂志》2006 年第 136 期。

而非直接赋予各个国民以具体权利；②何谓"健康和文化意义上的最低限度生活"，其判断应委之于厚生大臣进行裁量。但奥野健一法官的补充意见，则采取了与一审判决基本相同的立场，认为《宪法》第 25 条第 1 款"设想存在不被当下政府施政方针所左右的客观最低限度生活水平，而赋课国家为生存权之实现采取一定措施的责任"，从而，将《生活保护法》上的受给付权，理解为也是"可受依据上述的恰当之保护的基准而所予以保护的权利"，指出厚生大臣保护基准的设定行为应受此羁束。此后，"堀木诉讼"最高法院大法庭 1982 年 7 月 7 日判决阐述道："健康和文化意义上的最低限度生活"的具体内容，"应该在其与每个时期的文化发达程度、经济和社会条件、一般国民生活状况等相互间的关系上来加以判断决定"，在通过立法来进行具体化时，"不能无视国家的财政状况，而且有必要进行涉及多方面的复杂多样的且又具有高度专门技术性的考察，以及以此为依据的政策性判断"，从而判示"具体采取什么样的立法措施之选择决定，应委于立法机关的广泛裁量"。此立场为其后的"冈田诉讼"最高法院判决和"森井诉讼"最高法院判决所承袭。①

（四）我国实践中存在的问题及对策

我国已签署了《经济、社会和文化权利国际公约》，作为社会主义国家，我国宪法第 44、45 条等条款中包含了大量与社会保障有关的内容，这些条款的精神充分体现了社会主义制度的优越性。2004 年宪法修正案将"国家尊重和保障人权"以及"国家建立健全同经济发展水平相适应的社会保障制度"

---

① ［日］芦部信喜：《宪法》，林来梵等译，北京大学出版社 2006 年版，第 233 页以下；［日］阿部照哉等：《宪法》（下），周宗宪译，中国政法大学出版社 2006 年版，第 236 页以下；［日］大须贺明：《生存权论》，林浩译，法律出版社 2001 年版，第 21 页以下。

入宪，为我国公民社会保障权在完整意义上的实现，设立了政府的宪法义务。但是，有宪法的文本，并不等于有宪政的实践。由于宪法诉讼制度的缺失，长期以来，在我国，公民社会保障权很难进入诉讼程序。我国《行政诉讼法》对社会保障权救济范围的规定过于狭窄，仅限于抚恤金利益，即第11条第6项规定了"认为行政机关没有依法发给抚恤金"的案由属人民法院行政诉讼的受案范围，其他社会保障是否可以提起行政诉讼，主要取决于其他法律法规的规定和对"认为行政机关侵犯其他人身权、财产权"的理解，具有不确定性，实践中不利于对社会保障权的保护。

近年来，我国宪法学界虽在极力突破传统纲领性宪法理论，并发出了"宪法司法化"的呐喊，但总的来说，对社会权的保障尚处于"方针条款"和"宪法委托"的阶段。理论的滞后造成了社会权司法救济实践的艰辛，严重影响了社会权的实现。[①] 在我国，由于宪法权救济制度的缺失，公民社会权在某种程度上只是一种权利宣告和价值观念，当其遭受侵犯或国家不能保障时，就会因无法获得有效的救济而陷入司法与立法权力无能的尴尬局面。[②]

学者王建学指出，考察各国的实践，国内法律制度对社会保障权进行司法救济主要存在五种情形：[③] ①公民根据立法已经享受的社会保障，立法机关撤销该项立法的行为应受司法审查；②立法在设立社会保障利益时所设定的该利益的授予或终止程序应受司法审查；③当涉及公民作为人的最基本的生存与尊严时，

---

①　龚向和：《通过司法实现宪法社会权——对各国宪法判例的透视》，《法商研究》2005年第4期。

②　胡锦光：《违宪审查比较研究》，人民法院出版社2006年版，第361页。

③　参见王建学《论社会保障权的司法保护》，《华侨大学学报》2006年第1期。

社会保障权具有可诉性；④社会保障权的实现是否遵循了平等原则，应受司法审查；⑤行政机关在授予或终止公民的社会保障利益时是否遵从了立法所设定的程序应受司法审查。笔者认为，我国建立纳税人社会保障权司法救济制度，可以参照上述五种情形设计。一方面，应扩大《行政诉讼法》对社会保障权救济的受案范围；另一方面，必须建立我国司法违宪审查制度。长期以来，我国宪法的作用仅停留在宣示、教育的层面上，推动宪法，实现宪法的"司法化"成为现阶段众多学者努力的目标。事实上，对我国宪法而言，姑且不论宪法本身即直接包含着大量的社会权条款，宪法中"法律面前人人平等"原则以及"依法治国，建设社会主义法治国家"、"国家尊重和保障人权"及保护公民的私有财产权等条款都具有极为丰富的内涵，如果有完善的司法违宪审查制度，完全可以阐释出丰富的纳税人基本权保障内容。

在我国，宪法规定由全国人大常委会监督宪法的实行，但遗憾的是，迄今违宪审查程序尚未被启动过，全国人大常委会监督宪法的权力事实上被虚置，这与政治生活及社会生活中大量存在的违反宪法现象得不到纠正的现状形成了鲜明的对比。在我国，建立司法违宪审查制度的最大障碍来自于人民代表大会制度下其民主正当性的质疑。对此，有学者对民主理论进行了追根溯源，对6种民主理论进行了剖析，指出古典民主理论建立在单一的"权力主体性"理解之上，与司法违宪审查制度存在张力，但合伙民主理论将民主的主体理解为分散的个人，其他的各种民主理论则不再将民主理解为权力主体，而是理解为一种价值、一种程序、一种协商的过程、一种规范、一种特殊的权力结构等，这些民主理论都可以包容司法违宪审查，它们都与司法违宪审查制度存在内在的关联。司法违宪审查制度经历了200多年来民主实践的考验，它已成为现代民主宪政制度的必要组成部分，对宪政来说是具有普适性的制度，现代宪政制度最终于 20 世纪下半叶在全球站稳脚跟的首要支撑点即是司法违宪审查制度。[1]因此，我国建立司法违宪审查制度既存在现实的迫切需要，亦符合现代民主的潮流。

三 纳税人诉讼

税收从本质上而言是对公民财产权的一种侵犯，公民之所以容忍这种侵犯乃在于以纳税换取政府提供相应的服务。社会契约论、公共选择理论提示人民缴税只是和政府之间存在的一种契约形式的交换，而税收价格论则直接主张税收是纳税人享有公共物品而支付的价格，三种理论均强调纳税人才是真正的主权者，拥有最终决定如何征税及使用税款的权利。现代国家作为"租税国家"，政府主要依据纳税人所缴纳的税收生存与运作，纳税人将自己财产所有权的一部分以税收的形式缴纳给国家作为财政资金，是类似于信托的一种行为，从财产所有权的角度来看，纳税人才是财政资金的真正所有人。有学者认为在现代社会，"国家费用如何使用与国民负担大小有着密切关系"[2]。因此，"国家有必要从纳税者对国家税财政实行民主管理的角度，依据宪法精神，设置一个以保护纳税者基本权为目的的诉讼制度，并以许可纳税者提起主观诉讼的形式，完善纳税者诉讼的法律"[3]。事实上，为监督政府依法征税及使用税款，当代西方法治先进国家纷纷建立了一种公益行政诉讼性质的纳税人诉讼

---

① 周永坤：《宪政与权力》，山东人民出版社 2008 年版，第 195—226 页。

② ［日］宫泽俊义：《日本国宪法精解》，董璠舆译，中国民主法制出版社 1990 年版，第 622 页。

③ ［日］北野弘久：《税法学原论》，陈刚等译，中国检察出版社 2001 年版，第 32 页。

制度。

（一）美国的纳税人诉讼

在美国，纳税人可以对与自己无法律上直接利害关系的违法支出税款的行为提起主观诉讼，可以以国家或地方政府为被告，针对违法的税款支出提出返还税金等诉讼请求。作为普通法国家，美国的纳税人诉讼制度是通过判例予以确认的，它分为联邦纳税人诉讼和州纳税人诉讼两种类型。

联邦纳税人诉讼的确立始于弗拉斯科特诉科恩案，在该案中，最高法院承认联邦纳税人有资格以联邦用款违反了宪法第 1 条修正案的规定为由请求复审联邦用款之事。但该案并不认为联邦纳税人在任何情况下都有原告的资格。他们只有达到了下述两条标准时才具有这种资格：①纳税人请求复审的行为必须是根据征税和税款使用规定而行使的用款权行为，如果纳税人仅控告行政机关在执行有关管理法时，从税款中支出了杂费，那就不够原告资格；②纳税人必须证明他所指控的用款行为超出了宪法对征税和用款权所规定的特定限度。如果达不到这两条标准，纳税人仍无原告资格。亦即，弗拉斯科特案判例允许纳税人请求复审联邦行政机关违反宪法关于征税和税款使用权的特别规定而动用联邦资金的行为。但是，它不承认联邦纳税人有资格请求复审大量的涉及社会服务（而不涉及使用费用）规章或规定的行政行为。

与联邦纳税人诉讼的严格限制相比，州纳税人诉讼为众多判例所确认，现在，几乎所有州都允许纳税人请求复审市一级的政府行为。州法院允许纳税人请求复审州政府行为的步伐较慢。尽管如此，现在大约有 3/4 的州允许纳税人提起这种诉讼。其中，有些州则更进一步，没有把纳税人的原告资格局限于所谓的财政行为。相反，这些州判例甚至确认纳税人有资格作为原告就有关非财政问题和与政府支出及税收额无关的问题提起复审诉讼。新泽西州有个判例确认该州的一个纳税人有作为原告的资格请求复审一部有关规定在公立学校读《圣经》的法律，虽然这个规定与学校经费的使用无关，也与为支付学校经费的纳税无关。在这种非财政案件中，州法院基本上许可纳税人作为一个要求执行法治的公民提起的诉讼。①

（二）日本的纳税人诉讼

在日本，纳税人诉讼是第二次世界大战后美军占领时期制度改革的一项重要内容，经历了居民诉讼阶段，最终确立为民众诉讼制度。它是指为纠正国家或公共团体的违法行为，以选举人资格提起的诉讼，属于行政诉讼的一种。昭和23年《地方自治法》第242条规定，普通地方公共团体的居民认为该地方公共团体长官、委员会、委员、职员在支出公款，取得、管理、处分财产或缔结、履行契约时，有违法或不正当行为，或有债务及其他义务的负担时，首先可以要求监查委员会对此采取防止、纠正或者其他必要的措施。对监查委员会的劝告和议会、议长及其他执行机关、职员所采取的措施不服时，以违法问题为限，可以提起诸如停止行为、撤销行政处分、确认行政处分无效、贻误事实的违法确认、损害赔偿、不当得利返还等的请求诉讼。但不能一开始就提起诉讼（监查请求前置主义）。这种居民诉讼是仿效美国的纳税者诉讼，为防止或补偿财产上的损失，对包括机关委任事务的自治体财务会计上行为，居民一人也可以提起诉讼（参照民众诉讼，《行政诉讼法》第5条）。"该诉讼通常使纳税者无可争议的授益性、给付性行政的违法行为服从于依居民裁判的统制，因此

---

① ［美］伯纳德·施瓦茨：《行政法》，徐炳译，群众出版社1986年版，第423—427页。

是实质性法治主义制度之一，其意义重大。"① 但是，值得注意的是，日本的居民诉讼只有在与地方公共团体发生纷争的场合才被予以承认，而在与国家的关系上不被承认。至于这样规定的理由，目前尚未见到解释。或许是由于错误地与美国纳税人诉讼作简单的对照，或许是日本的官僚机构体制本身不可能欢迎居民诉讼而从中作梗的结果。②

20 世纪 80 年代，日本市川公务费案原告系市川市市民代表，被告为市川市市长，原告认为被告在 1980 年 11 月 17 日和 12 月 2 日，为接待千叶县有关人员，在两次宴会中支出了"超额"的交际费。本案争讼的焦点为该交际费是否违法。1983 年 3 月 18 日，千叶地方法院认为："地方公共团体亦为社会组成部分之一，因其是独立从事活动的组织，故有关团体之长官或其执行机关，为执行公务或为从事对外活动而需与外部交际时，倘在社会一般观念所能接受范围内进行招待，是无可厚非的。至于在何时、以何种程度、怎样内容进行招待，从其性质上说，可以理解为已将其委托给具有该支出权限的职员，由其自由裁量。""本诉讼中所涉的两次招待，无论从形式上还是内容上，都属社会一般观念所能接受的。故不能确认被告支出该交际费行为逾越裁量权和滥用裁量权。"对本案作出判决认定开支不违法。北野弘久教授对该判决给予了严厉的批判，他指出，在日本人们对宴会行政深恶痛绝，然而该判决最终予以肯定，应当对之予以严厉的批判，他认为：即使日本现行法律中有关本诉讼所涉交际费支出问题的规则极不完备，但毕竟还有例如《财政法》第 4 条第 1 款

----

① ［日］室井力主编：《日本现代行政法》，吴微译，中国政法大学出版社 1995 年版，第 307—308 页。

② ［日］田中英夫、竹内昭夫：《私人在法实现中的作用》，李薇译，法律出版社 2006 年版，第 59—60 页。

"关于预算的执行，地方公共团体的经费开支，倘超过欲达目的所必要而且最小的限度，则属不予允许支出的经费"等几个法规存在。北野教授进一步指出，在日本，租税的征收与使用被人为地割裂，对于租税的征收一般严格按照租税法律主义进行，但对于同为租税问题中的租税使用问题，"法律性支配"则是极不完备的。租税的使用被理解为在年度预算范围内，由行政厅自由裁量支配，这种观点基本上是错误的。①

到了 20 世纪 90 年代初，日本兴起以纳税人身份提起的要求公开交际费开支的诉讼。当时的县知事、市町村长的交际费开支情况，引起居民的极大关注，纷纷要求予以公开。有的市町村长满足居民的要求，全面公开交际费的开支情况，而都道府县知事却作出不公开或仅一部分公开的决定。于是就引发了当地居民请求法院判决"取消都道府县知事关于交际费开支不予公开或仅一部分公开的决定"的诉讼。其中"大阪府知事交际费案"和"厉木县知事交际费案"，一直打到最高法院。两案的高等法院判决，倾向于要求全面公开交际费的开支情况，但最高法院却倾向于限定公开的范围，撤销了两案的高等法院判决、发回重审。此后，东京高等法院就东京都知事交际费案，在最高法院判决的范围内，作出尽可能多公开的判决。这些判决的法理根据都在于：每个纳税人都有权了解政府如何支出公费的情况。② 而日本秋田地方法院民事一部 1999 年 6 月 25 日判决，秋田县居民代位县作为原告，以秋田县召开六次恳谈会所支出的费用中，有 2091245 日元餐费属于违法支出，

---

① ［日］北野弘久：《纳税者基本权论》，陈刚等译，重庆大学出版社 1996 年版，第 96—101 页。

② 王玲：《纳税人权利保护探析》，法律硕士论文，华东政法大学，2005 年，第 26 页。

对时任教育长等职的 6 名被告请求损害赔偿。法院认可原告请求，判决被告向秋田县支付现金 2091245 日元及利息，本案诉讼费用由被告负担。①

（三）其他国家的纳税人诉讼制度经验

在英国，"选民对地方政府不合法的开支可以向区审计员提出反对意见，或向法院申诉。选民对区审计员的决定不服时也可以向法院申诉"②。另外，国家纳税人也有资格控告中央政府的财政开支行为。在法国，市镇纳税人或省的纳税人，可以对市镇议会和省议会通过的影响市镇和省的财政或财产的违法决定，提起越权之诉。③ 但是，在法国，不允许国家纳税人对中央政府的纳税规定提起越权之诉，因为它与个人利益的联系太远。

（四）构建中国纳税人诉讼制度

当前，我国纳税人权利意识有很大的提高，但"纳税人权利意识的提高并不等同于其权利的实现。尤其是在当前中国法治环境有较大改进的大背景下，纳税人往往会有保护自身合法权益意识，且此种意识表现得颇为强烈，却无法在最后转换为真正的现实权利，其中，最大的障碍正是由于救济方式的不足，因而使维权意识和现实权益缺少了必要的沟通渠道"④。

目前我国纳税人权利司法救济中主要存在以下缺陷：① 《税收征收管理法》第 88 条规定的包含诉权在内的纠纷解决条款，只适用于税收征收管理过程中，不适用于政府违法使用税款行

---

① 梁慧星：《开放纳税人诉讼，以私权制衡公权》，《人民法院报》2001 年 4 月 13 日，第 3 版。

② 王明扬：《英国行政法》，中国政法大学出版社 1987 年版，第 81 页。

③ 王明扬：《法国行政法》，中国政法大学出版社 1989 年版，第 653 页。

④ 徐孟洲：《税法》，中国人民大学出版社 2006 年版，第 65 页。

为。②现行的民事诉讼、行政诉讼均采用传统的当事人适格主义，即要求诉讼当事人与案件有直接的利害关系，否则就不予受理。① ③行政诉讼要求具体的行政行为（不包括抽象行政行为）侵犯了原告合法权益，但现实中法律、法规、规章及政府的抽象行政行为侵犯纳税人权利往往涉及面更广、影响更深，但难以得到有效的救济。

在我国，当前一方面公共负担很重，另一方面政府所提供的公共服务却存在大量不足和缺陷，税款被违法和不合理使用，出现这种财税公益危机的重要原因是对公共支出缺乏监督。因此，应当建立纳税人公益诉讼制度，赋予广大纳税人对政府不合理、不合法税款支出提起诉讼的权利。纳税人诉讼的意义在于：通过权利限制权力，弥补体制内权力监督的不足，通过赋予纳税人公益诉权，能有效地揭露并制止政府及其官员违法使用税款行为，从而保证税款的正确用途，遏制公共资金使用过程中的腐败现象。唯有如此才能确立民主财政，建立廉价政府和责任政府。此外，纳税人诉讼制度的建立能有利于促使纳税人积极履行纳税义务。当前我国纳税人消极避税甚至逃税现象普遍存在，其主要原因就在于财政的不透明，贪污、挥霍纳税人税款现象严重，社会福利与社会保障制度不健全，纳税人未享受到与纳税人地位相应

---

① 虽然《最高人民法院关于执行〈中华人民共和国行政诉讼法〉若干问题的解释》第 12 条规定："与具体行政行为有法律上利害关系的公民、法人或其他组织对该行为不服的，可以依法提起行政诉讼。"该条款可以理解为赋予了行政相对人以外的第三人提起行政诉讼的权利，即无论是受到行政行为侵害的直接相对人，还是间接相对人，只要与被诉行政行为具有法律上的利害关系，就应具有原告资格。但是实践中，这一理解在涉及纳税人监督政府违法用税，例如 2006 年中国"纳税人诉讼第一案"——"蒋石林诉常宁市财政局案"中未获法院立案。因此，对于政府违法财政支出的行为，由于与单个的纳税人"无直接利害关系"，都因为没有合适的原告，而无法进入司法程序予以纠正，造成了税款的大量浪费与流失，使得纳税人负担加重。

的社会保障与福利，纳税人普遍存有"我交税，你享乐"的怨愤。在这种情况下，无论怎样强调"纳税光荣"，但对纳税人来说，只能是一种嘲讽。

在我国，建立纳税人诉讼制度可以从宪法中找到相应的依据。我国《宪法》第 13 条规定，"公民的合法的私有财产不受侵犯"。第 33 条第 3 款规定，"国家尊重和保障人权"。第 5 条规定，"中华人民共和国实行依法治国，建设社会主义法治国家"。既然公民财产权受宪法保护，那么国家征税就是对公民财产权的部分剥夺，税收作为对公民财产权的一种侵犯，必须接受合法性追问，即税的征收必须有明确的法律依据，该法律必须经纳税人同意，而且该法律的合法性、合理性必须接受合宪性审查。此外，我国宪法中还规定了一些公民社会权的条款，这些公民宪法社会权能真正得以落实必须依赖纳税人缴纳的税收，事实上，政府收税的合法性就在于为公众提供公共物品、改善公共福利，如果政府背离了这一目的，则违反了政府与人民的契约。为保障公民财产权及其他社会权等基本权利得以落实，公民必须拥有寻求救济的权利。因此，宪法关于财产权、社会权的规定本身就隐含了公民可以对政府不正当的征税、违法用税等行为寻求救济的权利。

宪法中可以直接作为纳税人诉讼制度基础的条文主要包括：第 2 条规定，"中华人民共和国的一切权力属于人民"、"人民依照法律规定，通过各种途径和形式，管理国家事务，管理经济和文化事业，管理社会事务"。第 41 条规定，中华人民共和国公民"对于任何国家机关和国家工作人员的违法失职行为，有向有关国家机关提出申诉、控告或者检举的权利"。因此，纳税人对政府的财政收支行政行为应当有知情权和控告、检举权，当然有权通过诉讼方式监督政府依法征收及使用税款。

我国纳税人诉讼制度的具体构建，主要包括以下内容：

（1）原告资格。纳税人诉讼中的"纳税人"的范围主要包括纳税人和负税人，只要原告能证明自己具有的纳税人或负税人的身份，即可认为"假如公共资金被违法支出，就意味着纳税人本可以不被征收相应部分的税金，或者该公共资金可以用于纳税人福利等方面而未能实现，这样，纳税人与该行政行为就有了法律上的利害关系"①。

（2）纳税人诉讼的范围。首先，在受案范围方面，对于违宪或不公平税制的案件，应依靠违宪审查制度来进行审查。而对税的征收、减免等具体征税行为不服，因针对具体的对象，与当事人有直接的利害关系，现行《税收征收管理法》和《行政诉讼法》已作出规定，利害关系人可以根据现行的《行政诉讼法》提起行政诉讼。因此，笔者将纳税人诉讼的受案范围专限于政府违法或不合理使用税款的案件。传统行政诉讼的观念认为，合理性涉及自由裁量问题，从分权的角度，法院不宜干预行政机关裁量的权力。笔者认为，如果仅仅针对政府"违法"用税行为，而将"不合理"用税行为排除在诉讼对象外，将在某种程度上失去纳税人诉讼的初衷。当然，这里的合理性审查针对用税行为畸轻畸重，显失公正时，法院才予以干预。此外，由于我国是一个以公有制为主体的社会主义国家，公有或国有财产均来自纳税人所缴纳的税款，因此，政府及其工作人员挥霍、浪费、侵占公产的行为应纳入纳税人诉讼制度之中。其次，在地域范围方面，我国税收分为国家税、地方税、共享税，从利益相关的角度来看，地方政府对各地方税使用不合理，直接影响本地区纳

---

① ［日］北野弘久：《税法学原论》，陈刚等译，中国检察出版社2001年版，第59页。

税人的利益，因此应当赋予该地区纳税人提起诉讼的权利。对于国家税使用不合理，应当赋予全国范围内的纳税人提起诉讼的权利。

（3）程序方面。①纳税人诉讼的前置程序。为确保纳税人诉讼的可行性与司法工作的效率性，应当设立前置审查程序。从理论上来说，负责监督的机构可以有各级人大、政府财政部门、审计部门、监察部门、检察部门等。为防止出现谁都有监察职权，但谁都不愿意负责而互相推诿的情况发生，必须确定具体的审查部门，从专业的角度来看，宜规定审计部门负责审查行政支出的合法性与合理性。对审计部门不予答复或对其审查的结论不服的，申请人可以起诉违法或不合理使用税款的行政机关。②诉讼保证金。"为防止滥诉及在诉讼程序启动后，原告随意退出或无故缺席，影响法院审理机制的运转，造成司法资源的浪费"，可以规定法院在立案时，原告缴纳适当数额的保证金，作为保证其完整地参加诉讼过程的物质制约手段。在诉讼程序终结时，不论原告是否胜诉，法院都应如数退还保证金以及相应的银行利息。① ③案件受理费。为了实现纳税人诉讼的公益目的，使纳税人不因诉讼费用影响而放弃提起诉讼的权利，不宜将纳税人诉讼作为一般财产案件对待，宜按件收取。④法院管辖。由于纳税人诉讼案件一般社会影响较大，应由原告所在地中级人民法院管辖为宜。

（4）举证责任方面。①为防止滥诉的发生，对公共利益的损害事实，由原告负举证责任；②对用税行为的合法性及合理性由用税机关负举证责任。

（5）配套的制度保障。①奖励金制度。纳税人诉讼作为公益

---

① 张献勇：《浅谈设立纳税人诉讼制度》，《当代法学》2002 年第 10 期。

诉讼，起源于纳税人的社会责任感和公益心，对原告而言，其自身的诉讼利益并不直接与明显。为了鼓励更多的纳税人维护公共利益，可以借鉴美国《反欺骗政府法》中所规定的原告胜诉后可以从法院对被告所处罚金中分得 15％—20％的做法，对于纳税人诉讼案件，规定如果原告胜诉，予以一定的奖励，具体数额可以根据判决所保护的公共财产的大小，按照一定的比例确定。②代表人诉讼。由于纳税人诉讼涉及公益，可能会出现原告人数众多以及不断增加人数的情况，为节省纳税人的人力、物力，减少社会资源的浪费，提高诉讼效率，可以借鉴《民事诉讼法》的有关规定，设立纳税人代表诉讼制度。③检察机关支持起诉。"当私人对法律违反者提起诉讼时，作为对法律实施负有责任的官厅，应当根据情况对诉讼原告予以援助，并努力通过此类诉讼实现法之目的。私人的这种诉讼旨在制裁违法者，并以此给予行政机关无偿的协助。从机能上看，起到了临时替代行政机关履行责任的作用。因此，行政机关应当把对私人诉讼的适当援助理解为对自己任务的有效履行。"① 因此，有必要仿《民事诉讼法》第 15 条"机关、社会团体、企业事业单位对损害国家、集体或者个人民事权益的行为，可以支持受损害的单位或者个人向人民法院起诉"之规定，建立检察机关支持起诉的制度。④在政府财政收支信息公开方面，提高立法位阶，制定统一的、完善的、可操作性强的特别是明确政府违法责任并赋予公民诉权的《阳光政府法》。⑤保障纳税人表达自由。纳税人诉讼制度作用的有效发挥，需要整个社会舆论力量的支持。由于单个纳税人的力量有限，只有得到广大纳税人的支持，纳税人诉讼才能产生较大的社

---

① ［日］田中英夫、竹内昭夫：《私人在法实现中的作用》，李薇译，法律出版社 2006 年版，第 87 页。

会影响。因此，保障纳税人结社权，实现"纳税人自由联合"，同时改革现行的新闻媒体"地方化"、"体制化"的现状，制定《新闻法》，保障新闻自由，以"第四种权力"来监督政府权力使其在阳光下运行显得极为必要。

第六章

完善中国纳税人基本权保护体系

中国是社会主义国家，社会主义是比资本主义更先进、更民主、更文明、更符合公平正义的社会。[①] 但是，由于现行的政治体制是由政府全面控制社会的计划经济体制改革而来，在计划经济时代，国家获取财政收入的手段不是采取税收的方式，而是采用在独占、垄断的基础上直接兴办国有企业，通过国有企业上缴利润这种直接的方式来获取财富，因此政府往往把自身获取收入的问题作为国有企业和政府之间的内部核算问题，也就是作为一个经济问题来看待，政府在获取收入时根本没有寻求社会公众同意的意识，由此整个社会形成的观念是：政府不是由人民供养的，而是相反，人民是靠政府养活的。但随着市场经济制度的建立，税收问题原本所具有的政治含义日益清晰起来。当代中国，"民主"、"法治"、"人权"、"财产权保障"已入宪，民众财产权

---

① 2008 年 3 月 18 日，温家宝总理在答中外记者问中指出，我们要推进社会的公平正义。如果说真理是思想体系的首要价值，那么公平正义就是社会主义国家制度的首要价值。公平正义就是要尊重每一个人，维护每一个人的合法权益，在自由平等的条件下，为每一个人创造全面发展的机会。如果说发展经济、改善民生是政府的天职，那么推动社会公平正义就是政府的良心。

意识得到极大的提升，人们已经普遍相信私人财产乃是个人不可剥夺的权利，除非个人自愿授予，国家无权强制拿走其中哪怕是再小的一部分。因此，伴随着财产权得到宪法的承认，税的正当性问题便随之凸显，税所蕴涵的政治含义已不容回避，与此相应的是，传统的那种"符合历史发展规律"、"历史的必然选择"的这类执政具有"天然合法性"的意识形态宏大叙事的论证方式正面临着质疑，政治宣传和道德说教越来越难以奏效，人们开始认识并强调民主必须注意细节①，法治建设必须关注"具体法治"②，公民基本权利需要制度性保障③，时代发展呼唤在中国出现一套尊重纳税人权利、以纳税人权利为本位的宪政的制度结构来规范个人与政府之间的交易。

第一节　中国纳税人基本权保护的问题意识

一　中国纳税人基本权保护的症结所在：控权危机

与西方法治国背景下"民主过剩"所导致的"租税国危机"所不同的是，中国纳税人基本权保护面临的是"民主不足"与"法治不足"所造成的困境：一方面，在中国集权主义政治文化传统，以及计划经济时代所形成的"全能政府"观念影响下，中国政府总体上仍倾向于把税收问题仅仅当作一个经济问题来处理，极力回避其中的政治意义和影响，"无代表无税"、"税收法定"原则未得到严格的贯彻，纳税人对国家征税权缺乏有

---

① 参见刘瑜《民主的细节》，上海三联书店 2009 年版。
② 参见贺卫方《具体法治》，法律出版社 2002 年版。
③ 参见高军《公民基本权利宪法保障论纲》，《云南行政学院学报》2007 年第 6 期。

效的控制;① 另一方面，政府在使用税款方面，显得过于随心所
欲，"三公消费"、"重复建设"等浪费严重的同时，社会保障制
度却迟迟建立不起来。

有学者指出，出现以上种种怪象的原因在于国家没有建立公
共财政、法治财政、民主财政和透明财政。② 笔者认为，以上怪
象发生的根源在于：受意识形态的影响，建立在公有制基础上的
国家被定性为人民利益的当然代表，在此意识形态的宏大叙事
下，忽略了人民如何授权、如何规范和监督的权利及建立相应的
制度性保障。虽然我国《宪法》第 2 条明确规定，"中华人民共
和国的一切权力属于人民"，"人民行使国家权力的机关是全国人
民代表大会和地方各级人民代表大会"，"人民依照法律规定，通
过各种途径和形式，管理国家事务，管理经济和文化事业，管理
社会事务"，但正如波普尔所指出的那样，现代民主的关键不是
权力的归属，而是权力的使用方式。宪法作为根本大法的特点决
定了其条款具有高度抽象性，需要建立相应的制度性保障机制，
并通过相关的立法予以具体化，唯有如此，宪法才不会沦为只供
欣赏的、只具有宣示意义的政治宣言和口号。但是，由于宪法中
上述民主条款的规定缺乏有效的制度性保障，实践中我国人民代

---

① 目前，我国税收法律中，经全国人大立法的只有《企业所得税法》、《个人所
得税法》两部，全国人大常委会通过的有《税收征收管理法》一部，其余则是由国
务院根据全国人大的授权以暂行条例、暂行规定等行政法规的形式颁布的，甚至一
些实施细则之类的制定权还被下放给财政部、国家税务总局等更低层次的政府部门。
财税机关事实上集具体行政行为与抽象行政行为于一身，既是政策的制定者，又是
政策的执行者。这种权力主导型、行政本位的税收立法，无疑违反了现代税收的宪
政原则，在造成立法层次低、所立之法权威性不足的同时，不可避免地突出税务机
关的权力，忽略纳税人的权利。学者指出，税法领域行政法规占主导、法律占次要
地位的"这一立法现状在世界各国都是罕见的"。参见刘剑文《关于我国税收立宪的
建议》，《法学杂志》2004 年第 1 期。

② 蔡定剑：《"自我革命"并不够》，《财经》2007 年第 18 期。

表大会制度尚存在着一些例如人大代表的间接选举[①]、代表的非专业化、代表中官员比例过多、代表人数过于庞大、开会时间短、议事程序不完善等缺陷，这些缺陷的存在，限制了人民代表大会制度的功能发挥[②]，正如有的学者指出的那样，"人大代表对草案的讨论称不上是真正的审议和辩论，他们也就在实际上无法对税收法律的最终内容施加有效的影响"[③]。以上理论表现在财政法律制度设计上，财政法虽然理论上代表着人民的意志，但在现实生活中却变成保障国家行使权力的工具。具体的表现是，大量的财政法规由政府执法部门制定，财政的民主统制被视为毫无必要的妄谈；财政法的核心主要不在于规范财政权力，而更多地在于推行国家政策；人民不仅难以实现对财政的决定和控制，在具体的财政执法中也难以得到程序的保障。这种理论和实践的

---

① 乡镇和县级人大代表实行直接选举，县级以上的人大代表由下一级人大代表代表选民选举，至全国人大代表的产生，则过于间接，至于全国人大的常设机构——全国人大常委会则离选民更远。

② 2010 年初，地方"两会"期间一个令人不安的现象是，与其他国家的代议士们拼命抵制政府的增税冲动，致力于帮助纳税人尽可能少缴一点儿税相比，增税或设立某种新税成为地方"两会"的人大代表和政协委员提案议案的热点。比如，在北京、山东、浙江的"两会"上，代表委员建议开征物业税以抑制房价，而且似乎箭在弦上马上就将开征。在上海的"两会"上，有人建议开征"绿税"以保护受到污染威胁的崇明岛。而甘肃"两会"上更有人提案要求开征气候变化税、能源税、碳税、碳排放基金、碳信托交易基金。另外，北京市人大也向中央提出了开征机动车环境税的建议。人大代表和政协委员是接受纳税人和公众的委托，代表公众利益去与政府进行博弈，帮助纳税人以尽可能少的钱从政府那里购买到数量尽可能多、质量尽可能高的公共服务和公共物品。也就是说，代表委员们应该更多去提减税建议，迫使政府更高效率地使用既有税收，而不是跟着政府一起喊加税。参见曹林《人民的代表为何也亢奋地喊增税》，《中国青年报》2010 年 2 月 2 日，第 3 版。

③ 宋丽：《民主视野下的中国税收立法》，载刘剑文主编《财税法论丛》第 2 卷，法律出版社 2003 年版，第 17 页。在我国，目前 80％以上的税收制度由国务院或者各部委制定，这明显违反了"无代表无税"、"税收法定"的原理，征税的权力应该归属人民代表大会。参见李炜光《征税权应归属人民代表大会》（http：//www. aisixiang. com/data/detail. php？id＝18385）。

背离使得财政法未能走出权力的阴影，其先进性自然受到了很大的限制。[①] 由于宪法没有明确将我国一切政府收入纳入财政预算，没有明确国库集中收付制度，加之《预算法》相关条款过于原则和空泛，以及我国国家审计采用的国际上公认的独立性程度最差的行政审计模式，致使在"预算资金"之外，又形成了"预算外资金"甚至"制度外资金"，财政乱象显著。[②] 同时，政府财政预算不透明，各级人大往往不能决定公共物品的供需，也很难对财政问题进行监督，从而导致人大民主制度的虚置，无法保证税款的"取之于民，用之于民"。李炜光教授曾尖锐地指出，当代中国财政乱象的根源即出在预算问题上，表现为缺乏一套完备的预算报告制度、预算监控制度以及预算听证制度，由此产生

---

① 熊伟：《论财政法的概念与调整对象》（http：//www.cftl.cn/show.asp？c＿id＝21&a＿id＝903）。

② 我国立法对于非税公课中的规费、受益费、特别公课未作具体、明确的区分，而社会公众对于这几个概念之间的差别及相应的法理内容则更是不甚了了，这几个概念常常混合在一起统称为"行政事业性收费"。迄今为止，我国尚无一部统一的《行政事业性收费法》，规定单项行政事业性收费的法律也极罕见。事实上，真正对公民影响大的是行政事业性收费，这些收费比税更坚硬，而没有任何法律上的依据，也无须人大的批准，主要通过行政机关自我授权式的行政审批方式进行，这种行政权的自我扩张基本不受立法权的约束，条块分割、各自为政现象严重，处于极为混乱的局面，几乎所有的行政事业单位甚至"人民团体"都有各式各样、名目繁多的罚款权和收费权（例如，北京市城管部门拥有的合法罚款权竟达285项）。有资料表明：1997年全国各类收费总额近4200亿元，相当于我国同期财政收入的45%，据财政部不完全统计，各级政府的收费项目即达6800余项。地方政府为了谋求自身利益的最大化，在缺乏足够约束的情况下，会产生乱收费的强烈冲动，虽然中央政府一直在强调整顿乱收费，并力图将非税收入纳入预算，但直到今天预算外的收费项目仍大量存在。有专家估计，过去的税费比例一度高达1∶1，而经过治理乱收费之后，目前的税费比例仍然达1∶0.6。以江苏为例，2005年非税收入总量为1107亿元，占地方财政总收入的30%以上。而所采取的一些措施，往往因上有政策，下有对策，使政策的效果大打折扣。特别是当前金融危机形势下，面对巨大的财政压力，地方政府收费的冲动明显。财政部公布的数据显示，2009年前7个月全国财政收入同比下降0.5%，但是非税收入实现5207亿元，同比大增26%以上。

的后果就是用钱的人用着别人的钱却可以不受约束、监督和制裁，而钱被别人用的人（纳税人）则无权决定和追究自己的钱的使用，无力维护自己的权益。①

作为联合国常任理事国和《经济、社会和文化权利国际公约》的签署国，我国宪法以"民主"、"法治"、"人权"为基础，虽然宪法中未明文规定纳税人基本权条款，但诸多条款通过解释可以引申出纳税人基本权保护的内容。例如，我国宪法中包含大量社会权条款的同时，还概括规定了国家建立健全同经济发展水平相适应的社会保障制度，宪法还规定了全国人大制定和修改包括税收法律等基本法律的权力、审查和批准国民经济和社会发展计划和计划执行情况、预算和预算执行情况的权力以及应当由最高国家权力机关行使的其他职权等内容。但遗憾的是，由于相应的宪法保障机制的不健全，上述宪法条款中所蕴涵的纳税人基本权保护内容未得到很好的贯彻。笔者认为，我国纳税人基本权保护的核心症结在于：民主的欠缺与虚置②，特别是人民代表大会制度的弱化，实践中甚至沦为"橡皮图章"和"举手工具"。如果说西方纳税人权利保护在某种程度上是一个"民主过剩"的"后现代问题"，那么对我国而言，还是一个控制权力的"近代问题"。权力导致腐败，绝对的权力导致绝对的腐败，"一切有权力的人都容易滥用权力，这是万古不变的一条经验，有权力的人们

---

① 李炜光：《〈预算法〉修订的思想底蕴》（http：//www. aisixiang. com/data/detail. php？id＝20260）。

② 在一些方面，我们虽然有民主的形式，但缺乏民主的实质。例如，公共政策的听证会在我国往往流于形式，甚至沦为为相关利益团体论证其实质上损害公众利益的政策的"合理性"、"合法性"的工具。例如，有关媒体披露的在网络上戏称为"洛阳水贵"的新闻，并真实地反映了这种有名无实的"民主"的尴尬。参见《洛阳城市水价欲涨超40％ 18名代表仅1人反对》（http：//news. sohu. com/20090801/n265640988. shtml）。

使用权力一直到遇有界限的地方才休止"①。一条基本的经验是：如果纳税人不管税，那么税必然管纳税人。政府的征税权力非常容易被滥用，正如哈耶克所言："开头微不足道，但是，如果不小心在意，税率就会很快翻倍，而且最终会到达没有人可以预见的地步，这合乎事物的本性。"② 在缺乏有效的制度性约束的条件下，政府税制设计、税的征收过程中必然会倾向于实现税收的最大化。③ 在我国，由于政府收入和支出过于自由，政府几乎是想收什么税就收什么税（到地方后更多表现为费，而且费大于税），由于政府征税权缺乏有效的约束，极大地刺激了政府扩大支出的欲望，财政支出规模追逐着税收而迅速膨胀，推动着政府的职能和规模的无限扩张，税征得越多，政府越大，而政府越大，税的需求也就越多，形成一种恶性循环，最终必然导致纳税人负担沉重与政府滥用税款并存的局面。④ 笔者认为，造成这种状况的原因在于：

① ［法］孟德斯鸠：《论法的精神》（上），商务印书馆 1997 年版，第 154 页。

② ［英］哈耶克：《自由宪章》，杨玉生译，中国社会科学出版社 1999 年版，第 170 页。

③ 在我国，由于税收事实上由行政单方面决定，这样的制度安排必然使追求财政收入增长成为政府追求的目标。因为行政部门是政府花钱的主体，由它来决定税，必然从自利的角度出发，只会想办法加税而不是减税。事实上，这种情形近年来在我国已经发生，自 1995 年以来我国税收连续 12 年平均增长 20%，而 GDP 平均每年增长却不到 10%，至于全国城乡居民的收入增长，更低于 GDP 的增长率。有数据显示，1997—2004 年，我国财政收入增长了 204.7%，而城市居民可支配收入却只增长了 82.6%，农村居民的人均收入只增长了 40.5%，居民收入增长滞后使其在国民收入中的比重不断下降。2003—2007 年，我国税收收入增速分别为 20.4%、25.7%、20%、21.9%、31.4%，而同期我国城乡居民储蓄存款增速却只有 19.2%、15.4%、18%、14.6%、6.8%。参见曹新《中国应该进入减税时代吗?》，《中国青年报》2008 年 10 月 13 日，第 3 版。

④ 2010 年政府税收近 8 万亿元，平摊到公民身上为 6000 元，纳税人负担已非常沉重。但政府还在试图推出房产税、环境税，上调烟草税，甚至连小小的车船税也不放过，以"节能减排"之名对车船税税率予以提高。这是一个非常危险的信号。

　　首先，传统的"路径依赖"①。在中国传统法律文化中，奉行的是国家本位观（义务本位），无论儒家还是法家的理论，法律均为治民的工具。在"普天之下，莫非王土。率土之滨，莫非王臣"的皇权家天下格局下，"专制的政权，是一个无能的筹款者"②，赋税由统治者单方面强加给民众，在征收方式上则依靠的是敲骨吸髓般的盘剥。在中国传统法律文化中，至多只能产生轻徭薄赋思想，没有也不可能产生财产权、税收契约、纳税人权利的思想。③ 近代中国，在西学东渐引进西方法律制度与学说的过程中，出于功利的目的，忽略了宪政的精神内涵。④ 在法学曾成为"显学"的民国时期，税法学说的引进及对税法学的研究亦遭受冷遇。⑤

　　其次，中华人民共和国成立后，沿袭了前苏联的计划经济体制，继承了其"无税"思想，国家控制了几乎所有的社会资源，包括各种经济利益分配在内的一切都由国家统一计划，税收作为国家财政计划的一部分，由中央政府自行决定。在计划经济体制

----

　　① 诺斯曾提出"路径依赖"学说，强调一个国家在社会经济制度变迁过程中历史文化因素产生的影响。

　　② ［英］埃德蒙·柏克：《美洲三书》，缪哲选译，商务印书馆 2003 年版，第 65 页。

　　③ 有相当多的研究成果显示无财产权即无自由。参见［美］詹姆斯·布坎南《财产与自由》，韩旭译，中国社会科学出版社 2002 年版。美国学者理查德·派普斯在《旧体制下的俄罗斯》中认为，在苏联时代达到巅峰状态的极权主义可以溯源到俄罗斯历史上长期实行的"家长式专制"。这一体制没有把统治权和财产权分开，沙皇同时担任其王国的统治者和所有者的角色。参见［美］理查德·派普斯《财产论》，蒋琳琦译，经济科学出版社 2003 年版，"内容简介"第 3 页。

　　④ 高军：《试论当代中国宪政文化建设》，《云南行政学院学报》2007 年第 4 期。

　　⑤ 《民国时期总书目》（法律）收录的 4300 余种图书中，竟无一部税法研究方面的图书。参见北京图书馆编《民国时期总书目》（法律），书目文献出版社 1990 年版。

下，企业缺乏自身独立的经济利益，仅仅是政府的附属物，国家统购统销，企业以利润的形式上缴给政府，集体农业劳动的成果，除了个人必需的生活和生计外，大都全部归公，而个人则更是被排斥在税收之外，从而隔断了税收与绝大多数公民的直接联系，淡化了公民的纳税意识。

再次，中华人民共和国成立后，在经济思想上奉行的是马克思主义国家学说中的国家分配论和国家意志论。马克思主义国家学说与"强制"、"义务"观念紧密相连，"实际上，国家无非是一个阶级镇压另一个阶级的机器"[①]，"为了维持这种公共权力，就需要公民缴纳费用"[②]。这种从集体本位出发构建税收理论与中国传统法律文化中集体主义不谋而合，而且与当时的计划经济体制相适应，这些观念进入税法学的领域，税收的强制性、无偿性、固定性被过分强调，"所谓赋税就是政府不付任何报酬而向居民取得的东西"，国家与公民之间是命令服从关系，公民处于从属地位。我国传统的税法理论中对税收的定义基本上借鉴的是税收学的定义方式，即"税收是为满足一般的社会共同需要，凭借政治权力，按照国家法律规定的标准，强制地、无偿地取得财政收入的一种分配关系，在这种分配关系中，其权利主体是国家，客体是人民创造的国民收入和积累的社会财富，分配的目的是为了满足一般的社会共同需要"[③]。税收法律关系双方被认为具有不平等地位，国家成为只享有征税权力而无须承担任何代价或义务的权力主体，公民成为担负纳税义务而无权索取任何回报的义务主体。征税的主导者是政府，税收事务由政府自己说了

---

① 《马克思恩格斯选集》第 2 卷，人民出版社 1972 年版，第 336 页。
② 《马克思恩格斯选集》第 4 卷，人民出版社 1972 年版，第 167 页。
③ 严振生编著：《税法》，北京大学出版社 1999 年版，第 1 页。

算，征哪些税、向谁征、征多少、怎样征、用在哪，都是由政府单方面决定的，纳税人无权置喙，纳税人的义务就是交税，因此纳税人被称为"纳税义务人"。这种用税收学、财政学上的定义来表达法律上税的概念，正如北野弘久教授所指出的那样，是完全站在国家财政权力的立场上构造出来的，它无法向纳税人提供富有实践性、建设性的法理。① 这种国家本位理论导向下的税收，以取得财政收入、完成税收计划为根本，具有较强的政治色彩和强制性。这不仅导致实践中纳税人迫于某种威慑力而缴纳税收，纳税自觉性和主动性降低，进而出现普遍的、严重的偷逃税等问题，而且容易导致征税机关在税收工作中站在"国库主义"的立场，以维护"国家利益"为名，过分强调纳税人的义务，不依法行政、侵犯纳税人合法权利行为的发生。

二　中国纳税人基本权保护的目标：建立并完善公共财政体系

一个政府的"正当"统治是建立在国家财政的基础之上的，统治秩序合法化的过程就是良善的财税制度逐步确立的过程。极度恶化的财政状况足以导致国家统治的"合法性危机"，并招致政权灭亡的命运。② 在现代社会，与法治社会相对应的是公共财政（public finance）。所谓公共财政是指在市场经济条件下，主要为满足社会公共需要而进行的政府收支活动模式或财政运行机制。公共财政的运行过程体现了国家在管理体制上的"公共性"，即公民通过选举的方式产生代议机关，代议机关通过审议、批准

---

① ［日］北野弘久：《税法学原论》，陈刚等译，中国检察出版社 2001 年版，第 18 页。

② 赵世义、刘连泰、刘义：《现行宪法文本的缺失言说》，《法制与社会发展》2003 年第 3 期。

政府财政预算的方式管理财政收支，形成代议机关受托于民、政府受托于代议机关的公共财政关系。公共财政具有以下特征：①是民主财政。所谓民主财政是指在作为国家根本大法的宪法的框架内有效控制政府的一切收入和支出，确保需经公众一致同意之后，纳税人上缴的钱能够既被合理地取之于民，更被完全地用之于民。因此，民主财政强调的是规则与程序导向，与钱袋子在行政机关手里不同，民主财政下钱袋子在立法机关手里，政府想要立项，必须到立法机关去要钱。与传统"国库主义"财政所不同的是，民主财政不是以抽象的国家为本位，而是以个体的公民为本位的，它关心的是如何使包括财产权在内的公民权利免遭政府权力的粗暴侵害，绝不热衷于一味鼓动政府挖空心思多征税，甚至在税外另收费，大手大脚乱花钱，甚至不惜出现巨额赤字。[①] ②是法治财政。公共财政必须建立在法治国家的基础上，政府一切财政收入、支出均实现法的统制。③是阳光财政。公共财政制度以纳税人基本权为本位，在公共财政制度下，预决算详细、清晰，官员的薪资、津贴、政府公务开支等公共财政信息都曝光在公众视野内。④是服务型财政。公共财政以纳税人为中心，它内在地包括三层含义：第一是征税和用税必须征得纳税人的同意；第二是公共财政以满足纳税人公共物品的需要为使命；第三是财政平等，意指在财政制度上对公民的平等对待，既包括财政收入方面义务人的平等牺牲，也包括财政开支方面权利人的平等收益，还包括在财政程序方面的同等条件同等处理等。当然

---

① 吉永生：《"审计风暴"可否刮出民主财政来》，《创造》2004 年第 9 期；刘军宁：《从民生财政到民主财政》（http://blog. sina. com. cn/s/blog _ 492d06fb010 0gczl. html～type＝v5 _ one&label＝rela _ prevarticle）。

这种平等是相对的平等，而不是绝对的平均或无差别。[①] 因此，可以看出，公共财政是适应市场经济和民主政治的发展而出现的，要求公众对政府的财政支出进行监督，促进其恰当使用，是宪政国家所要求的人民主权原则和法治精神的重要体现，其实现对规制国家权力和保障公民权利有着独特价值。

在我国，随着市场经济的建立，传统的国家财政开始向公共财政转变，与此相适应，政府的财政支出也应体现市场的意志，即政府的支出与财政收入应形成一种市场等价交换关系。1998年，我国政府提出建设"社会主义市场经济条件下公共财政框架"的构想。2002 年 7 月，李岚清在全国财政工作会议上指出：财政的首要任务是保证必要的公共支出，公共财政体制下的财政支出一般主要用于满足社会公共需要和社会保障方面。2003 年10 月，中共第十六届三中全会通过的《中共中央关于完善社会主义市场经济体制若干问题的决定》（以下简称《决定》）明确要"推进财政管理体制改革，健全公共财政体制，明确各级政府的财政支出责任"。《决定》指出：要"改革预算编制制度，完善预算编制、执行的制衡机制，加强审计监督，建立预算绩效评价体系。实行全口径预算管理和对或有负债的有效监控，加强各级人民代表大会对本级政府预算的审查和监督"。此后，公共财政建设在我国开始被提上日程。笔者认为，建立公共财政体制，内容千头万绪，根本着眼点在于建立一个政治博弈过程，实现纳税人对政府"钱袋子"的控制，并在此基础上逐步建立起一套完善的以控权为核心的理性的国家制度构造与设计。

---

① 江国华、韩姗姗：《从村民社会到公民社会——宪法与新农村建设的财政视角》，《岭南学刊》2007 年第 2 期。

第二节　完善中国纳税人基本权保护的途径

一　强化人民代表大会制度

有关税事问题的核心的因素是纳税人的"同意"，即所谓的"民主的实质就是人民控制住国家的钱袋子"，理想的状况当然是全体纳税人一致同意，但这事实上不可能，且成本巨大，因此纳税人通过行使选举权，产生代表组成议会，由议会代纳税人行使表决权。[①]当代世界，除了一些小国在一些税事问题上尚实行全民公决外，代议制为法治国家所普遍选择。代议制体现了税事问题上的道德性，体现了交易双方自愿的同意，彼此尊重对方的权利，而不是基于暴力的威胁。因此，从宪政的维度来审视税收关系，可以发现现代税收关系与宪法都建立在一个共同的基础上——即人民主权的国家制度。人民主权的含义是指：唯有人民才是国家权力的来源，也唯有来自人民授予的权威，才具有正当性，国家政策最后应取决于国民全体，国民的意志才是国家统治权的正当性基础。在民主国家中，人民主权原则具体运行的程序是：国家政策的最高决定权应由全体国民拥有，透过政治意见形成的程序，国民可将其意志传递至国家机关，国家权力的行使也因此获得正当性。人民主权体现在财政方面，即所谓的财政民主主义，它要求人民通过一定方式对重大财政事项行使决定权，由于现代社会人民行使权力的机构大多是议会，一般情况下，财政民主主义主要表现为财政议会主义，即国家重大的财政事项必须经过议会的同意（或由议会制定法律予以规范）才能付诸实施，

---

① ［美］詹姆斯·M.布坎南、戈登·塔洛克：《同意的计算：立宪民主的逻辑基础》，陈光金译，中国社会科学出版社 2000 年版。

否则就不具备合法性。财政民主主义之所以被强调，原因在于国家掌握了巨大的资金，通过财政收支不断循环，其运用的好坏，直接关系到国家的长治久安与人民的幸福与不幸，由于财政收入来源于人民，在理论上也是用之于民的，那么到底如何收取和支配这些资金，理应由人民掌握最后的决定权。[①]

　　根据宪政理论，政府是由纳税人供养的，纳税人当然有理由要求政府为自己提供高质量的服务。政府作为一个公共机构，其最基本的功能在于"组织和执行公共物品的供给"，包括产权保护、市场环境和秩序、基础设施、社会保障、国家安全等。为了有效地防止决策者个人偏好代替民众偏好的现象和侵害纳税人权利现象的发生，纳税人有权通过一定方式参与政治（如议会、人民代表大会等），将治税权和预算权真正掌握在自己手中，有权要求政府所征之税只用于向社会提供公共服务和公共物品，而不能用它来谋取自己的私利。因此，财政权是代议机关的重要职权，是人民主权的基本保障。只有人民真正掌握了国家的财政权，才能恰当地赋予政府与人民所要求的公共物品种类、数量和质量相符的财力，从而决定和制约政府活动的能力和范围；才能实现对私有财产权的保障，阻止政府权力的无限扩张，从而既保证政府行使公权力的能力，又保护人民的财产权；才能真正保证司法独立，从而有效监督政府行为的合宪与合法性。

　　但是，长期以来，我国人民代表大会制度由于存在着一些具体操作层面上的缺陷，限制了其包括财政事项决定权在内的权力的行使。笔者认为，强化人民代表大会制度是实现我国纳税人基本权保护的前提，应主要围绕以下三个方面进行：

---

　　①　蔡茂寅：《财政作用之权力性与公共性——兼论建立财政法学之必要性》，《台大法学论丛》1996 年第 25 卷第 4 期。

（1）改革人民代表大会制度。实行人大代表的直接选举以增强代表性，减少人大代表的人数，减少人大代表中官员的比例①，加强代表的基本财税专业修养，并逐步实现代表的专业化。

（2）收回 1984 年在税事问题上的概括授权，履行税收立法的职责。我国《立法法》第 8 条、第 9 条规定税收立法只能制定法律，经过法律授权，可以就某些方面制定行政法规。第 10 条规定，"授权决定应当明确授权的目的、范围。被授权机关应当严格按照授权目的和范围行使该项权力。被授权机关不得将该项权力转授给其他机关"。第 11 条规定，"立法事项，经过实践检验，制定法律的条件成熟时，由全国人民代表大会及其常务委员会及时制定法律。法律制定后，相应立法事项的授权终止"。《税收征管法》第 3 条也对税收立法权限作了与立法法相同的规定。1984 年全国人大常委会通过的《关于授权国务院改革工商税制发布有关税收条例草案试行的决定》近乎空白授权，本身即违反了授权明确性原则，至今 25 年的实践，已难谓制定法律的条件不成熟，因此，全国人大应及时收回 1984 年在税事问题上的概括授权，履行税收立法的职责。

（3）强化人大预算审批的功能。在我国，实践中某一笔钱从预算、划拨到使用、决算的整个过程几乎都未被真正纳入人民或人民代表及其组织机构人民代表大会的监控视野。特别是由于预算编制的权力主要掌握在政府部门手中，哪些项目该入预算以及如何进一步细化，往往由政府自身说了算，而受专职能力以及审

---

① 在我国，本来需要人大代表监督的政府官员自身就是人大代表，而且人大代表又不是专职。我国人大代表中党政官员比例过高并不是什么秘密，在这种情况下可以说一些人大代表只代表了官意，很难说真正代表了基层民众。

批时限等条件的制约，作为纳税人代表机关的人大，在预算审查上常常显得有心无力，很难对预算编制形成实质性监督。因此，通过在人大内部成立专业的预算委员会①，委员会由经济和法律专家组成，专门负责预算的审批，实现预算的科学化、规范化，调整预算年度使与人大开会时间同步，改革人大开会的议事方式，通过一点一滴的"具体法治"，使人大能真正地控制政府的预算、决算，实现控制政府钱袋子的功能。

二　参考并在一定程度上遵循租税国的逻辑

"租税国"概念为著名经济学家熊彼特所首倡，它成为沟通西方法治国家政治与经济之间的桥梁，被学者称为"宪法国体"②。依德国学者 Isensee 的分析，租税国的特征与要件主要包括：①租税国国民不负有劳务或实物给付之义务。现代国家为信用经济，以货币经济为基础。租税国租税缴纳，以金钱给付为原则。②租税国国民不负有劳务给付义务，金钱给付乃以定期、规律性之收入为标准。③就现代国家而言，由于国家支出持续增长，为满足不断之国家财政需求，只有租税才能负担之。因此，租税乃成为现代理性国家之特征。④租税乃现代国家主权之表征。租税国乃基于单方、强制、高权之命令。就民主国家而言，租税非仅为政治上现实，而实寓有宪法上理念：租税象征主权，乃确保多数统治与代议意思之形成。⑤租税义务，乃与纳税义务人之对待给付无关。⑥取得财政收入为租税之唯一目的（目的

---

①　现在全国人大常委会有个预算工委，但只有 20 多人，要想审查国家每笔预算支出，难度太大。

②　葛克昌：《宪法国体——租税国》，载葛克昌《国家学与国家法》，月旦出版公司 1997 年版，第 137 页以下。

税、规费、受益费为其例外)。⑦国家不从事经济活动，而留予社会去开发，国家仅对社会无力进行之经济加以参与。租税不仅系负担，同时也是经济自由和职业自由之保证。⑧租税国家乃以国家社会二元化为前提。国家是具有目的理性的有组织的统治机关，社会是个人或团体向其自我目标自由发展的领域。国家拥有课税权，课税的客体（所得、不动产、营业），其处分权归诸社会，并由法律制度保障。⑨租税自身具有法则，不容违反，否则租税制度与租税国均受危害。其最主要的法则是：课税平等原则及税源保持原则。负担平等原则与租税本是同根生，租税负担须在各国民间公平分配，国民在各种租税法律关系中须受平等待遇，纳税义务应普遍适用各国民，租税客体的选择及税额的裁量均受该原则拘束，平等要求须与社会潮流相配合，并与具体正义相协调；不得过度征收。

当前，税收在我国财政收入中已占据核心地位，从数字上看，1999 年我国税收收入占财政总收入的比重为 93.35％，2000年为 93.93％，2001 年为 93.38％，2002 年为 93.30％，2003 年为 92.18％[①]，在某种意义上可以说，我国已从改革开放前的"企业者国家"转变为"租税国家"[②]。从财政国家的角度看，可以说财政收入就是税收收入，财政支出就是税款的使用支出，国家的活动就是围绕着征税和用税进行的。季卫东教授曾指出，"既然国家承认了私有制，那么其主要职能就变成对财产权和契约提供保障性服务；在这种情况下，国家必须公平地、以契约当

---

① 中国财政年鉴编辑委员会：《中国财政年鉴》（2004），中国财政杂志出版社 2004 年版，第 291 页。

② 但我国财政现状是除了预算内收入外，还存在着预算外收入，甚至大量的制度外收入，我国税收收入以外，还存在着一个庞大的非税收入，其数目几乎相当于正式的税收收入。

事人之外的第三者出现并根据这一定位来设计各种制度安排"①。虽然我国有我国的具体国情，"租税国"的逻辑及其所包含的内容不能完全适用于我国，但由于市场经济具有共通性，"租税国"的部分内容对我国亦不乏参考价值。

（1）逐步建立以个人所得税为核心的直接税体制。② 个人所得税是人们从属于自己的财产中拿出一部分来缴纳个人所得税，并且这种付出是不可能得到任何补偿的，因此，在所有的税种中，只有个人所得税最能引起纳税人的"税痛"，最能增强其"税意识"，纳税人对税率一丝一毫的提高都会极为敏感并极力反对，并对政府如何使用税款的问题最为关切。因而也只有个人所得税为主的税制结构对于宪政民主的转型具有特殊的意义，有助于在私人财产权和国家税收之间构建起宪政性质的联系。③ 个人所得税为核心的直接税体制将极大地促进个人纳税者的主体意识，现代公民意识的觉醒、现代公民的出现、国民的现代化必然倒逼出中国政府的现代化。④

（2）财政支出法治化。公共财政体制下政府的基本职能是"经济调节、市场监管、公共服务和社会管理"，政府的投资不仅背离了政府的职能，而且会干预微观经济、破坏正常的市场经济秩序。公共财政体制下，政府应当中立，不应干预微观利益，因

---

① 季卫东：《中国宪法改革的途径与财产权问题》，《当代中国研究》1999 年第 3 期。

② 目前，在法治较为健全的国家，政府税收总收入中，所得税比重均在 40% 以上，增值税等流转税所占比重在 40% 左右。尤其是在美国，所得税占到联邦税收的大头。而在中国，流转税与所得税——包括个人所得税与公司所得税——占税收收入总量的比例分别为 67% 和 33%，流转税比重异乎寻常的大，而个人所得税只占 7%。参见秋风《纳税人的维权意识》，《新财经》2009 年第 11 期。

③ 李炜光：《论税收的宪政精神》，《经济活页文选》2004 年第 5 期。

④ 闲言：《当个人成为纳税主体》，《凤凰周刊》2007 年第 14 期。

为这是市场机制自身能解决好的问题。因此，政府应从"经济建设型"向公共服务型政府转变，逐步从竞争性领域中退出，而致力于市场机制资源配置作用发挥得不够好的领域——社会公共领域，主要着眼于弥补市场缺陷，解决目前医疗卫生、社会保障、基础教育等领域公共物品缺位的问题，促进社会的公平与正义。①

（3）公共财政体制的目标为"小政府"，即我们需要一个廉价政府而不是一个昂贵的政府为我们提供公共服务，但必须强调的是，"所谓发展市场经济需要'小政府'的说法，其本意是要减少束缚而不是取消保障，是限制权力而不是推卸责任"②。因此，当前那种不负责任的将公共服务甩包袱推向市场的做法，违背了政府责任伦理，必须停止。

三　完善公共财政法律体系

（一）完善财政宪法

作为国家的根本大法，"宪法的功能不同于位阶在宪法之下各种法律，宪法不但明定立法者之裁量范围及界限，同时对于不同法律间因不同之评价标准所造成之漏洞与差异，负有整合及统

---

① 在我国，国有制与行政管制使政府控制的资源、权力太多，民间创业的制度成本过高、制度障碍严重。当前金融危机期间，我国出现了"国进民退"的现象，一方面，民营企业负担沉重，普遍处于困顿局面，但国有企业却大规模扩张（例如，中粮集团在房地产业的扩张、山西省政府通过一纸政令推行"煤矿重组"，将民营煤矿经营权收归国有等），另一方面民间特别是普通民众无消费能力，扩大内需缺乏后劲，事实上，当前我国 GDP 保持调整增长主要依靠政府的投资推动，GDP 虽增长，但普通民众生活并未得到明显改善，甚至在通货膨胀压力下有所下降。这种现象的存在，在某种程度上是我国法治建设存在倒退危险的信号。

② 秦晖：《"强化政府责任"而非"扩张政府权力"——从"医改失败"看中国公共服务部门的问题》，《中国新闻周刊》2005 年第 8 期。

一之功能"①。在德国，"联邦宪法法院将整个法律秩序理解为一个层次分明的价值判断的内部体系、一个受到各方面约束的法律价值标准的层级秩序。位于该层级顶点的是宪法基本判断"②。因此，法治的前提是必须存在一部规范意义的宪法。③ 作为"高级法"的宪法，体现一种超验判断，能够对抗以法律名义制定的非法之法。④ 故法治国家必须制定一部良宪。⑤ 一部宪法是否属于良宪，其判断标准一方面在于该宪法是否真正地体现了民主、法治、人权的基本精神，另一方面在于该宪法的内容是否完备、科学以及该宪法的保障装置是否有效。科恩在论述"民主的法制条件"时亦指出，"在实行民主的社会中，某些原则是必须写进宪法中去的。这些即保证允许并保护公民从事参与社会管理所需要的各种事项的原则。这些保证就是民主的法制条件"⑥。由于财政对一国而言极端重要，因此，各国宪法大都花费较多的篇幅规定基本财政事项。特别是现代国家是租税国家，国家与公民的基本经济关系即为税收关系，税收直接涉及公民的财产权和自由权，因此，依照民主立宪的原则，有关税收活动的基本法律原则与基本制度都理应由宪法加以规定，以限制政府的征税权力，保障社会成员的财产不受因过度征税而造成的非法掠夺，已成为现

---

① 葛克昌：《租税规避与法学方法——税法、民法与宪法》，载葛克昌《税法基本问题（财政宪法篇）》，北京大学出版社 2004 年版，第 3—4 页。

② ［德］魏德士：《法理学》，丁小春、吴越译，法律出版社 2003 年版，第 331 页。

③ 规范宪法的提法，参见林来梵《从宪法规范到规范宪法——规范宪法学的一种前言》，法律出版社 2001 年版。

④ 宪法"高级法"的提法，参见［美］爱德华·S. 考文《美国宪法的"高级法"背景》，强世功译，三联书店 1996 年版。

⑤ 良宪的提法，参见汪进元《良宪论》，山东人民出版社 2005 年版。

⑥ ［美］科恩：《论民主》，聂崇信、朱秀贤译，商务印书馆 1988 年版，第 121 页。

代世界的一种共同的做法。① 例如，有学者通过对世界上 111
个国家的宪法进行考察发现，包含有税收条款的宪法有 105
个，占 96.4%。因此可以看出，税收的地位得到了世界绝大多
数国家重视，税收立宪是世界绝大多数国家的共同做法，进而
提出我国税收立宪的意义。② 还有学者对美国、英国、法国、
加拿大、德国、意大利、日本、韩国、俄罗斯、澳大利亚等 10
个国家的宪法中出现"税收"字样的条款作了统计，发现在这
些国家宪法中涉及税收的条款至少有 2 条，多的达到 7 条，并
且得出结论："各国宪法上都有涉税条款的规定，并且在税收
法律主义、税收权限的划分、转移支付等方面各国宪法规定呈
现出趋同性，这表明虽然宪法会因国情不同而不同，但这种趋
同性反映了税收立宪中的共性，是一种普适性的知识，可以为
我们修宪借鉴。"③

当代西方法治先进诸国，无不将税收法定、税收公平、纳税
人生存权保障等原则写入宪法，纳税人基本权的宪法保障理由主
要包括：

首先，宪法内容的开放性。宪法本身是一种具有"框架秩
序"的规范，其内容呈现开放性，宪法规定多为低密度规范的指
示，即制宪者有意识地保留给各宪法机关一个自主活动空间。依
国民主权原则，立法机关具有直接民主正当性，关于框架内容的
填补与充实，立法机关可认为是最适切的机关功能主体，而享有

---

① 王鸿貌：《税收合法性研究》，《当代法学》2004 年第 4 期。
② 翟继光：《税收法定原则比较研究——税收立宪的角度》，《杭州师范学院学报》2005 年第 2 期。
③ 史学成：《税收国家的立宪要求》，载刘剑文主编《财税法论丛》第 3 卷，法律出版社 2004 年版，第 53 页。

一定程度的形成自由空间。① 不过，立法机关所奉行的多数原则虽然是民主程序的基本要求，但多数决定的立法并非一定是真理的实现，其仅是试误过程而已，因此有可能是错误，甚至是违宪的。在一个实质法治国中，立法权有其宪法界限，多数决定不能背离正义的基本要求，尤其是应受到基本权利与正义的拘束。况且多数决原则，仅系促成民主国家体制的其中一种要素，"民主"概念尚须借由宪法的基本价值决定形塑。尤其任何民主的多数决定，必须重视基本权利作为具有拘束力的价值秩序。② 因此，法律除应由立法机关，依一定的程序而制定外，尚须具备符合宪法规定的实质内容，就税法而言其必须接受租税正义的约束，"否则摒弃一切宪法约束，达成最高税收之税法即为最合理之税法，其不当实不待解说而自明"③。

其次，现代国家财政支出的扩大易导致征税的无度。虽然课税是对人民基本权利的侵害，但并非每一受害人均能清晰洞察。"盖租税国家于行使其权力时，尽可能不引人注目，乃惯于让纳税义务人税源扣缴、预估暂缴；或借税单定型化使纳税命令宛如证书之作成；由税目多元化而隐藏实质之重复课税；透过间接税使纳税义务人在不知不觉中缴纳；直接税则借由限制财产增值及损费限额之认定，使得账面营利所得不至减少"。因此，单凭租税法定主义的形式要求，并不足以保障纳税义务人之基本权，而需另加以宪法上之前提以审查税法自身之明确性。④ 此外，民主

---

① 李建良：《论立法裁量之宪法基础理论》，《宪政时代》第 26 卷第 2 期。转引自黄俊杰《财政宪法》，翰芦图书出版有限公司 2005 年版，第 270 页。

② 黄俊杰：《财政宪法》，翰芦图书出版有限公司 2005 年版，第 267—268 页。

③ 陈敏：《宪法之租税概念及其课征限制》，《政大法学评论》第 24 期。

④ 葛克昌：《人民有依法律纳税之义务——大法官会议解释为中心》，载葛克昌《税法基本问题（财政宪法篇）》，北京大学出版社 2004 年版，第 29—30 页。

制度导致支出意愿大增，从而导致"租税国危机"。在民主制度下，议员依其偏好及利益团体的压力，不断有崭新的或追加的社会福利法案或计划提出，其财源均来自于一般的纳税义务人。虽时过境迁或环境改变，但囿于既得权难以取消，逐渐成为国家的长期负担。因此，议会保留、民主参与程序及立法程序的公开透明化，并不一定能保障纳税义务人，宪法上所保障的自由权与财产权，不能单单依赖议会的审慎计算，而须对所立之法律，加以实质之限制。① 由于纳税人基本权并未在政治结构中取得一个长期或近乎永远的地位，于是纳税人的宪法保护，不得不走向历史舞台。②

再次，税收函令行政现状易侵及纳税人基本权。对于税法而言，由于税收事务高度复杂并具有技术性，且处于不停的变动之中，寄希望税法事无巨细地对所有事项予以规范，事实上不可能也根本无法做到。而作为法律解释与适用机关的司法部门，限于人力与资源，实际上无法对所有的法律规定预先作出解释，以供行政机关执行法律时备用，另外，基于司法消极的不告不理的原则，未发生诉讼的事件，司法机关不得加以介入。因此，希冀司法机关就所有的法律事前颁布司法解释以供行政机关适用，现实上无法办到。毋宁，应先让行政机关在适用其主管业务所涉及的法律规定时，令其先提出其主观上认为适当的解释意见，如果行政相对人同意行政机关所提出的解释意见，则行政机关根据该解释所作成的行政处分，因为人民未对之异议，即产生事实上的效力。反之，如果行政机关所提出的解释意见，人民主观上认为不

---

① 葛克昌：《人民有依法律纳税之义务——大法官会议解释为中心》，载葛克昌《税法基本问题（财政宪法篇）》，北京大学出版社 2004 年版，第 30 页。

② 葛克昌：《租税国危机及其宪法课题》，载葛克昌《国家学与国家法》，月旦出版公司 1996 年版，第 114 页。

当，则可在个案中对行政机关根据其解释意见而作成的对其不利益的行政处分，提起行政救济程序。此时，再由司法机关来予以定夺，究竟行政机关的法律解释意见或人民的反对，何者为正确且适当。[①] 但是，税收实际中的函令主宰现状，极易侵及纳税人基本权，因此必须确立违宪审查的标准。

此外，自近代以来，西方各国财政宪法的内容处于不断扩大的趋势。近代市民革命的成果，除了确立强制性的财政收入作用应经人民代表议会同意的"财政议会主义"之外，并同时指明财政作用的公共性来自于人民全体之利益。在早期资本主义自由法治国时代，奉行"自由放任主义"，国家机能仅限缩在国防、治安与税收三个领域，国家财政规模有限，宪法对财政作用的统制，仅以"租税法律主义"为限。然而，随着社会法治国的到来，"最少干涉之政府即最佳政府"的思想逐渐被扬弃，国家扮演的角色日益加重，随之而来的是各种公共支出的大幅度增加，国家财政规模日趋扩充。此时，对财政收入、管理、营运以及支出作用之完整宪法规范，亦日显其必要性。[②] 一些国家宪法中设"财政"专章对之予以规范。

当前，就我国宪法而言，财政制度方面的内容并未如德、日等国宪法设有专章规定，其规范方式，有散乱及层次不一的缺憾，而且对国家财政权的相关规定亦极为粗陋，仅有的几条与预算有关的条款，仅仅明确了各级立法机关在预算方面的审批权，以及国家行政机关的预算编制权，而对于国债、国库以及税收立法权限、税收的范围、中央和地方税收权限的划分等都没有明文

---

① 柯格钟：《税法之解释函令的效力——以税捐实务上娼妓所得不予课税为例》，《成大法学》第 12 期。

② 许志雄等：《现代宪法论》，元照出版公司 2008 年版，第 367 页。

规定和严格的界定。直接涉及税收的条款只有一条，即第 56 条规定的"中华人民共和国公民有依照法律纳税的义务"，学者指出："从税收立宪的起源及其本质来讲，税收立宪重在规范国家征税权、保护人民的基本财产权和自由权，而我国宪法的这一条规定显然是从维护国家权利、保证人民履行义务的角度出发的，很难说我国已经进行了税收立宪。"[①] 我国宪法的这种状况和财政立宪的精神相去甚远，也和一个大国的地位不相协调。这些财政立宪的不足会导致财政秩序的混乱，甚至存在发生财政危机的可能性。[②] 由于宪法在国家法律体系中具有最高地位，宪法具有公民权利保障书的特性，所以完善财政宪法的规定可以使纳税人基本权保障获得直接的宪法依据。

笔者认为，我国财政立宪必须注意以下问题：

1. 财政立宪的核心

在对待征税问题上，纳税人与政府的态度处于对立的状态，正如穆勒所言，"政府的利益在于课以重税，共同体的利益在于尽可能减少纳税，少至只能维持政府的必须开支"[③]。所处的位置决定了政府官员必然会抱怨财政收入还不够多，财税部门的官员声称民众税负还不够高，但一个受法治、宪政约束的政府对税款的需求必须面对一个宪法性边界，那就是民众的承担意愿。因此，财政立宪的核心主要在于控制征税的规模。

公共选择学派即基于此而提出立宪经济学理论，主张制定财政宪法。因为，"在这种非制宪背景下，未来的纳税人当然易于受到把征税能力利用到极致的政府的剥削"，"未来或潜在的纳税

① 刘剑文：《关于我国税收立宪的建议》，《法学杂志》2004 年第 1 期。
② 童春林：《财政立宪问题探析》，《法学杂志》2008 年第 2 期。
③ 转引自〔澳〕布伦南、〔美〕布坎南《宪政经济学》，冯克利等译，中国社会科学出版社 2004 年版，第 1 页。

人显然都愿意在预算期开始以前对征税权实行宪法约束，这种约束是为了在立宪以后的所有税期制约财政权力的运用"。如此，人们才能够预测，并且可以适当的调整其行为，当然还包括一些需要较长时间规划的行为。[①] 亦即由于税收意味着资源由私人部门流向公共部门，因此，实行税收立宪，就可以为经济活动提供一个稳定的经济和法律环境，使纳税人能够通过对预先确定的税收法律的了解而获得对于税收负担的可预测性，从而促进经济的发展。因此，宪法作为一国的根本大法，其基本的价值目标是通过对政府施加合法的制约来防止权力被滥用。在宪法中规定税条款，其目的在于划定国家通过税收汲取公民财产权的范围，如果国家超出范围征税，公民有权拒绝。[②]

此外，从经济学的角度来看，税收不应是根据政府需要来决定收取的，更不是越多越好，而是依据需要完成的公共事务仔细计算的结果。[③] 不同于一般经济以追求赢利为目的，国家财政以非营利性为目的，奉行量出为入的原则。国家财政所应考虑的事项，乃如何应用财政手段，达成维持国家的独立安定、促进国民生活的安宁幸福等公共目的，而不再以取得超额的收入为目的。财政上没有求盈余或讲积蓄的观念，因为财政的收入，是以供应财政的必需支出为限度的，并且是以实现财政收支平衡为正常目标的，否则难免不成为"聚敛式的财政"，以致民间的财富集中

---

① 　[澳] 布伦南、[美] 布坎南：《宪政经济学》，冯克利等译，中国社会科学出版社 2004 年版，第 223 页。

② 　毕金平：《我国税收立宪之探讨》，《安徽大学学报》2007 年第 6 期。

③ 　我国现行税收体制建立在国家本位而非纳税人权利本位基础上，始终以追求税收的增长，增加政府对社会控制力量和对社会财富的汲取能力为目的。而且"财政收支计划的确定，很大程度上是长官意志的产物"。参见张馨《财政公共化改革》，中国财政经济出版社 2004 年版，第 121 页。

于国库，这是应该严加禁止的。① 因此，民主国家的税收体制都采取的是"量出为入"原则，即依据公共事务决定征税征取。②

2. 财政立宪的前提预设

"正义是社会制度的首要价值"③，规则尤其是作为社会元规则的宪法本身必须保证公平和正义，而公平正义的规则产生必须遵循科学的前提预设。宪政的基本精神就是有限政府、权力制约和权利保障，宪法在设定政府权力的同时，必须对权力进行分工，限定权力行使的边界，以保障公民权利不受侵犯。在财政立宪的前提预设上，必须坚持"性恶论"、"无赖假设"④。虽然在情感上难以接受，但人类的历史已充分证明了：对统治者持人性乐观的态度往往导致悲剧性的后果，相反，对统治者持人性悲观却导致了好的制度的产生。"谁认为绝对权力能纯洁人们的气质和纠正人性的劣根性，只要读一下当代或其他任何时代的历史，

---

① 张则尧：《财政学原理》，三民书局 1988 年增订版，第 13 页。在我国，政府将超预算的财政收入现象当作政绩来看待，由于税收事实上由行政单方面决定，这样的制度安排必然使税收呈现出单向增长、规模持续扩大的趋势。因为行政部门是政府花钱的主体，由它来决定税，当然只会想办法加税而不是减税。有数据显示，自 1995 年以来我国税收连续 12 年平均增长 20%，而 GDP 平均每年增长却不到 10%，至于全国城乡居民的收入增长，更低于 GDP 的增长率。

② 宪政的财政收支逻辑是：政府必须先根据公共服务的内容来确定财政支出的方向和总量，在此基础上确定和固化财政收入总量，最后再固化税收的总量。这个逻辑和程序绝不能被颠倒。如果当年的税收总量完成，那么多收的税费必须作为第二年减税的依据。只有这样，才能有效地降低宏观税负，减轻公民的负担。

③ ［美］罗尔斯：《正义论》，何怀宏等译，中国社会科学出版社 1988 年版，第 3 页。

④ 有学者认为，贯穿西方宪法的是一种普遍的对抗式的思维和对政府的不信任态度，而中国宪法体现却是一种建构式思维，在这背后是一种合作式的思维模式——宪法不需要防范谁。参见赵世义、刘连泰、刘义《现行宪法文本的缺失言说》，《法制与社会发展》2003 年第 3 期。

就会相信适得其反。"① 休谟尖刻地指出，"政治作家们已经确立了这样一条准则，即在设计政府制度和确定几种宪法的制约和控制时，应把每个人都视为无赖——在他的全部行动中，除了谋求一己的私利之外，别无其他目的"②。托马斯·杰弗逊说得更直截了当，"信赖在任何场所都是专制之父"，"自由的政府，不是以信赖，而是以猜疑为基础建立的。我们用制约性的宪法约束受托于权力的人们，这不是出自信赖，而是来自猜疑……因此，在权力问题上，不是倾听对人的信赖，而是需要用宪法之锁加以约束，以防止其行为不端"③。在西方思想史上，此类论述比比皆是，已成宪政基本通识，是制度防恶的理论基础，我国财政立宪必须坚持这一前提预设。

3. 财政立宪的程序正义

财政立宪过程中必须遵守程序的正义。首先，在法治社会，权力是以法的形式表达的，法的权威来自于其制定的民主性。作为原规则的宪法制定本身必须由人民直接参加，或由人民通过公正的选举程序产生的代表参加。其次，财政立宪过程必须在"无知之幕"下进行。④ 判断一个社会的制度公正与否，要看当一个人对自己未来的社会地位不确定时，即不管这个人处在什么地位，都认为这些游戏规则都是公正的时候，那么这些规则才是真

---

① ［英］洛克：《政府论》（下），叶启芳、瞿菊农译，商务印书馆1996年版，第56页。

② ［美］斯蒂芬·L. 埃尔金等编：《新宪政论》，周叶谦译，三联书店1997年版，第27—28页。

③ 转引自［日］杉原泰雄《宪法的历史——比较宪法学新论》，吕昶等译，社会科学文献出版社2000年版，第22—23页。

④ ［澳］布伦南、［美］布坎南：《宪政经济学》，冯克利等译，中国社会科学出版社2004年版，第4页。

正公正的。① 哈耶克亦指出，"当代表们所能够制定的是他们本人及其后代也必须同样遵守的法律的时候；当代表们所能够提供的只是他们本人也必须承担各自份额的金钱的时候；当代表们施以损害他人的行为与众人同罪的时候，被代表人才可能指望得到善法，才可能指望蒙受较少的侵害，才可能指望保有必要的节俭"②。

4. 财政立宪的形式与内容

考察世界各国宪法，财政立宪的基本形式有两种：一是分散式，即分散在宪法的不同章节中予以规定；二是分散加集中式，即既在宪法的不同章节中予以规定，又由专门的财政章节予以规定。大多数财政立宪的国家采用第二种方式，即在公民的基本权利和义务一章中规定公民的纳税义务，再用专门的章节规范财政事项。③ 财政宪法的内容，具有指导地位的基本原则主要有三项。④

（1）财政民主主义。财政民主主义一般又称为"财政议会主义"或"财政议决主义"，指借由人民代表议会对公财政进行统制的重要原则，其理由在于：由于国家活动所需的资金，最终须由国民提供，在宪法上属于对私有财产权的侵犯，而国家所管理、使用的财产，其原始资金亦根源于国民，因此国家必须仅能为国民的利益而管理、运用。同时，鉴于财政作用在经济上、社会上的重要性，因此在拟订计划之初，即有必要由议会参与决

---

① ［美］罗尔斯：《正义论》，何怀宏等译，中国社会科学出版社1988年版，第131—136页。

② ［英］弗里德里希·冯·哈耶克：《法律、立法与自由》第2、3卷，邓正来等译，中国大百科全书出版社2000年版，第278页。

③ 刘剑文：《关于我国税收立宪的建议》，《法学杂志》2004年第1期。

④ 参见许志雄等《现代宪法论》，元照出版公司2008年版，第369页以下。

策、适度监督，以免造成运用上的偏颇。此外，鉴于财政作用在政治上的重要性，业已使得以预算形态表现的财政计划，俨然已成为政治活动的"节目表"，其重要性有时甚至超过制定法，因此亦应与法律一样同受议会的统制。财政民主主义原则的内容至少应包括：①课税、发行公债等造成国民负担的行政行为，应得议会承认。②不得因身份、特权而免除租税义务。③政府的岁入、岁出应总计于预算书，交由议会审议，并以公开为原则，其使用则依法律规定。④决算书应得到议会的承认。

（2）健全财政主义。国家以永续存在为目的，国政亦须在安定的财源支持下永续经营，其在财政上的前提要件，则在于财政之健全性。而欲求财政健全，首重收支平衡，因此岁出原则上须以租税等"实质收入"为主要来源，而不得依赖公债、借款等"非实质收入"以为支应。财政健全主义内容主要包括：①政府经常收支，应保持平衡，资本收入、公债现赊借收入及以前年度岁计剩余，原则上不得充当经常支出之用。②政府非依法律，不得于预算外增加债务。③为调节国库收支而发行国库券，应依法办理。④应禁止"赤字公债"。⑤公共债务不得逾越适正规模，未偿余额应设上限规定等。

（3）适正管理、营运主义。根据民主主义与国民主权原理，政府的一切资金均来自于国民的委托，其管理、营运必须适正为之。其通常在制度上具体表现为：①岁出岁入应全部编入预算，以利于议会审议、进行统制的"总计预算主义"。②执行岁出预算时，禁止目的外使用并于原则上禁止流用。③国家作为当事人一方订立契约时，为保公正及节约，原则上应通过一般竞争契约方式进行。④无论岁出或岁入会计，命令机构与出纳机构均应分立。⑤谋求公财产管理的合理成本与利润等。

笔者认为，我国的财政立宪宜采取分散集中的模式，其完善应主要围绕以下内容进行：①基本国策条款中，规定国家征税，须培养税源，并衡量人民纳税能力，以重民生。②宪法必须对政府的收入用途进行约束，"如果对收入的用途没有约束，收入就变得等同于政府决策者的私人收入"[①]。因此，应明确规定税收必须用于公共支出用途的条款，使纳税义务与纳税目的相联系，为确认纳税人税款使用监督权及进而为建立公共财政体系确立宪法基础。③在《宪法》第 56 条后，补充"国家保护纳税人的合法权利"的原则性条款。④明确确立税收法定原则，建议补充"新征税收或变更现行税收必须有法律或法律规定的条件为依据"。⑤补充"公民享有依其纳税能力公平纳税的权利"及"公民有最低生活费不被课税的权利"。⑥规定原则性的公民社会权条款，建议仿日本宪法补充"公民享有维持最低限度的健康的和有文化的生活权利"。⑦确立中央与地方财政收入的边界，补充有关中央与地方税收立法权与税收分享权划分的规定。全国范围的例如国防、外交这类的公共服务所需的费用，相应的税款应该由中央政府支配，而地方上的公共服务，应该尽量由地方政府直接通过地方征税来完成。⑧明确预算的法律地位[②]，规定一切财政收支必须纳入财政预算，强化人大对政府预算的审批权和监督权。同时，规定各级政府对教育、科学、文化、社会保障、就业、医疗保险等支出应优先编列。⑨保障国家审计的独立地位。

---

① ［澳］布伦南、［美］布坎南：《宪政经济学》，冯克利等译，中国社会科学出版社 2004 年版，第 31 页。

② 北野弘久教授指出，将预算作为行政措施，必然的结论将是：纳税人根据规定租税征收的税法承担纳税义务，即使租税在用途、支出方面确实构成违宪、违法，它也不会侵犯纳税人任何权利。因此，必须立基于宪法的高度，从财政民主主义、财政议会主义同税收的征收、使用相统一，采用将租税的征收和使用统一起来的"预算法"的概念。参见［日］北野弘久《纳税者基本权论》，陈刚等译，重庆大学出版社 1996 年版，第 20 页。

由于国家审计权既关乎国家权力配置和权力结构，也关系国家法治的状态，故应优先确定。我国国家政治构造以人民主权为理论基础，采用的是人民代表大会制度，国家审计权应定位为立法权之下的独立监督权，建议将现行的行政审计尽快地转变为议会审计，赋予各级人大对财政运行以有效的制约手段。⑩增加有关国债的规定，补充"国债发行的主体、条件、程序、规模、结构、利率、偿还，由法律规定"的条款，为我国国债法的立法确定基本框架。

（二）财政过程的控制——相关立法

国家乃基于一定的目的追求所存在的具有机能性之有机体，其背后必然有经济的资源为后盾，无论是财政收入还是财政支出，均不得免于金钱的流动，故被称为"财政国家"，而收入面的"租税国"与支出面的"给付国"则为其一体之两面。① 国家财政支出，一方面必然受制于财政收入，即所谓的"国家财政的界限，往往成为国家给付的界限"；另一方面，不当的财政支出若无法控制，势必不断地增税或增加公课负担，这样势必增加纳税人负担，带来政治上的压力，若转而发行公债以解燃眉之急，则有从"租税国家"转向"公债国家"，堕入巨额债务的深渊而难以自拔。由于政府财政收支过程涉及宪法上不同的组织，财政监督职能非由一个机关行使，相互之间环环相扣，缺一不可，共同完成宪法所赋予的任务，因此纳税人基本权保障，不应仅仅停留在租税事项的革新，应就国家整体的财政过程进行全盘观察，实施对整个财政过程的控制。② "国家作为义务主体之作用，系

---

① 廖钦福：《纳税者权利保护的新视角》（下），《税务旬刊》第 1944 期。

② 廖钦福：《财政宪法与纳税者权利保障》，载许志雄、蔡茂寅、周志宏主编《现代宪法的理论与实现》，元照出版公司 2007 年版。

其义务之性格，往往表现在法律秩序之合理规制义务上。换言之，国家应依正义之观点，负担实质正当且完整规范设计及适用之义务。"①

在现代社会，财政首先或从根本上说是一种政治的和法律的制度，然后才是一种经济制度，基本内容涉及财政收入、财政支出、财政管理和财政监督等方面。由于财政事项关涉国家权力和国民权利的基本关系，因此财政法制是否完善，直接决定了一国的政治状况和国民的生存状态。当前，就我国财政法体系的现状，著名财税学者刘剑文教授指出，我国财政法体系主要存在两大缺陷，一是许多主要法律缺位；二是财税法体系有关立法级次太低，大量表现为行政法规。并感叹我国财税法治之路还很漫长。② 就完善我国财政法制而言，笔者认为，良好的法制是法治的基础，我国目前财政法制极不健全，约束政府财政权力保障纳税人基本权利甚至基本上处于无法可依的状态，在这种情况下，扼制财政乱象，实现财政法治根本无从谈起。因此，完善我国财政法制势在必行。

笔者认为，我国财政法立法应以宪法"民主"、"法治"、"人权"为基础，贯彻财政民主主义、财政法定主义、财政健全主义等财政法基本原则，保证财政运行过程的公开、公正、公平，防范行政权力侵犯人民基本权利，通过规范管理，提高财政资金使用的效益，增进全民福利，促进经济发展。具体而言，主要包括以下内容：

1. 规制财政收入方面的立法

首先，制定《税收基本法》。世界各国税收立法模式主要有

---

① 黄俊杰：《税捐基本权》，元照出版公司 2006 年版，第 30 页。
② 杨军：《当行政权阻碍法律》，《南风窗》2008 年第 17 期。

两种，一种是将各类税收法律编纂成专门法典，如美国的《国内收入法典》。另一种是制定《税收基本法》，集中规定统领和适用各类税收单行法的一般规则，如法国在20世纪初就制定了《普通税法典》，德国的《租税通则》、日本的《国税通则法》、巴西的《税收大典》等。我国自1995年以来，连续三次将《税法通则》起草列入立法规划。笔者认为，《税法通则》的制定应贯彻以下原则：①立法定位为税收基本法，它是税收的一般性法规，用以统领、约束、指导、协调各单行税收法律、法规的法律地位和法律效力。②明确我国税收法制的立法原则、立法权限、纳税人、税务机关的权利和义务等基本内容。③规范政府及其部门随意向公民和企事业单位征纳钱物的行为，将政府及其部门依据行政权力征收的各种钱物，凡符合税收特征的纳入税收范围。④严格贯彻税收法定原则，规定税的征收必须通过制定法律的形式进行，有关纳税主体、税目、税率、纳税方法及纳税期间等税的基本要素必须由法律明文规定，不得以财政部、税务总局的"通知"、"批复"等方式规定。同时，明确规定财政部、税务总局的"通知"、"批复"等的效力，原则上只有拘束其内部行政机关的效力，不能对外拘束公民及法院，不得作为限制公民基本权利或课以公民义务的依据。笔者认为，贯彻以上原则的《税法通则》将对于加快完成税收实体法的立法，完成税收程序法的修订和完善，规范税收法律体系具有关键意义。

其次，制定《行政事业收费法》。对于大多数西方法治先进诸国而言，虽然公课的运用越来越普遍，甚至学者惊呼有"租税国"转向"公课国"的危险，但"租税国"、"法治国"的体制决定了其税收收入还是占政府所有财政收入的绝对主体地位。但是，对中国而言，中国政府的税收收入只是其总收入的一部分而已，此外还有大量的非税收入。① 大量行政事业性收费的存在，特别是游离于预算外收费的存在，刺激了地方政府乱收费的冲动，在这种情况下，公民宪法财产权受侵犯势必难免，财政方面乱象环生亦不可避免。因此，制定《行政事业收费法》，规范政府收费行为势在必行。《行政事业收费法》立法时应注意以下问题：①《行政事业收费法》直接依据为宪法公民财产权保障条款。②所有行政事业性收费必须有直接的法律依据。③所有行政事业收费必须入国库，不得游离于财政预算外。④根据行政事业收费的不同类型，确立相应的征收原则。

再次，制定《国债法》。国债，即公债，是政府举借的债务，是一国政府向自然人、法人、其他组织以及他国政府的借款，是政府筹措资金和对本国经济运行进行宏观调控的重要措施之一。② 1981 年，我国恢复发行国债，随着我国对国债宏观调控作用的重视，发行国债的规模急剧扩大，但目前我国国债发行、使用、交易、偿还和管理的法律制度尚不规范，这在我们这个缺乏法治传统的国家，事实上"赋予"了政府随意发行国债的权力，刺激了政府乱上项目的冲动，增加了人民财产权被侵犯和发生财政危机的可能。因此，以诚信、公开、公正、公平为原则制定一部《国债法》，对国债的发行主体、国债规模、结构、利率、国债的使用与偿还、国债一级自营商制度、国债交易制度、国债监管体制、国债持有者、国债收入使用等作出明确的规定，以调整我国国债的发行、使用、交易、偿还和监督管理，是市场经济发

---

① 目前，对我国非税收入的规模至今未有权威统计数据。中央党校教授周天勇估计，2007 年非税收入达到 8.7 万亿元，超过当年财政收入 3 亿多元。天津财经大学财政学科首席教授李炜光认为，目前非税收入的规模至少相当于当年的财政收入。

② 王贤斌：《制定"国债法"的可行性研究》，《山西经济管理干部学院学报》2007 年第 4 期。

展的必然要求。[1]

2. 规制财政支出方面的立法

政府提供什么样的公共服务，应当通过本国的宪政和民主程序来决定，而不是由掌握权力的人自行决定。而且原则上所有国家行为均应受财政监督，虽然监督的标准随时代的发展以及在不同的国家呈现不同的面貌，但合法性与经济性为财政监督的主要内容，财政监督的目的在于达成国家决定程序的合理化。

（1）制定《财政转移支付法》。财政转移支付制度是现代市场经济条件下处理各级政府间的财政分配关系、实现各地财力均衡和公共服务均等化的基本手段。例如，德国《基本法》不仅直接对财政平衡作出了规定，而且制定了《财政平衡法》以解决各州之间公共财政支出能力的平衡，来维持整个德国国内"生活条件的统一性"（即德国国民在其国土内，无论是处于哪个州，都可以享受基本相仿的公共服务，如教育和环保）。并且联邦宪法法院在 1952 年、1986 年、1992 年、1999 年通过四次判决，确认作为经济强州对经济弱州负有的宪法扶助义务。[2] 我国各地自然条件及经济状况差距甚大，地方税源丰啬悬殊现象突出，部分严重的地区即使将所辖区内全部税收（包括国税、地方税）供其使用，亦不敷预算支出所需，产生地方财政上"水平不均"现象，因此必须有赖中央实行转移支付。财政转移支付对平衡地方政府预算收支，调节国内横向公平，加强中央政府宏观调控能

---

[1]　参见陈丕《市场经济呼唤〈国债法〉——关于〈国债法〉立法的若干思考》，《中共福建省委党校学报》2004 年第 10 期；王贤斌：《制定"国债法"的可行性研究》，《山西经济管理干部学院学报》2007 年第 4 期。

[2]　梁志建：《德国联邦宪法法院 1999 年财政规范审查案判决述评——兼论德国宪法框架下的财政平衡法之借鉴》，《德国研究》2006 年第 1 期。

力，保证公共物品的有效供给以及促进资源优化配置上起着重大
作用。为保证转移支付的权威性、规范性和可操作性，世界上许
多国家普遍以法律形式，甚至通过宪法对有关政府间转移支付事
宜作出明确规定。例如，德国通过《基本法》、《税收分配法令》
和《联邦与州间财政平衡法令》对财政转移支付作了明确的规
定。加拿大和澳大利亚的转移支付源于宪法的规定。日本是实行
地方自治基础上的财政转移支付，在《地方自治法》、《地方预算
法》和《地方税法》中对财政转移支付的内容和方式作了严格而
明确的规定，并于 1955 年专门制定了《地方交付税法》，规范地
方交付税的分配。韩国《地方让与金法》对地方让与金的分配方
式、使用项目作了明确的规定。[①] 我国中央政府近年财政转移支
出约在 1.5 万亿到 2 万亿，占国家财政支出的 30％到 40％。如
此巨大的数额，但现在居然没有一部规范财政转移支付的法律，
连一部行政法规都没有，转移支付操作的随意性与非规范化从而
催生了实践中各地纷纷在北京设立办事处"跑部钱进"的现
象。[②] 因此，制定包含明确中央与地方的事权、财权范围以及转
移支付必须列入预算，经全国人大严格审批等内容在内的《财政
转移支付法》势在必行。

（2）制定《财政投资基本法》。财政投资又叫政府投资，是
指国家为了实现其职能，满足社会公共需要，由政府通过投入财
政资金，以建造固定资产等实物资产的行为和过程。我国财政投

---

① 刘剑文主编：《财税法学》，高等教育出版社 2004 年版，第 144—145 页。
② 2010 年 1 月，有媒体揭露，有关主管部门刚出台一个关于加强和规范各地
政府驻京办事机构管理的红头文件。信息显示，在未来的 6 个月内，数千家驻京办
将被撤销完毕。但这种一纸行政命令的方式并不能从根本上解决问题，正如《瞭望
新闻周刊》所指出的那样，"驻京办问题远非一撤了事那么简单。如果根本性问题没
有解决，它还会以各种形式隐性存在"。参见《我国出台方案半年内将撤销数千家驻
京办》（http：//news. sohu. com/20100124/n269790596. shtml）。

资法存在的问题主要表现在：一是缺乏财政投资基本法。我国至今尚没有制定一部有关财政投资的综合性基本法律，甚至连一部综合性的行政法规都没有，调整财政投资关系的法律规定分散在诸多相关的经济、行政立法中，导致财政投资法制系统性、科学性不强，法律的协调性不够。二是立法层次不高。我国有关财政投资活动的主要规定是由国家部委制定的规章，权威性不强，法律规范冲突难以避免。三是存在立法空白。有一些财政投资关系特别是有关投资权限、投资规模、投资范围等财政投资体制问题没有明确的法律规定，较多采用的是政策调整方式，法制化程度不高。因此，有必要在坚持为政府职能服务、投资规模适度、优化投资结构、促进经济结构和区域经济合理均衡及推行责任制、提高投资效益等原则的前提下，制定《财政投资基本法》，对政府投资的职责权限、投资规模、投资范围等投资体制问题作明确的规定。[1]

3. 规制财政管理方面的立法

（1）制定《财政收支划分法》。目前在中央与各级地方财政收支划分方面，我国尚缺乏统一的立法，故实践中的混乱难以避免，因此制定统一的《财政收支划分法》势在必行。在坚持适度分权、事权与财权相结合、兼顾效率与公平等基本原则前提下[2]，《财政收支划分法》立法应包含以下内容：①将财政收入的所有类型列入其中予以明确。[3] ②对中央与地方财政支出范围

---

① 刘剑文主编：《财税法学》，高等教育出版社 2004 年版，第 172 页以下。

② 同上书，第 80 页以下。

③ 我国台湾地区《财政收支划分法》第二章"收入"共分 10 节，将税课、独占及专卖收入、工程受益费收入、罚款及赔偿收入、规费收入、信托管理收入、财产收入、营业盈余捐献与其他收入、补助及协助收入、公债及借款等悉列入其中。

进行明确的划分。总的原则为：全国性的公共物品提供由中央财政负责，地区性的公共物品提供由地方财政负责。鉴于教育的公共性，以及其对国家、国民的特殊重要性，特别是针对长期以来我国教育投入不公平的现象及由此造成的后果，建议教育投入由中央财政负责。③充分保障地方财源，特别是地方政府的税权。税权是国家为实现其职能，取得财政收入，在税收立法、税款征收、税务管理等方面的权力或权利，是取得财产所有权之权。在我国，税权是国家所享有的课征和使用税的权力。①中国幅员辽阔，各地情况差别甚大，各地方的公共事业，如教育、文化、卫生等繁杂工作，既非中央政府所能一一兼顾，亦非个人能力所能及，因此，健全地方政府财政至关重要。②亦即公共物品需求的层次性、空间性和受益原则决定了地方政府拥有相应税权的必要性。这种地方政府拥有相应的税权也是尊重人性尊严与个人基本价值为中心的民主理念，应该符合越与人民临近事务，越尽可能由其自我实现、自我决定的要求。因此，税权应适当分散，中央政府不应垄断税权，地方政府应拥有与其事权相匹配的税收立法权、税收调整权和执行权等各项权利。如果地方公共服务所需的费用过于依赖中央政府的转移支付，不但会在一来一去之间造成巨大的浪费，而且会直接扼杀地方政府完善社会公共服务的积极性。但是，当前我国地方政府事权与财权、财力不相协调，地方政府的权力与义务不对称，直接影响了地方公共物品的供给，造

---

① 赵长庆：《论税权》，《政法论坛》1998 年第 1 期。

② 但长期以来，我国农村实行的是摄取型财政，即所谓以农补工、以农村养城市的财政模式。这导致社会资源向城市积聚和农村资源被过度索取乃至抽空。正是由于这种不恰当的财政体制，使得国家对农村基本建设和农业的投入远远不能满足农村经济发展的客观需求，导致农村教育、卫生、道路、水利等公共设施建设严重滞后。

成了财政的诸种乱象。① 此外，当前地方税收由中央立法，地方自主权有限，中央立法税收减免由地方"埋单"，造成中央政府直接控制地方财政命脉，地方政府公共物品提供能力难免大打折扣。因此，必须在合理划分中央政府和地方政府的事权范围的基础上，应该由中央负责的事情全部收归中央，应该由地方负责的事情就全部下放地方，真正做到各行其是，各负其责。然后根据各级政府的事权，划分各级政府的财政支出，再根据各级政府的财政支出，确定各级政府的财政收入。

（2）制定《国库法》。目前我国在国库管理方面，由于立法位阶过低，法律体系不完善，导致在履行国库职责，发挥国库监督管理作用时，国库监管手段不强，监管措施不力，严重削弱了国库在预算管理中的地位。因此，必须适时制定和颁布《国库法》，以立法的形式明确国库的地位、职责、权限以及国库监督的手段。这样，才能有效地发挥国库的职能作用，为国家预算资金把好关口。《国库法》至少应当就以下重要问题作出规定：第一，我国国库管理体制的具体模式，究竟选择独立国库制还是选择代理国库制抑或银行存款制？还是选择复合型的管理模式？立法对此必须作出抉择。第二，正确界定国库的地位、职能和权限。第三，国家权力机关、财政部门、央行、商业银行在国库管理法律关系中的地位、权利、义务和职责的界定。第四，中央国库与地方国库的关系，包括地方国库与地方财政的关系问题。第五，明确实施国库单一账户体系和国库集中收付制度。第六，有效衔接国库管理制度与预算制度、政府采购制度的关系问题。第

---

① 著名财政学家马寅初先生在 20 世纪 40 年代即指出，在财政上"不实行均权制，中央之集权必有地方之滥权"、"中央既夺地方之税，地方亦不必尊重中央法令"，实为精辟之论。参见马寅初《财政学与中国财政——理论与现实》（上册），商务印书馆 2001 年版，第 171—173 页。

七，制定完善的监督机制，明确相关具体的法律责任以及法律救济措施等。①

4. 规制财政监督方面的立法

（1）制定《阳光政府法》，保障纳税人知情权。为了使税款真正地"用之于民"，"应当建立纳税人监督制度，保证纳税人参与所在城镇、村社和其他基层单位公共事务的权利。如果公民只能出钱，对于如何花钱没有发言权，这种制度就谈不上公平或效率。没有代表机关对财政收支的决定权和纳税人对基层公共事务的发言权，就没有经济民主，政治民主也难以真正实现"②。但纳税人监督政府的前提是政府财政资讯必须公开，纳税人知情权能便利地实现。马克思曾对普鲁士秘密财政进行了尖锐的批判，"人民要求调查秘密的普鲁士国库。办事内阁这样回答这个不知分寸的要求：它有权深入地审查所有账簿和编制关于全体公民财产状况的清单。普鲁士的宪政时期不是由人民检查国家的财产状况开始，相反的，而是由国家检查公民的财产状况开始"③。列宁则更是一针见血地指出，"没有公开性而来谈民主是很可笑的"④，因此，财政资讯的公开，为行使纳税人主权的前提⑤，阳光财政是责任政府的前提，没有阳光财政的政府是"看不见的政府"，而"看不见的政府"必然是"不负责任的政府"或者说是

---

① 参见徐阳光《我国国库管理立法研究》，《当代法学》2009 年第 5 期。

② 赵世义、赵永宁：《从资源配置到权利配置——兼论市场经济是宪法经济》，《法律科学》1998 年第 1 期。

③ 马克思：《强制公债法案及其说明》，《马克思恩格斯全集》第 5 卷，人民出版社 1958 年版，第 314 页。

④ 列宁：《列宁全集》第 5 卷，人民出版社 1990 年版，第 448 页。

⑤ 国际货币基金组织的《财政透明守则宣言》指出，财政透明度是优良政府管理的一个关键方面，只有遵循更有力和更可信的财政政策，才能赢得知情公众的支持。

"只对自己负责的政府"，也必然会是机构和人员倾向于膨胀的政府。①

目前在我国，除了在预算阶段，人民代表了解政府财政收支的情况外，公众无法获知政府预算情况，至于对政府预算执行情况、政府公务开支、招待等费用等更是一无所知，所谓监督则更无从谈起。虽然当前我国一些法律、法规中涉及保障公众对政府财政收支方面知情权的条款，例如《税收征管法》第 8 条的规定，但仅限于"纳税人有权向税务机关了解国家税收法律、行政法规的规定及与纳税程序有关的情况"；《政府采购法》规定"政府采购项目标准应当公开"，但也仅仅限于"政府采购项目标准"；《政府信息公开条例》是新中国第一部针对政府信息公开的专门法规，该条例以"公开为原则，不公开为例外"为基本原则，以确保使政府的权力在"阳光下运行"。但是，由于该条例是国务院通过的行政法规，立法位阶偏低，加之该法"监督和保障"部分的规定过于原则和简单，缺乏程序性、刚性的约束，实践中难以操作。另外还需要一提的是，长期以来政府机关已经形成了事事保密的思维定式，要扭转这种根深蒂固的思维和制度惰性面临重重困难。特别是一些政府部门倾向于以国家秘密为由不公开有关信息，由于《保密法》对"国家秘密"界定较为模糊，加之《保密法》的效力等级高于《政府信息公开条例》，纳税人即使起诉至法院，往往亦难以获得有效的救济。

事实上，以上法律、法规所存在的缺陷固然可叹，但更值得

---

① 童大焕：《阳光财政乃善政之源》（http：//cs. xinhuanet. com/p./04/200904/t20090429_1837156. htm）。

重视的一个现象是这些法律、法规的执行情况更是普遍堪忧。[①]因此，在我国行政权力事实上代替了纳税人需要成为支配税款的第一指挥棒，税款使用处于半透明甚至不透明的状态，由于缺乏有效的监督，财政支出的随意性遂导致长期以来行政成本的畸高不下，以及公共资金使用过程中腐败现象严重。笔者认为，解决的途径在于：①提高立法位阶，制定《阳光政府法》，并在此基础上建立公开透明的财政收支体制及公开、高效的监督机制，将财政制度的整个循环过程，置于纳税人的有效监督之下。②《阳光政府法》中明文规定公民财政知情权受侵犯时的诉权。

（2）完善《预算法》。依据财政学的原理，一切国家行为都可归类为财政的收入作用与支出作用。财政制度不仅维系着现代国家运作的经济基础与市场秩序，而且体现了经济资源在国家和公民之间的分配情况，是衡量国家与公民关系和谐与否的晴雨表。[②] 我国台湾地区学者黄世鑫教授在分析财政社会学时强调："财政社会学主要强调国家预算之'社会'的本质；因为国家是一个由国民全体所组成的生命共同体，并非一个独立的个体，但

---

① 例如，上海律师严义明 2009 年 1 月 7 日在北京递交了两份《政府信息公开申请书》，分别要求国家发改委公开四万亿元"救市"资金的来源去向，要求财政部在今年全国人大召开前两周，公开去年中央财政决算和今年财政预算的情况。1 月 21 日，财政部的书面回复称中央预算、决算草案需要经过全国人大的审查和批准，"在批准前不宜对外公开"。而发改委至今尚未见答复，其做法明显违反了《政府信息公开条例》第 24 条第 2 款中有关 15 个工作日内予以答复，延长答复的期限最长不得超过 15 个工作日的规定。又如，据 2008 年 11 月 17 日《人民日报》报道，沈阳市民温洪祥向市财政局、市审计局和市政务公开办等部门递交了一份《沈阳市政府信息公开申请表》，要求沈阳市政府各个部门和各区县（市）政府公开办公费、招待费、差旅费、单位事业性经营收入等财务账目，以及政府各部门年度财务审计结果。政务公开办虽已接受了温洪祥的申请，但有关官员称"极其敏感"、"难度极大"，至今尚未见有下文。

② 戴激涛：《预算审议：公共财政的制度根基》，《学术研究》2009 年第 7 期。

亦非只是个别国民的集合；国家的命运与国民全体的福祉，密不可分；因此，国家预算并非只是由一堆毫无生命的数字所组成，而是与国民全体的福祉，息息相关；由国家预算可以很清楚地听到'国民生命的脉动'，同时，其亦可能是'所有的社会不幸之根源'。"① 因此，尽管预算在形式上是一堆表示货币的价值数字，但隐藏在数字背后的实质和精神，却事关国计民生的整体和谐发展，是国家财政制度的神经中枢。② 在西方法治先进诸国，议会的重要职能之一就是监督预算。但在中国，预算监督却基本上是缺位的，这主要体现在：①目前综合性预算弊端明显，必须予以改革，为增强预算编制的透明度，应实行分部门的预算③，人大代表对逐个审议行使监督权力。②预算内容不完整。第一，长期以来，提请人大审议和批准的预算报告一般仅仅罗列出财政收入和支出的几个大项，缺乏对收入来源和支出去向的详细说明；第二，长期以来，中央和地方政府性基金未纳入预算，特别是地方政府出让土地的收支情况未纳入预算，仅以预算外的"土地账户"实施管理，从而导致弊端丛生；第三，按照我国现行的《预算法》以及《预算法实施条例》，超收收入的安排使用由政府自行决定，只需将执行结果报告全国人大，而不需要事先报批，对超收收入的使用，全国人大可提出要求，但不具有强制性，因此催生了各财政部门制定过分保守的预算，出现每到年底政府各个部门出于本年度的预算或超预算收入不"完成任务"花掉，那么在下一年度的部门预算开支则会被缩减的"担心"，而未经预

---

① 转引自蓝元骏《熊彼特租税国思想与现代宪政国家》，法律学研究所硕士论文，台湾大学，2005年，第6页。

② 戴激涛：《预算审议：公共财政的制度根基》，《学术研究》2009年第7期。

③ 2009年"两会"，向全国人大报送部门预算的中央部门从51家增至95家（含人民银行），占168家中央部门编制预算的半数以上。

算审查程序就将财政超收部分突击花出去的现象。这种超收收入的不规范使用削弱了预算对政府行为的约束力，各级政府倾向于"主动"扩大财政超收规模，使更多的财政资源脱离监督，使现有政府预算的监督制约机制在某种程度上形同虚设，损害了预算的法定性和完整性，削弱了财政预算的控制功能。造成财政支出的失控，不能用于民生所急之处，部门利益侵蚀公众利益的后果。③预算年度的规定存在严重的缺陷。我国《预算法》第10条规定："预算年度自公历1月1日起，至12月31日止。"在我国，全国人大通常是公历3月举行会议，但《预算法》第44条规定："预算年度开始后，各级政府预算草案在本级人民代表大会批准前，本级政府可以先按照上一年同期的预算支出数额安排支出；预算经本级人民代表大会批准后，按照批准的预算执行。"这样，事实上造成每年政府前几个月的财政支出并不在预算控制的范围内，人大对政府的预算监督权事实上被部分虚置。④目前政府预算在预算技术上往往太过简单粗糙，或是太过专业复杂，"外行看不懂，内行说不清"。⑤政府预算公布透明化程度较差，中央部门及人民银行编制报送的部门预算仅在全国人大相关工作机构"内部公开"，却未与全体代表见面且公之于众。

预算为各级团体各该年度最重要的财政计划，从编制、审议到执行均受到来自民主国原则及法治国原则的诸多限制。完善预算法应坚持以下原则：①预算完整性原则（总计预算主义）。为便于通观预算全貌，并进而明确预算执行的责任，预算编制在形式上必须包括政府所有的收入与支出，即该列入预算的一切财政收支都要反映在预算中，不允许在预算规定范围外，还有任何以政府为主体的资金收支活动。②预算明确原则。以有意义且统一的观点编制预算，并使收入之源泉及支出之目的单义易解，即预算编制必须层次分明、科目明确、一致、用语单义、统一，以使编制者易于遵行，审议者易于审议，执行者易于执行。因此，应改进预算编制技术，使人大代表、作为主权者的国民可以在不具备专业知识的情况下，了解国家财政收支的全貌。③预算严密原则。为避免预算编制的不严密、精确而使立法机关的审议陷于空洞化与形骸化，并使法定预算丧失应有之拘束力，编制预算时，在可预见的限度内应尽可能正确估算会计年度内之收支，使预估与结果之间的落差缩小。④事前原则。由于预算是拘束将来之政府活动的财政计划，因此预算必须在会计年度开始前合法成立，若不遵守这一原则，仅于事后承认政府施政的结果，则不但将导致议会对行政部门的权威下降，统制力降低，亦将妨碍实现预算计划实行的最大利益。因此，为保证立法机关对行政机关的预算监督权的实现，必须改革当前设置不合理的预算年度起止时间，使预算年度与预算草案的通过的时间互相衔接。⑤预算公开性原则。"宪法的主要目的在于建立一个以公共利益为中心运转的政府，满足公众需要是国家财政最根本的目的，这需要建立一个能够保证达到上述目的和要求的公共运作机制。而如何保证政府能够服务于民众福祉，议会的预算审议至为关键……尽管政治理论和政治家要求理性的协商对话，但如何确保议会预算审议程序的正当性，特别是在利益多元和民主多元的今天，既保证议会中的不同声音而又能够作出有效决议，是代议机关进行预算审议的当代课题。"① 预算的公开，在政治上不但与议会民主主义平行发展，在经济上亦与资源的有效分配、经济的安定成长等经济政策目标之达成息息相关。预算公开主要包括：第一，预算案、法定

---

① John O. McGinnis，Michael B. Rappaport. Supermajority Rules as a Constitutional Solution [J] . *William and Mary Law Review*，1999，（40）．365－374；转引自戴激涛《预算审议：公共财政的制度根基》，《学术研究》2009 年第 7 期。

预算及预算执行之结果应该有规律的、以易解的方式对外公开，使国民易于了解此种资讯；第二，预算审议除国家安全上理由，而应严守秘密的部分外，应该完全公开，使编制机关与审议机关同受国民之监督；第三，对于预算的批评应该完全自由，并且不得因此而蒙受任何不利益。① ⑥预算监督的权威性与严肃性原则，对于违反预算法规定的，立法中应明确必须承担的法律责任。

（3）完善《审计法》。目前，我国《审计法》缺陷明显，完善《审计法》应主要遵守四项原则：①独立审计。独立审计是国家审计法治化的灵魂，"只有独立的审计，才可能是有效的审计"，审计机构的天然职责就是为作为纳税人代表的立法机关看管好纳税人的钱袋，监督政府的每一项支出，并协同其他政府部门对不当行为进行纠举。因此，在发达的民主政体下大多数审计机构通常隶属于立法机关或属独立组织。目前，中国实行的是世界各国较少采用的行政审计模式（世界上采用行政审计模式的国家主要有中国和韩国），行政型国家审计主要是国家行政机关的一种行政自律，其独立性程度差。中国最高审计部门——国家审计署隶属于国务院，由于国务院作为行政机关，实行的是首长负责制，总理同时负责公共财政事务和国家审计事务，当国家审计对公共财政进行审计时，监督和被监督的关系将集于总理一身。此外，国家审计署与其他部委地位不分伯仲，甚至比一些部委的地位和职权还要低，因此在目前的体制下，审计署要想对上级（国务院）或平级行政机关进行充分审计监督，显然是不现实的。而地方国家审计机关则实行的是双重领导体系，各级审计机关对本级人民政府和上一级审计机关负责并报告工作，审计机关的人

---

① 参见蔡茂寅《预算法之原理》，元照出版公司 2008 年版，第 31—44 页。

事权、财产权都掌握在本级人民政府手里，审计工作受制于政府。因此，完善审计法的首要任务是必须在制度上保障审计的独立性。在我国，要充分发挥审计监督的作用，就不能让审计机关再依附于行政机关，而应当设置独立于国务院之外的审计机关。例如由全国人民代表大会选举产生专门的审计署或审计委员会等，这样既能够体现我国的人民代表大会制度，又能避免行政权力对审计活动的控制和影响。[①] ②完整审计。在我国，使用国家财政资金和国有资源的，既有政府、人大、政协，还有政党、军队和各种社会团体。在市场经济条件下，多种所有制主体都在使用公共财政和公共资源。但我国只将国家机关、国有企事业单位和国有金融机构作为审计对象，这就使我国的国家审计出现了审计盲区。事实上，对国家审计而言，所有使用财政经费的机构和团体必须全部纳入审计为法治国家的通例。例如，澳大利亚的国家审计的公共责任是审计所有用纳税人钱的事项、人和单位，甚至连总理的办公用纸都在澳大利亚国家审计的范围之内。因此，为了完全肩负起审查国家成本核算和评价国家实现公共财政效能的责任，切实而全面地监督国家财政，全面履行向国家和纳税人负责的责任，应在立法中扩大国家审计的对象范围，规定凡是国家财政资金都必须审计。[②] ③绩效审计。当代国家审计的一个重要趋势是，除传统的财务审计外，各国越来越注重绩效审计，在一些国家，财务审计只占该国 20％左右的审计资源，绩效审计却占 80％左右的审计资源。[③] 在我国，由于长期以来实行的是

---

①　刘明超、翁启文：《论国家审计的法治化》，《国家行政学院学报》2006 年第 1 期。

②　李季泽：《国家审计的法理》，中国时代经济出版社 2004 年版，第 137、141、226 页。

③　同上书，第 148—149 页。

"经济建设型财政"，在"长官意志"的支配下，产生了形形色色的"豆腐渣工程"、"面子工程"、"形象工程"，浪费严重甚至贪污腐败现象层出不穷，因此强化绩效审计显得十分必要。④责任审计。法律责任是"法律的牙齿"，是法律实施的强制性保障，缺乏强制力的法律，最终只能如同"一堆没有点燃的火，一盏没有光亮的灯"。目前，我国审计部门只有监督的功能，没有问责的权力，缺乏相应的强有力的督促整改制度和惩戒制度，这种状况必须尽快改变。

四　完善社会保障法律体系

社会保障制度实施的前提在于必须有一套完善的社会保障法律规范，考察各国社会保障制度建立和发展的历史，均采取社会保障立法在先的模式。在我国，自改革开放以来，"国家—单位保障体制"逐渐解体，"国家—社会保障体制"正在逐渐形成。但转轨过程中，社会保障法制正面临诸多亟待解决的问题。

长期以来，由于我国社会保障立法采取的是"分散立法"的形式，很多现行的社会保障法律、法规是在过去计划经济体制下建立的，或是在经济体制改革过程中出现问题的应急性产物，缺乏全局性、前瞻性，已远远落后于现实的需要。我国社会保障法制的缺陷明显，具体言之主要表现在：①立法层次低。到目前为止，尚未制定《社会保障基本法》，在全国人大立法层面，社会福利、社会救助等立法亦为空白。① 我国社会保障法制主要由国务院法规和相关部委、各级地方政府的规章构成，其中主体为规

---

① 由于社会保障法制的不健全，在社保管理上，各地社保处于"各自为政"的状态，政策性高于法律性，社会保险费的征收、支付、运营、统筹的管理极不规范，导致"社保案"频发，给社会安全埋下了巨大的风险。

章，在养老、医疗、生育等方面甚至连法规这一层次的立法都很少。这些法规和规章，大都以"暂行"、"试行"、"通知"、"意见"等形式出现，调整范围小、效力层次低，缺乏法律的权威性、统一性和稳定性。②条块分割严重，例如，城镇企业职工的社会保障基本完成由单位保障向社会保障的转变；行政机关和事业单位职工的保障仍然由国家通过所在单位提供；农村社会保险制度建设缓慢。③不平等现象严重。长期以来，我国社会保障立法在确定社会保障对象时，优先考虑的是有相对固定职业、收入比较稳定的群体，事实上是从费用征缴、管理便捷即从制度构建的角度而不是从需要的角度来构建制度。目前，城乡、体制内外社会保障待遇差别极大，保障过度与保障缺位并存①，退休养老保险、最低生活保障主要是城市居民，农村只有少量贫困人口享受一点微弱的社会救济，而城镇职工享受社会保障的人主要集中在国有企业，很多私营企业从业人员、个体从业者和失业人员很难得到保障。由于国家对农村社会保障投入严重不足，而原来的人民公社基础上建立的社会保障体制已解体，农村居民几乎被排除在社会保障体系之外，承担着巨大的社会风险。

国家对社会保障权的实现义务主要表现为：国家应当采取积极的立法、行政措施建立社会保障制度，保持良好的社会保障政策以及在社会保障上投入足够比例的可获得的预算，建立便于社会保障权实现的各种设施，支持其他有助于实现社会保障权的个人和社会的活动，当满足法定条件的公民提出给付社会保障请求时应该及时提供物质帮助。② 虽然我国作为发展中国家，还存在

---

① 著名学者秦晖教授把这种现象称为"负福利"现象。参见秦晖《政府作用与走出"负福利"困境》（http：//business. sohu. com/20081102/n260338475. shtml）。

② 钟会兵：《论社会保障权实现中的国家义务》，《学术论坛》2009 年第 10 期。

着诸如生产力水平低、经济还不发达，各地区发展不平衡，城乡二元经济结构在相当长时间内很难消除，计划经济时代形成的社会保障制度和观念很难短时间内消除等方面的问题，但这不应该成为立法惰怠的理由，立法部门应积极采取行动尽快建立和完善我国社会保障法律体系。

（一）完善社会宪法

社会宪法是通行于德国、瑞士等德语国家的学术用语，其意指举凡与社会政策及社会法直接或间接有关的宪法上之形式或实质规定。[①] 在我国台湾地区，苏永钦教授在其主编的《部门宪法》中专列社会宪法为一章。我国宪法的一个鲜明的特色是其中包含了大量的社会权条款，社会权规定在宪法中被认为是国家政权的性质和社会主义制度所决定的结果，是社会主义制度应该优越于资本主义制度的体现。[②] 但是，我国宪法尚未明文确立社会保障权、最低生活水准权等权利，第45条对老年人、残疾人、妇女、儿童等弱势群体的权利作出了列举，但这种通过明文列举的方式缺陷在于难免挂一漏万。因此，有学者指出，社会保障在我国宪法中法权性质尚不是非常明显，也许正是当前我国社会保障领域制度建设滞后，问题丛生却又关系不清、责任不明的关键原因之一。[③] 笔者认为：①可以按照《经济、社会和文化权利国际条约》等国际人权法的有关条款的精神，在宪法中确立最低生活水准权等社会保障权方面的基础性权利；②由于社会保障必须以财政为基础，因此宜在财政宪法部分明文规定对社会保障的支

---

① 郭明政：《社会宪法——社会安全制度的宪法规范》，载苏永钦主编《部门宪法》，元照出版公司2005年版，第313页。

② 参见彭真《关于中华人民共和国宪法修改草案的说明》，载北京广播电视大学法律教研室编《宪法学资料选编》，中央广播电视大学出版社1985年版。

③ 李运华：《社会保障权原论》，《江西社会科学》2006年第5期。

出预算优先编列；③对完善社会宪法而言，更重要的是完善宪法
解释制度。2004 年宪法修正案将"国家尊重和保障人权"及
"国家建立健全同经济发展水平相适应的社会保障制度"写入宪
法，在某种意义上可以说是建立了中国公民基本权利的开放性结
构，尤其是"国家尊重和保障人权"条款可以被视为中国宪法基
本权利篇章中的"未列举权利条款"①，为将来司法释宪制度的
建立预留了可能的空间。

（二）构建完整的社会福利法律体系

社会保障立法主要有以下几种模式：一是"一法为主"的单
一立法模式，如美国以综合性法律《社会保障法》为主，其法律
数量不多；二是"母子法"结构立法模式，即制定一部社会保障
基本法或社会保障法典，在基本法之下再制定各项专门的社会保
障法律来分别规范各项事务；三是"多法并行"的平行立法模
式，如日本由多部平行的社会保障法律共同构成社会保障法系
统；四是专门立法与混合立法并行模式，即既有社会保障方面的
专门法律，又将某些社会保障关系纳入其他部门立法体系。② 笔
者认为，我国社会保障法制应采取"母子法"的模式，具体言
之，我国社会保障法律体系应包括以下三个层次：

第一层次是根据宪法制定《社会保障基本法》。社会保障领
域范围十分广泛，为了对各个分支领域进行规范和协调，需要有
一个综合的法律作为基础性的平台，以体现社会保障整合性原
则。《社会保障基本法》的立法应明确社会保障的基本理念、社
会保障的体系框架、社会保障对象、公民的社会保障权利和义

---

① 宪法"未列举权利条款"的含义，参见李震山《多元、宽容与人权保障——
以宪法未列举权保障为中心》，元照出版公司 2005 年版。

② 郑功成：《社会保障学》，商务印书馆 2000 年版，第 397 页。

务、中央政府和地方政府在社会保障行政和财政中的责任、政府机构和民间机构之间的关系以及在提供社会保障服务中的责任和义务等，确立各分支领域中需要共同遵循的原则以及社会保障机构设置、职能、社会保障基金的筹集和管理、社会保障的实施监督等问题。①

《社会保障基本法》立法重心在于：①在社会保障体制的定位上，究竟是要走向北欧式的福利国家，还是要发展为美国式以市场为导向的社会安全体系？笔者认为，根据我国社会主义初级阶段的国情与国力，采取福利多元主义所强调的福利的多元分工，国家、小区甚至是家庭与个人都是福利的提供者，福利不只是国家的责任，而国家也不该是福利的唯一提供者，但国家在其中应负主要的责任。因此，应鼓励民间参与社会福利事业。一是由政府补助民间各慈善及宗教等非营利性组织，二是由政府协助民间兴办社会福利相关事业，或者是以公办民营的方式进行。②《社会保障基本法》应努力消除目前我国社会保障制度中存在的严重不平等现象。"平等的关切是政治社会至上的美德——没有这种美德的政府，只能是专制的政府。"② 根据公民资格理论，一国的公民，基于公民的身份就应享受无差别的待遇和权益，不应以其他的身份为界限，对同国的公民采取差别待遇。人性尊严强调在宪法所建构的政治秩序下，各个人绝不仅是受统治的客体，而是以主体的地位构成政治秩序的要素，并参与政治秩序的

---

① 沈洁：《中国社会福利政策建构的理论诠释》，《社会保障研究》2005 年第 1 期。

② ［美］罗纳德·德沃金：《至上的美德——平等的理论与实践》，冯克利译，江苏人民出版社 2007 年版，第 2 页。

形成。^① 因此，无论个人资力如何，应一体适用，换言之，受救助者在整体法秩序中应享有权利主体的地位，并同为社会的一分子，平等地享受社会保障。^② 具体而言，平等享受社会福利包括两方面的内容：一方面，税收属无对待给付的公法上强制性债务，在满足法律上纳税构成要件时即成立，纳税人量能纳税，同时平等地享受公共福利，每个纳税人交税的多少并不与其所享受的社会福利成比例。既然纳税人按其税负能力而平等负担税收，自然有权要求相同之公共服务，因此全国各区域的纳税人，从理论上讲应享受基本相同的公共服务。^③ ③社会福利支出方面，制定完善的程序性规定，一方面尊重社会福利给付的领受者人性尊严，社会保障作为纳税人的一项基本权利，不以接受意识形态为前提条件，不能取决于官员的随意与任性。^④ "很清楚，'慈善'和'人道'虽然足以满足动物的权利，对人类来说却是不够的。所以，我们必须赋予人类另外一种我们有意不给动物的权利。这样一类权利就是更高一层次的尊重、一种不可侵犯的尊严。它们作为一个很广的范畴，包括不被洗脑的权利，以及不被变为驯化动物的那些否定权利。属于这一范畴的权利可能是唯一最强烈意义上的人权：它们是不可改变的、绝对的、无例外和无冲突的、

---

① 蔡宗珍：《人性尊严之保障作为宪法基本原则》，《月旦法学杂志》1999 年第 45 期。

② 《经济、社会和文化权利国际公约》第 2 条规定，"本公约缔约各国承担保证，本公约所宣布的权利应予普遍行使，而不得有例如种族、肤色、性别、语言、宗教、政治或其他见解、国籍或社会出身、财产、出生或其他身份等任何区分"；我国《宪法》第 33 条明确规定，"中华人民共和国公民在法律面前一律平等"。因此，在社会保障权实现方面，平等对待所有的公民是我国政府的国际法和宪法的义务。

③ 葛克昌：《制度性保障与地方税》，《法令月刊》第 59 卷第 5 期。

④ 遗憾的是，在我国由于社会福利给付未实现法治化、规范化，现实中往往演变成官员的颐指气使式的恩惠、作秀以及被施与者的感激涕零。

普遍的、并为人类所特有的权利。"① 因此，纳税人社会保障权必须以符合人性尊严的方式来实现。另一方面，社会福利支出应做到阳光、透明，以利于对社会福利给付的监督，避免腐败。

第二层次是社会保障的主干法。根据各国的经验，结合我国的实践，我国社会保障主干法又可分为三个不同层次的子法。每个层次的目标不同，保障对象不同，资金来源和管理办法也不同。第一层次是《社会救助法》。社会救助是最低层次的社会保障，属于生活风险的事后解决，其以保障最低生活需要为目标，其资金来源是各级政府的财政支出，其管理机构是政府部门。第二层次是《社会保险法》。社会保险属于生活风险的事前预防，其适用范围是全体劳动者，其资金来源应采取个人、单位和国家共同负担的办法，其管理应以社会组织为主。第三层次是《社会福利法》。社会福利的内容广泛，其适用范围是全体公民，社会福利以提高全体公民的生活质量为目标，其资金来源是各级政府的财政支出，其管理机构是政府部门。②

第三层次是行政法规和规章。应当按照 WTO 透明度原则的要求，对我国社会保障领域内的法规、规章进行整理，提高立法层次并进行公布和宣传，尽快结束社会保障领域内立法冲突、不透明的现状。

---

① ［美］范伯格：《自由、权利和社会正义——现代社会哲学》，王守昌、戴栩译，贵州人民出版社 1998 年版，第 141 页。

② 参见刘诚《社会保障法概念探析》，《法学论坛》2003 年第 2 期。

结　　论

　　纳税人基本权，是纳税人享有的要求按照符合宪法的规定征税和使用税款的基本权利。纳税人基本权概念植根于社会契约，以宪法基本理念与基本价值为基础，强调国家征税的目的在于国民的福利，将税的征收与使用予以统一，对税的征收与税的用途实现"法的支配"。因此，纳税人基本权这一概念反映的是公民与国家之间深层次的关系，是纳税人履行纳税义务的制度依据和合法性保障，它直接针对国家征税、用税而发生，用以回答国家征税、用税行为甚至国家政权的正当性与合法性问题，集中体现了法治精神、宪政精神。

　　纳税人基本权这一概念和理念，本质上与中国共产党的执政理念和目标是一致的。在不同的历史时期，中国共产党所提出的"为人民谋幸福"、"为人民服务"、"三个有利于"中"有利于人民生活水平的提高"、"三个代表"重要思想中"代表最广大人民群众的根本利益"、"科学发展观"理论中的"以人为本"等等，无不强调了中国共产党从没有自己的私利，其目标在于为国民谋福利，而长期以来所宣传的税收"取之于民，用之于民"则是这一理念的具体化。在 2010 年春节团拜会上，温家宝总理说："我们所做的一切，都是为了让人民生活得更加幸福、更有尊严。"其后，温总理具体阐述了"尊严"主要指三个方面："第一，就是每个公民在宪法和法律规定的范围内，都享有宪法和法律赋予的自由和权利。第二，国家的发展最终目的是为了满足人民群众日益增长的物质文化需求。第三，整个社会的全面发展必须以每个人的发展为前提，因此，我们要给人的自由和全面发展创造有利的条件，让他们的聪明才智竞相迸发。"2010 年"两会"政府工作报告结尾部分，温家宝指出："我们所做的一切都是要让人民生活得更加幸福、更有尊严，让社会更加公正、更加和谐。"这是政府工作报告首次写进"尊严"二字，是政府理念的一次新的飞跃。

先进的理念是改革和制度建设的前提，但先进理念的落实更需要制度性保障，笔者认为，历史经验告诉我们：公民尊严的保障需要良好的社会制度安排，只有民主、法治才能真正保障人民生活得更幸福、更有尊严。当前，由于基本制度的不健全甚至缺失，我国纳税人尚未能实现对税权的控制。在征税方面，"税收法定"原则实践中未得到严格遵守，纳税人税收及税外负担沉重；在政府用税方面，虽然广大纳税人对政府官员"三公消费"、"权力自肥"、贪污浪费等现象深恶痛绝，但由于知情权、监督权的缺乏，难以对之进行有效的扼制。这种状况已经造成较为严重的后果，一方面，整个社会普遍存在着偷逃税现象，加剧了不诚信的社会风气。另一方面，由于社会保障基本制度的阙如，已导致社会生态的恶化。人们被孤岛化，大多数人只能以个人至多以家庭、血缘关系的力量，以及请求不定的社会捐助去面对莫测的命运，去承受可能突如其来的灾难，社会阶层已日趋断裂，社会共同体价值观正面临可能解体的危险。[①]

　　"一切经验表明，没有任何一种统治自愿地满足于仅仅以物质的动机或者仅仅以情绪的动机，或者仅仅以价值合理性的动机，作为其继续存在的机会。毋宁说，任何统治都企图唤起并维持对它的'合法性'的信仰。"[②] 近代政治，经历了韦伯所说的"去魅化"过程，理性统治成为政治的主流话语，统治者必须为其统治的合法性进行论证。[③] 当代中国，传统论证执政合法性的政治性宏大叙事话语，已让位于"民主"、"法治"、"人权"等法

---

　　① 媒体曾报道温家宝总理偶遇一患白血病家庭无力医治的儿童，捐出1万元并作出批示，使该患儿幸运获得救治，但目前中国有千千万万的类似患者，个人的善行无法改变基本制度阙如所造成的普遍困境。在我们身边，经常上演着考上大学因无钱交学费考生或父母自杀，患绝症无钱住院治疗而自杀、回家等死等这类的伦理悲剧。学者萧瀚在其《谁在制造伦理困境》一文中列举了多例病人对家庭生活的长期拖累之后，家属不堪重负，以致弑亲毁己求解脱的伦理惨剧。2010年国内连续发生多起幼儿园和小学学生被砍杀的恶性事件，笔者认为这一类恶性事件背后深层次的原因在于社会分配不公、贫富悬殊的日益扩大、社会保障制度的缺失以及公权力缺乏必要的约束、公民权利救济缺乏有效的途径等。

　　② ［德］马克斯·韦伯：《经济与社会》，林远荣译，商务印书馆1998年版，第239页。

　　③ 马克斯·韦伯指出，统治系统由自愿服从和信仰体系构成，而后者具有关键意义，只有确定对统治的合法信仰，才能使社会成员对现存制度予以认可并使之得以维系。参见苏国勋《理性化及其限制：韦伯思想引论》，上海人民出版社1988年版，第189页。哈贝马斯认为，"合法性的意思是说，同一种政治制度联系在一起的、被认为是正确的和合理的要求对自身有很好的论证"，"一个统治的合法性，是以被统治者对合法性的信任为尺度的"。参见［德］哈贝马斯《重建历史唯物主义》，郭官义译，社会科学文献出版社2000年版，第262、278页。"合法性"是指一种政治秩序值得被人们认可，而合法性危机是指合法性系统没有提供足够的支持动机。参见［德］尤尔根·哈贝马斯《合法化危机》，刘北成、曹卫东译，上海人民出版社2000年版。让·马克·夸克认为，合法性是"统治者与被统治者关系的评价。它是政治权力和其遵从者证明自身合法性的过程。它是对统治权力的认可"。参见［法］让-马克·夸克《合法性与政治》，佟心平等译，中央编译出版社2002年版，第51页。综上，可以看出，合法性是和公平、正义联系在一起的概念，是统治的基础，合法性来源于被治者的普遍认同。

理型合法性论证方式，1999 年宪法修正案写入"中华人民共和国实行依法治国，建设社会主义法治国家"，2004 年宪法修正案写入"公民的合法的私有财产不受侵犯"、"国家建立健全同经济发展水平相适应的社会保障制度"、"国家尊重和保障人权"，正是顺应了这一潮流，表明党和政府已开始认识到必须为执政的合法性与正当性进行新的论证。当前，"民主"、"法治"、"人权"普世价值已成为我国宪法的基本价值，我国正处于法治建设的有利时机。因此，从纳税人的角度，运用广大纳税人的力量，实现纳税人对税权的控制，具体包括：①国家征税严格依全国人大制定的税收法律进行；②全国人大所立之税法为合宪之税法；③纳税人所纳的税款真正用于公共福利等。以此来推动我国"宪法司法化"的进程，使纳税人基本权成为我国宪法的一种"保障装置"，不无鲜明的时代意义和价值。

"滥税将会颠覆正义，败坏道德，毁灭个人自由。"① 历史上，"统治者需要取得被统治者的同意这一理念，一开始是作为一个征税问题的主张而提出的，这一主张后来逐渐发展成为一种有关一切法律问题上的主张"②。哈耶克谈到英国宪政的起源时也指出："英国的宪政起源于对政府行为的控制，至少在最初的

---

① ［法］邦亚曼·贡斯当：《古代人的自由与现代人的自由》，阎克文、刘满贵译，上海世纪出版集团 2005 年版，第 156 页。

② ［美］罗伯特·达尔：《民主理论的前沿》，顾昕等译，三联书店 1999 年版，第 25 页。在中世纪西欧没有不设防的城市，所有的市民都必须共同关注城市防御，并通过议会的形式来共同承担防御经费，"因为纳税者这时是根据自己的能力为公共事业纳税，而不是为诸侯的个人利益缴纳专断的封建税。这样，税收就恢复了它在封建时期所丧失的公共性质。为了估定与征收这种税款，为了应付随着城市人口增加而产生的不断增长的需要，设立或选举市参事会很快就成了必要……12 世纪时，各处的市参事会都成为公共权力机关所承认的组织，并且成为每个城市中相沿的制度"。参见［比利时］亨利·皮朗《中世纪欧洲经济社会史》，乐文译，上海译文出版社 1964 年版，第 91 页。

时候，主要是经由对岁入的控制来实现的。从 14 世纪末起，英国开始了把财政权一步一步地移交给下议院的那种进化过程，最终到了 17 世纪末，上议院明确认可了下议院对财政法案所享有的排他性权力。"① 宪政理念发轫于财产权对统治者约束在先，亦即从发生学的角度来看，财政立宪是宪政产生的根本原因，因此，可以说"税收奠定宪政基础"②。宪政是以宪法为核心的民主政治，其核心一是对政府权力进行合理限制，二是保障公民的基本权利，因此可以说宪政是法治的另一种表述。在我国，自 1988 年国务院提出依法治税以来，税收法治在我国得到了普遍的认同。税收法治对于法治的意义非常重大，"纵观近现代法治的发展和税法的变迁，税收领域的法治状况确实深刻地影响到整个社会的法治水平"③。在我国现阶段，宪政建设最大的障碍是政府权力过大。一个可能解决的途径是通过纳税人维权，逐渐制约政府权力，实现公民权利和政府权力的恰当配置。"赋税问题在表面上几乎不具有政治的敏感度，但实际上能够成为民间力量施展影响并公开伸张的兴奋点。这也是历史经验中的宪政转型往往都是从赋税切入的重要原因。"④ 因此，税收法治是法治的突破口，税收法治在整个的法治建设过程中应当起到先导的作用。对税收法治建设而言，纳税人基本权保障为其核心。纳税人基本权从规范国家的收入和支出两个方面入手，实现对政府征税、用

---

① ［英］弗里德里希·冯·哈耶克：《法律、立法与自由》第 2、3 卷，邓正来等译，中国大百科全书出版社 2000 年版，第 426 页。

② 参见贺卫方《宪政三章》，《法学论坛》2003 年第 2 期；李炜光：《中国的财产权与税收的宪政精神》（http://www.aisixiang.com/data/detail.php? id＝20230）。

③ 刘剑文：《税法专题研究》，北京大学出版社 2002 年版，第 1 页。

④ 王怡：《国家赋税与宪政转型——对刘晓庆税案的制度分析》，香港《二十一世纪》网络版，2002 年 11 月号，总第 8 期。

税行为实行法的统治，对于改革我国财政预算收支体制，完善我国公共财政制度，使政府的公权力尤其是财政收支权受到真正和实质性的制约，推进责任政府、服务型政府的建立有重大的意义，有望成为未来中国宪政民主建设的一个逻辑起点。

参考文献

一　中文著作

1. 葛克昌：《国家学与国家法》，月旦出版公司 1996 年版。

2. 葛克昌：《税法基本问题（财政宪法篇）》，北京大学出版社 2004 年版。

3. 葛克昌：《所得税与宪法》，北京大学出版社 2004 年版。

4. 葛克昌：《行政程序与纳税人基本权》，北京大学出版社 2004 年版。

5. 黄俊杰：《宪法税概念与税条款》，传文文化事业有限公司 1997 年版。

6. 黄俊杰：《税捐基本权》，元照出版公司 2006 年版。

7. 黄俊杰：《纳税人权利之保护》，北京大学出版社 2004 年版。

8. 黄俊杰：《税捐正义》，北京大学出版社 2004 年版。

9. 黄俊杰：《财政宪法》，翰芦图书出版有限公司 2005 年版。

10. 陈清秀：《税法总论》，元照出版公司 2006 年版。

11. 陈清秀：《税法之一般原理》，三民书局 1997 年版。

12. 陈清秀：《税务诉讼之诉讼标的》，三民书局 1992 年再版。

13. 蔡维音：《全民健保财政基础之法理研究》，正典出版文化有限公司 2008 年版。

14. 蔡维音：《社会国之法理基础》，正典出版文化有限公司 2001 年版。

15. 陈新民：《法治国公法学原理与实践》（上、中、下），中国政法大学出版社 2007 年版。

16. 周永坤：《规范权力——权力的法理研究》，法律出版社 2006 年版。

17. 周永坤：《法理学》，法律出版社 2004 年版。

18. 周永坤：《宪政与权力》，山东人民出版社 2007 年版。

19. 杨海坤等：《宪法基本理论》，中国民主法制出版社 2007 年版。

20. 杨海坤、章志远：《中国特色政府法治论研究》，法律出版社 2008 年版。

21. 胡玉鸿：《“个人”的法哲学叙述》，山东人民出版社 2008 年版。

22. 胡玉鸿：《法学方法论导论》，山东人民出版社 2002 年版。

23. 许育典：《宪法》，元照出版公司 2006 年版。

24. 法治斌、董保城：《宪法新论》，元照出版公司 2006 年版。

25. 陈慈阳：《宪法学》，元照出版公司 2004 年版。

26. 许志雄等：《现代宪法论》，元照出版公司 2008 年版。

27. 程明修：《宪法基础理论与国家组织》，新学林出版公司 2006 年版。

28. 苏永钦主编：《部门宪法》，元照出版公司 2005 年版。

29. 张木雄、徐永熹、周宗宪：《宪法与国家发展》，元照出版公司 2007 年版。

30. 李震山：《人性尊严与人权保障》，元照出版公司 2001

年版。

31. 李震山：《多元、宽容与人权保障——以宪法未列举权之保障为中心》，元照出版公司 2005 年版。

32. 许宗力：《法与国家权力》，月旦出版公司 1993 年版。

33. 萧淑芬：《基本权基础理论之继受与展望——台日比较》，元照出版公司 2005 年版。

34. 城仲模主编：《行政法之一般法律原则（一）》，三民书局 1997 年版。

35. 城仲模：《行政法之基础理论》（增订新版），三民书局 1994 年版。

36. 翁岳生编：《行政法》，中国法制出版社 2002 年版。

37. 吴庚：《行政法之理论与实用》，中国人民大学出版社 2005 年版。

38. 张则尧：《财政学原理》，三民书局 1988 年增订版。

39. 蔡茂寅：《预算法之原理》，元照出版公司 2008 年版。

40. 黄世鑫、徐仁辉、张哲琛编著：《政府预算》，空中大学出版社 1995 年版。

41. 黄世鑫：《民主政治与国家预算》，业强出版社 2000 年版。

42. 黄茂荣：《税法总论：法学方法与现代税法》（一、二），植根法学丛书编辑室编辑 2005 年版。

43. 康炎村：《租税法原理》，凯仑出版社 1987 年版。

44. 林进富：《租税法新论》（增订二版），三民书局 2002 年版。

45. 张劲心：《租税法概论》（重订三版），三民书局 1979 年版。

46. 钟典晏：《扣缴义务问题研析》，北京大学出版社 2005 年版。

47. 黄士洲：《税务诉讼的举证责任》，北京大学出版社 2004 年版。

48. 葛克昌、陈清秀：《税务代理与纳税人权利》，北京大学出版社 2005 年版。

49. 张进德：《诚实信用原则应用于租税法》，元照出版公司 2008 年版。

50. 吴启玄：《限制出境制度之实务研析》，翰芦图书出版有限公司 2003 年版。

51. 王首春：《租税》，商务印书馆"百科小丛书"1933 年版。

52. 刘剑文主编：《财税法学》，高等教育出版社 2004 年版。

53. 刘剑文：《税法专题研究》，北京大学出版社 2002 年版。

54. 刘剑文、熊伟：《税法基础理论》，北京大学出版社 2004 年版。

55. 杨小强：《税法总论》，湖南人民出版社 2002 年版。

56. 莫纪宏主编：《纳税人的权利》，群众出版社 2006 年版。

57. 甘功仁：《纳税人权利专论》，中国广播电视出版社 2003 年版。

58. 胡敏洁：《福利权研究》，法律出版社 2008 年版。

59. 李季泽：《国家审计的法理》，中国时代经济出版社 2004 年版。

60. 辛国仁：《纳税人权利及其保护研究》，吉林大学出版社 2008 年版。

61. 朱孔武：《财政立宪主义研究》，法律出版社 2006 年版。

62. 刘丽：《税权的宪法控制》，法律出版社 2006 年版。

63. 樊丽明等：《税收法治研究》，经济科学出版社 2004 年版。

64. 周刚志：《论公共财政与宪政国家——作为财政宪法学的一种理论前言》，北京大学出版社 2005 年版。

65. 刘蓉、刘为民：《宪政视角下的税制改革研究》，法律出版社 2008 年版。

66. 张守文：《财富分割利器——税法的困境与挑战》，广州出版社 2000 年版。

67. 钱俊文：《国家征税权的合宪性控制》，法律出版社 2007 年版。

68. 孙健波：《税法解释研究——以利益平衡为中心》，法律出版社 2007 年版。

69. 王鸿貌、陈寿灿：《税法问题研究》，浙江大学出版社 2004 年版。

70. 施正文：《税收程序法论》，北京大学出版社 2003 年版。

71. 夏正林：《社会权规范研究》，山东人民出版社 2007 年版。

72. 涂龙力、王鸿貌：《税收基本法研究》，东北财经大学出版社 1998 年版。

73. 徐孟洲主编：《税法学》，中国人民大学出版社 2005 年版。

74. 陈少英：《中国税法问题研究》，中国物价出版社 2000 年版。

75. 林来梵：《从宪法规范到规范宪法——规范宪法学的一种前言》，法律出版社 2001 年版。

76. 张文显：《法哲学范畴研究》（修订版），中国政法大学出版社 2001 年版。

77. 孙笑侠：《法律对行政的控制》，山东人民出版社 1999 年版。

78. 吴老德：《正义与福利国家概论》（修订再版），五南图书出版公司 2001 年版。

79. 王明扬：《法国行政法》，中国政法大学出版社 1989 年版。

80. 王明扬：《英国行政法》，中国政法大学出版社 1987 年版。

81. 陈丹：《论税收正义——基于宪法学角度的省察》，法律出版社 2010 年版。

82. 季卫东：《法治秩序的建构》，中国政法大学出版社 1999 年版。

83. 季卫东：《宪政新论》，北京大学出版社 2002 年版。

84. 胡锦光：《违宪审查比较研究》，人民法院出版社 2006 年版。

85. 王传纶、高培勇：《当代西方财政经济理论》（上、下），商务印书馆 1995 年版。

86. 马寅初：《财政学与中国财政——理论与现实》（上册），商务印书馆 2001 年版。

87. 李道揆：《美国政府和美国政治》（下），商务印书馆 2004 年版。

88. 王磊：《宪法的司法化》，中国政法大学出版社 2000 年版。

89. 王亚南：《中国官僚政治研究》，中国社会科学出版社 1981 年版。

90. 周全林：《税收公平研究》，江西出版集团、江西人民出版社 2007 年版。

91. 刘瑜：《民主的细节》，上海三联书店 2009 年版。

92. 张献勇：《预算权研究》，中国民主法制出版社 2008 年版。

二 译著

1. ［日］北野弘久：《纳税者基本权论》，陈刚等译，重庆大学出版社 1996 年版。

2. ［日］北野弘久：《税法学原论》，陈刚等译，中国检察出版社 2001 年版。

3. ［日］金子宏：《日本税法原理》，刘多田等译，中国财政经济出版社 1989 年版。

4. 〔美〕B. 盖伊·彼得斯：《税收政治学——一种比较的视角》，郭为桂、黄宁莺译，江苏人民出版社 2008 年版。

5. 〔日〕小川乡太郎：《租税总论》，萨孟武译，商务印书馆 1934 年版。

6. 〔日〕大须贺明：《生存权论》，林浩译，法律出版社 2001 年版。

7. 〔澳〕布伦南、〔美〕布坎南：《宪政经济学》，冯克利等译，中国社会科学出版社 2004 年版。

8. 〔英〕洛克：《政府论》（下），叶启芳、瞿菊农译，商务印书馆 1996 年版。

9. 〔法〕霍尔巴赫：《自然政治论》，陈太先、眭茂译，商务印书馆 2002 年版。

10. 〔法〕孟德斯鸠：《论法的精神》（上），张雁深译，商务印书馆 1997 年版。

11. 〔法〕卢梭：《社会契约论》，何兆武译，商务印书馆 1980 年版。

12. 〔英〕霍布斯：《利维坦》，黎思复、黎廷弼译，商务印书馆 1985 年版。

13. 〔美〕汉密尔顿、杰伊、麦迪逊：《联邦党人文集》，程逢如等译，商务印书馆 1980 年版。

14. 〔日〕芦部信喜：《宪法》，林来梵等译，北京大学出版社 2006 年版。

15. 〔日〕阿部照哉等：《宪法》，周宗宪译，中国政法大学出版社 2006 年版。

16. 〔日〕宫泽俊义：《日本国宪法精解》，董璠舆译，中国民主法制出版社 1990 年版。

17. ［日］三浦隆：《实践宪法学》，李力、白云海译，中国人民公安大学出版社 2002 年版。

18. ［荷］亨克·范·马尔赛文、格尔·范·德·唐：《成文宪法——通过计算机进行的比较研究》，陈云生译，北京大学出版社 2007 年版。

19. ［德］康德拉·黑塞：《德国联邦宪法纲要》，李辉译，商务印书馆 2007 年版。

20. ［美］詹姆斯·M. 布坎南：《民主财政论》，穆怀朋译，商务印书馆 1993 年版。

21. ［美］詹姆斯·M. 布坎南、戈登·塔洛克：《同意的计算：立宪民主的逻辑基础》，陈光金译，中国社会科学出版社 2000 年版。

22. ［美］布坎南、瓦格纳：《赤字中的民主》，刘廷安、罗光译，北京经济学院出版社 1988 年版。

23. ［美］詹姆斯·M. 布坎南：《自由、市场与国家》，平新乔译，上海三联书店 1989 年版。

24. ［美］詹姆斯·M. 布坎南：《宪法秩序的经济学与伦理学》，朱泱等译，商务印书馆 2008 年版。

25. ［美］詹姆斯·M. 布坎南：《财产与自由》，韩旭译，中国社会科学出版社 2002 年版。

26. ［英］弗里德里希·冯·哈耶克：《法律、立法与自由》第 1、2、3 卷，邓正来等译，中国大百科全书出版社 2000 年版。

27. ［美］罗纳德·德沃金：《认真对待权利》，信春鹰、吴玉章译，中国大百科全书出版社 1998 年版。

28. ［德］亚图·考夫曼：《类推与"事物本质"——兼论类型理论》，吴从周译，学林文化事业有限公司 1999 年版。

29. ［美］穆雷·罗斯巴德：《权力与市场》，刘云鹏等译，新星出版社 2007 年版。

30. ［美］理查德·派普斯：《财产论》，蒋琳琦译，经济科学出版社 2003 年版。

31. ［英］亚当·斯密：《国富论》，唐日松等译，华夏出版社 2005 年版。

32. ［英］威廉·韦德：《行政法》，徐炳译，中国大百科全书出版社 1997 年版。

33. ［美］施瓦茨：《行政法》，徐炳译，群众出版社 1986 年版。

34. ［美］L. 亨金：《权利的时代》，信春鹰等译，知识出版社 1997 年版。

35. ［美］路易斯·亨金、阿尔伯特·J. 罗森塔尔：《宪政与权利》，郑戈等译，三联书店 1996 年版。

36. ［美］斯蒂芬·L. 埃尔金等编：《新宪政论》，周叶谦译，三联书店 1997 年版。

37. ［美］爱德华·S. 考文：《美国宪法的"高级法"背景》，强世功译，三联书店 1996 年版。

38. ［日］杉原泰雄：《宪法的历史——比较宪法学新论》，吕昶等译，社会科学文献出版社 2000 年版。

39. ［美］C. H. 麦基文：《宪政古今》，翟小波译，贵州人民出版社 2004 年版。

40. ［美］博登海默：《法理学——法律哲学与法律方法》，邓正来译，中国政法大学出版社 1999 年版。

41. ［美］斯科特·戈登：《控制国家——西方宪政的历史》，应奇等译，江苏人民出版社 2001 年版。

42. ［美］阿兰·S. 罗森鲍姆编：《宪政的哲学之维》，郑戈、刘茂林译，三联书店 2001 年版。

43. 〔英〕戴雪:《英宪精义》,雷宾南译,中国法制出版社 2001 年版。

44. 〔美〕史蒂芬·霍尔姆斯、凯斯·R. 桑斯坦:《权利的成本——为什么自由依赖于税》,毕竞悦译,北京大学出版社 2004 年版。

45. 〔美〕弗里德曼:《选择的共和国——法律、权威与文化》,高鸿钧译,清华大学出版社 2005 年版。

46. 〔美〕范伯格:《自由、权利和社会正义——现代社会哲学》,王守昌、戴栩译,贵州人民出版社 1998 年版。

47. 〔日〕田中英夫、竹内昭夫:《私人在法实现中的作用》,李薇译,法律出版社 2006 年版。

48. 〔美〕查尔斯·A. 比尔德:《美国宪法的经济观》,何希齐译,商务印书馆 1984 年版。

49. 〔印〕阿马蒂亚·森:《以自由看待发展》,任赜、于真译,中国人民大学出版社 2002 年版。

50. 〔美〕米尔顿·弗里德曼:《资本主义与自由》,张瑞玉译,商务印书馆 2007 年版。

51. 〔美〕曼瑟尔·奥尔森:《集体行动的逻辑》,陈郁等译,上海三联书店、上海人民出版社 1995 年版。

52. 〔美〕曼瑟尔·奥尔森:《权力与繁荣》,苏长和、稽飞译,上海世纪出版集团、上海人民出版社 2005 年版。

53. 〔美〕曼瑟尔·奥尔森:《国家的兴衰——经济增长、滞胀和社会僵化》,李增刚译,上海世纪出版集团、上海人民出版社 2005 年版。

54. 〔美〕诺斯:《经济史中的结构与变迁》,陈郁等译,上海三联书店 1994 年版。

55. 〔美〕罗尔斯:《正义论》,何怀宏等译,中国社会科学出版社 1988 年版。

56. ［英］弗里德里希·冯·哈耶克：《通往奴役之路》，王明毅、冯兴元等译，中国社会科学出版社 1997 年版。

57. ［美］罗伯特·诺齐克：《无政府、国家和乌托邦》，姚大志译，中国社会科学出版社 2008 年版。

58. ［美］菲利浦·T. 霍夫曼、凯瑟琳·诺伯格编：《财政危机、自由和代议制政府（1450—1789)》，储建国译，格致出版社、上海人民出版社 2008 年版。

59. ［美］乔纳森·卡恩：《预算民主：美国的国家建设和公民权（1890—1928)》，叶丽娟等译，格致出版社、上海人民出版社 2008 年版。

三　期刊、论文集论文

1. 黄俊杰：《纳税者权利保护法草案之立法评估》，《月旦法学杂志》2006 年第 134 期。

2. 陈清秀：《纳税人权利保障之法理——兼评纳税人权利保护法草案》，《法令月刊》第 58 卷第 6 期。

3. 陈清秀：《税捐法定主义》，载李震山等编《当代公法理论——翁岳生教授六秩诞辰祝寿文集》，元照出版公司 1993 年版。

4. 陈清秀：《财产权保障与税捐的课征》，《植根杂志》第 10 卷第 6 期。

5. 葛克昌：《论纳税人权利保障法的宪法基础》，载吴从周等编《论权利保护之理论与实践——曾华松大法官古稀祝寿论文集》，元照出版公司 2006 年版。

6. 葛克昌：《租税国家之婚姻家庭保障任务》，《月旦法学杂志》2007 年 3 月第 142 期。

7. 葛克昌：《制度性保障与地方税》，《法令月刊》第 59 卷第 5 期。

8. 陈敏：《宪法之租税概念及其课征限制》，《政大法学评论》第 24 期。

9. 陈敏：《租税课征与经济事实之掌握》，《政大法学评论》第 26 期。

10. 陈敏：《租税法之解释函令》，《政大法学评论》1997 年 6 月第 57 期。

11. 陈敏绢：《日本纳税者基本权利之初探》，《财税研究》2004 年第 7 期。

12. 廖钦福：《租税国理念与纳税者基本权保障》，《税务旬刊》第 1824 期。

13. 廖钦福：《财政宪法与纳税者权利保障》，载许志雄、蔡茂寅、周志宏主编《现代宪法的理论与实现》，元照出版公司2007 年版。

14. 廖钦福：《纳税者权利保护的新视角》（上、中、下），《税务旬刊》第 1938、1941、1944 期。

15. 廖钦福：《财政公开、纳税者诉讼与纳税者权利保障的实现》（上），《税务旬刊》2006 年 10 月第 1983 期。

16. ［日］三木义一：《海扎尔的税法学思想》，陈刚译，《外国法学研究》1995 年第 2 期。

17. ［日］北野弘久：《和平、福利国家的发展与纳税者权利保护》，郭美松译，载刘剑文主编《财税法论丛》第 1 卷，法律出版社 2002 年版。

18. 郭介恒：《纳税者应有之权利保护——以程序正当为中心》，《月旦法学杂志》2006 年 10 月第 137 期。

19. 黄源浩：《从"绞杀禁止"到"半数原则"——比例原

则在税法领域之适用》,《财税研究》第 36 卷第 1 期。

20. 萧文生:《现代民主法治国原则下的政府审计制度》,《中正法学集刊》第 18 期。

21. 张国清:《法律人如何看待税务法令——从税捐稽征实务谈税法解释之相关问题》,《月旦法学杂志》1997 年 1 月第 20 期。

22. 戴铭昇:《论课税依据及其解释方法对人民财产权之保障——评司法院大法官会议释字第 508 号解释》,《法令月刊》第 54 卷第 5 期。

23. 柯格钟:《税法之解释函令的效力——以税捐实务上娼妓所得不予课税为例》,《成大法学》第 12 期。

24. 柯格钟:《量能原则作为税法之基本原则》,《月旦法学杂志》2006 年 9 月第 136 期。

25. 孙迺翊:《社会救助制度中受救助者的人性尊严保障》,《月旦法学杂志》2006 年 9 月第 136 期。

26. 庄国荣:《解释函(令)的适用范围——以税法为例》,《植根杂志》第 1 卷第 8 期。

27. 〔日〕金子宏:《租税法律主义——评释日本最高裁判所昭各卅三年三月廿八日第二小法庭判决》,陈清秀译,《植根杂志》第 4 卷第 4 期。

28. 蔡宗珍:《人性尊严之保障作为宪法基本原则》,《月旦法学杂志》1999 年第 45 期。

29. 蔡维音:《财产权之保护内涵与释义学结构》,《成大法学》第 11 期。

30. 詹镇荣:《社会国原则——起源、内涵及规范效力》,《月旦法学教室》第 41 期。

31. 詹镇荣:《社会国原则——责任主体、类型及界限》,《月旦法学教室》第 42 期。

32. 简玉聪：《日本社会保障法理论之再探讨——以生存权理论为中心》，载《黄宗乐教授六秩祝贺论文集（公法学篇）》（一），学林出版社 2002 年版。

33. 刘剑文：《关于我国税收立宪的建议》，《法学杂志》2004年第 1 期。

34. 童春林：《财政立宪问题探析》，《法学杂志》2008 年第2 期。

35. 王怡：《立宪政体中的赋税问题》，《法学研究》2004 年第 5 期。

36. 王怡：《国家赋税与宪政转型——对刘晓庆税案的制度分析》，香港二十一世纪网络版，2002 年 11 月号，总第 8 期。

37. 熊伟：《税收的法律特征及其宪法界限》，《武汉理工大学学报》2004 年第 5 期。

38. 翟继光：《税收法定原则比较研究——税收立宪的角度》，《杭州师范学院学报》2005 年第 2 期。

39. 翟继光：《论税法学研究范式的转化——中国税法学的革命》，载刘剑文主编《财税法论丛》第 4 卷，法律出版社 2004年版。

40. 翟继光：《从"以人为本"来看我国个人所得税制度的缺陷与完善》，《税务研究》2009 年第 3 期。

41. 翟继光：《论税法的道德性——税法不能承受之重》，《西南政法大学学报》2008 年第 1 期。

42. 韩大元、冯家亮：《中国宪法文本中纳税义务条款的规范分析》，《兰州大学学报》2008 年第 6 期。

43. 范毅：《中国宪法文本上的"财政"概念群》，《财贸研究》2008 年第 6 期。

44. 戴激涛：《预算审议：公共财政的制度根基》，《学术研究》2009 年第 7 期。

45. 王鸿貌：《税收合法性研究》，《当代法学》2004 年第 4 期。

46. 李刚、周俊琪：《从法解释的角度看我国〈宪法〉第五十六条与税收法定主义——与刘剑文、熊伟二学者商榷》，《税务研究》2006 年第 9 期。

47. 李一花：《"财政自利"与"财政立宪研究"》，《当代财经》2005 年第 9 期。

48. 李龙、朱孔武：《财政立宪主义：我国宪法时刻的理论基础》，《法学杂志》2004 年第 1 期。

49. 陈必福：《财政立宪：我国宪政建设之路径选择》，《亚太经济》2005 年第 6 期。

50. 江国华、韩姗姗：《从村民社会到公民社会——宪法与新农村建设的财政视角》，《岭南学刊》2007 年第 2 期。

51. 史学成：《税收国家的立宪要求》，载刘剑文主编《财税法论丛》第 3 卷，法律出版社 2004 年版。

52. 丁一：《宪政下我国纳税人权利保护机制之设计》，载刘剑文主编《财税法论丛》第 5 卷，法律出版社 2004 年版。

53. 贺卫方：《宪政三章》，《法学论坛》2003 年第 2 期。

54. 钱福臣：《宪法中私有财产权与社会保障权的优先顺位及其社会功效》，《苏州大学学报》2009 年第 5 期。

55. 史探径：《世界社会保障法的起源和发展》，《外国法译评》1999 年第 2 期。

56. 王建学：《论社会保障权的司法保护》，《华侨大学学报》2006 年第 1 期。

57. 张弘：《欧盟宪法公民社会权司法救济及借鉴》，《北方法学》2009 年第 6 期。

58. 钟会兵、李龙：《社会保障权可诉性分析：背景、规范与实践》，《武汉大学学报》2009 年第 6 期。

59. 钟会兵：《论社会保障权实现中的国家义务》，《学术论坛》2009 年第 10 期。

60. 钟会兵：《作为宪法权利的社会保障权——基于文本与判例分析》，《学术论坛》2005 年第 10 期。

61. 聂鑫：《宪法社会权及其司法救济——比较法的视角》，《法律科学》2009 年第 4 期。

62. 张雪莲：《南非社会权司法救济的方式评析》，《河南政法管理干部学院学报》2009 年第 3 期。

63. 龚向和：《通过司法实现宪法社会权——对各国宪法判例的透视》，《法商研究》2005 年第 4 期。

64. 刘诚：《社会保障法概念探析》，《法学论坛》2003 年第 2 期。

65. 石宏伟、周德军：《论社会保障权和我国社会保障立法的完善》，《江苏大学学报》2005 年第 5 期。

66. 李运华：《社会保障权原论》，《江西社会科学》2006 年第 5 期。

67. 李磊：《社会保障权的宪法保护问题研究》，《河北法学》2009 年第 10 期。

68. 沈洁：《中国社会福利政策建构的理论诠释》，《社会保障研究》2005 年第 1 期。

69. 苗连营、程雪阳：《分税制、地方公债与央地财政关系的深化改革——基于立宪主义的视角》，《河南省政法管理干部学院学报》2009 年第 4 期。

70. 孙一冰：《纳税人维权社会化》，《中国税务》2004 年第

7 期。

71. 刘学峰、冯绍伍：《国外保护纳税人权利的基本做法及借鉴》，《涉外税务》1999 年第 8 期。

72. 张富强、肖丹颖：《浅论我国税法解释制度的完善》，《美中法律评论》2005 年第 2 卷第 4 期。

73. 李刚：《契约精神与中国税法的现代化》，《法学评论》2004 年第 4 期。

74. 张千帆：《宪法不应该规定什么》，《华东政法学院学报》2005 年第 3 期。

75. 王世涛：《宪法不应该规定公民的基本义务吗？——与张千帆教授商榷》，《时代法学》2006 年第 5 期。

76. 肖雪慧：《〈西方公民不服从的传统〉漫谈》，《东方文化》2002 年第 2 期。

77. 李炜光：《论税收的宪政精神》，《财政研究》2004 年第 5 期。

78. 李炜光：《宪政：现代税制之纲》，《现代财经》2005 年第 1 期。

四 学位论文

1. 潘英芳：《纳税人权利保障之建构与评析——从司法保障到立法保障》，法律研究所硕士论文，台湾大学，2007 年。

2. 林瑞丰：《"我国"纳税者权利保护之探讨——以"大法官会议解释"为中心》，会计学系硕士论文，逢甲大学，2007 年。

3. 周宗宪：《宪法上人民最低生存权的性质与司法保障——我国与日本学说及司法判决（大法官释宪）见解的检讨》，法律学研究所博士论文，辅仁大学，2002 年。

4. 林宇文：《贫穷议题法规范之研究》，中山学术研究所硕士论文，"国立"中山大学，2005 年。

5. 黄士洲：《税法对私法的承接与调整》，法律研究所博士论文，台湾大学，2007 年。

6. 刘正伟：《宪法上地方课税自主权之研究》，法律学研究所硕士论文，台湾大学，2005 年。

7. 蓝元骏：《熊彼特租税国思想与现代宪政国家》，法律学研究所硕士论文，台湾大学，2005 年。

8. 林子杰：《人之图像与宪法解释》，法律学研究所硕士论文，台湾大学，2006 年。

9. 郑明政：《生存权的宪法规范与保障方式——检讨日本与美国学说及判例》，日本研究所硕士论文，淡江大学，2006 年。

致　　谢

本书是在我博士论文的基础上修改而成的。感谢命运之神让我在美丽的东吴校园度过了难忘的四年时光，期间有很多人和事令我感激而永志不忘！

感谢恩师周永坤教授！我是历史学专业的逃逸者，承蒙周师不弃而招入门下。四年耳提面命，弟子深深感受到周师耿直的性情、严谨的学风、深厚的学术造诣、高洁的人格品性，以及学术研究中深切的社会关怀。受周师影响，弟子亦养成高度关注当代中国社会现实的学术理路。本毕业论文从选题、构思到结构等，倾注了周师大量的心血。我会继续努力的，以所学的专业知识来奉献和服务于普罗大众，希望能不辜负周师的期望。

感谢杨海坤教授！杨师高屋建瓴，时常只言片语即令学生顿开茅塞，杨师广阔的学术视野、平易近人的风范、恢弘大气的性格令学生仰止！杨师乐于提携后进，令学生感动！

感谢胡玉鸿教授！从胡师法学方法论课程中学生获益良多，胡师极丰富的藏书、博览群书、博闻强记与旁征博引，着实令学生羡慕！胡师颇融古之士人与侠者之风，为人古道热肠，得遇亦师亦友的胡师，不亦幸哉！

感谢导师组成员陈立虎教授、黄学贤教授、李晓明教授、王克稳教授、孙莉教授、艾永明教授对论文写作的指导及所提出的宝贵修改意见！感谢答辩组主席关保英教授提出的中肯修改建议！感谢高积顺教授、庞凌副教授、于晓琪副教授对我的帮助！

感谢北野弘久、葛克昌、黄俊杰、陈清秀、李炜光、刘剑文等学者！从他们的著作和论文中，我不仅得以旁窥税法学的堂奥，而且体会到学者的良知与社会责任！在此要特别感谢北野弘久教授和葛克昌教授，本书中我的部分观点直接或间接来自这两位著名税法学者的专著和论文的启发！

感谢陈刚教授、熊伟教授、廖钦福助理教授等学者百忙中应我这一学界无名后辈的冒昧请求而慷慨惠寄大作！感谢蒋华、钟才君、龚云普、陈怡璇等朋友帮我从武汉大学、南京大学、西南政法大学、中山大学、厦门大学、华东政法大学、台湾大学等高校图书馆复印珍贵的研究资料！

感谢云南行政学院学报刘强副主编、李保林编辑和理论与改革白林编辑，河南社会科学吕学文编辑，武汉理工大学学报高文盛编辑，延边大学学报金正一主编、金莹编辑，山东科技大学学报董兴佩编辑，辽宁师范大学学报林凤萍编辑！在读书人希望将所写的文字变成铅字已渐成奢望的今天，谢谢你们对我的厚爱！有缘投稿相识相知，你们的认可与鼓励，特别是刘强副主编的"我们刊物重点扶持有学术潜力的青年学者"以及金正一主编"只要你文章好，我们刊物一年可以用你三篇"的许诺给了我前进的动力！

感谢薛华勇、苏治、杜学文、杨振宏、李瑰华、吕成、陈军、金亮新、徐晓明、易波、葛先园、吴鹏飞、汪祥胜等同学！和你们一起进行学术探讨，常使我产生灵感。感谢老张、琼雯、赵娴、赵哲等在东吴相识相知的朋友！谢谢你们的友谊！你们在我心灵里已打下了深深的烙印，我将永远铭记我们曾经在一起的美好时光！

感谢我工作单位江苏技术师范学院夏东民、朱爱胜、崔景贵、洪燕云、李秋新、龙一平、张晓忠、秦苏滨等领导、朋友对我学业的关心与支持！感谢江苏技术师范学院科研处对本书的出版给予资助！

感谢广东惠州的罗如洪、朱启珍、蔡义、邓礼萍律师，谢谢你们当年引我进入法律之门。感谢江苏常州的沈克平、鞠明、鲁良彬、张剑峰律师，和你们一起共事非常愉快！

感谢中国社会科学出版社敬业的编辑王茵博士，您的出色编辑工作为本书增色不少！

感谢我的父母、岳父母支持我的学业，时常感到未能充分尽到孝道而不安，感谢姐姐、弟弟长期以来悉心照顾父母！

感谢妻子蒋莉副教授，谢谢你一直以来对我的宽容与鼓励！

文章千古事，得失寸心知。不管前路如何，至少我曾经努力过！谢谢曾经给过我帮助的人们！是为记！

高军

2011.1

重印后记

本书是在我的博士毕业论文基础上修改出版的，自初版第一次印刷迄今已逾三载，坊间已告售罄，非常感谢敬业的责任编辑王茵博士多方联系争取到这次重印的机会！

2007年年初，面临博士毕业论文开题，当时苦苦思索选题甚至到了食不甘味、夜不能寐的地步。5月31日深夜，财政部宣布上调股市交易印花税，造成股市哀鸿一片，第二天看到相关报道突然有一个选题跃入脑海——从财税入手，研究财税宪政问题，后与导师商量获得了导师的支持。

选题确立后，我开始大量阅读财税法方向的文献资料。当时阅读大陆的税法学书籍尤其是税法学教材，一个最大的感受就是这些书籍的法理含量严重不足，几乎所有的税法学教材只能被称为"税收管理学"，这些教材主要围绕现行税收法律、法规、规范性文件的简单诠释与适用，普遍缺乏法学思维与法学方法。

一个偶然的机会，看到陈刚教授翻译的日本著名税法学家北野弘久教授的《税法学原论》，旋即被深深吸引，徜徉沉醉其中，叹服北野税法学义理之精妙。其后，阅读了台湾大学葛克昌教授的《国家学与国家法：社会国、租税国与法治国理念》、《税法基本问题（财政宪法篇）》、《所得税与宪法》、《行政程序与纳税人基本权》等税法文集，更是如醍醐灌顶。两位学者从纳税人权利出发，努力将税法这匹脱缰的野马驯服于宪法价值观与宪法秩序之下，构建了各具特色的精妙的税法学体系。通过阅读两位教授的著作，我确立了自己的研究方向与研究路径——基于财政宪法的定位，从纳税人宪法基本权的角度来研究税法基础理论。

税收是无对价的公法上强制性金钱给付，是对公民财产权的"侵犯"。事实上，对公民财产最大的威胁不是来自于其他公民，而是来自于政府不合理的征税行为。另外，私人的抢劫至少可以求诸公权力救济，但是面对来自政府的征税，纳税人只能诉诸苍天了。考诸世界近现代历史，英、美、法等国资产阶级革命均因纳税问题而引发，因此，法治先进的诸国宪法中均写入财产权保障、税收法定等内容以作为公民财产权保障之武器。

虽然我国《立法法》、《税收征管法》中明确了税收法定的原则，但遗憾的是实践中税收法定并没有得到严格的执行。在改革开放初期的 1984 年，全国人大常委会通过《关于授权国务院改革工商税制发布有关税收条例草案试行的决定》，将税收立法权概括性、一揽子授予了国务院，最终不可避免的发生了"如果在授权法中没有规定任何标准制约委任立法，行政机关等于拿到了一张空白支票，它可以在授权的领域里任意制造法律"的结果。事实上，我国现行的 18 个税种中，只有个人所得税、企业所得税、车船税为全国人大或全国人大常委会通过法律的形式征收，其余的 15 个税种均通过国务院条例或暂行条例的形式征收，甚至像消费税、契税等一些常见的、重要的税种，条例只用区区十余条款来规范，税法之疏漏实可吞舟！大部分税收法律、行政法规根本没有可操作性，只能由税务总局通过函令的形式予以补充，甚至连税收的核心要素税率的变动都委诸财政部、税务总局决定，遂形成税收领域事实上的函令行政。至于税收征收实务中，更是权力主导，政府患上了财政饥渴症，征税以汲取更多的财政收入为目的，忽略了纳税人权利保护。我国税收领域的这种行政主导税收立法、税制简单、税政复杂、事实上的函令行政的情况，使纳税人遇到涉税问题即如堕烟雾，甚至动则得咎。至于税征上来之后如何使用，纳税人似乎更无置喙的机会。税收"取之于民，用之于民"始终只停在纳税宣传的层面，并无具体的制度来保障。

从财政社会学的视角来审视，可以发现目前我国转型时期很多社会问题的发生，其深层次根源即在于不合理的财税制度。时代呼唤税的征收与使用必须实现从权力本位向纳税人权利本位的转型，将政府征税与用税权力关进笼子已成为时代的强音。本书面世后，我国财税领域发生的一系列变化应证了以上判断：十八大提出国家治理现代化；十八届三中全会对"深化财税体制改革"作出专门部署，提出完善税收体制，建立现代财政制度；随后中央政治局审议通过了《深化财税体制改革总体方案》，吹响了建立现代财政制度改革的号角；十二届全国人大常委会第十次会议修改《预算法》，强化预算约束，加强对预算的管理和监督；十八届四中全会提出全面推进依法治国战略，明确"依宪治国"的方略；2015 年 1 月 14 日，国务院印发《关于机关事业单位工作人员养老保险制度改革的决定》，终结养老金"双轨制"。党和政府已充分认识到征税、用税问题并非仅仅是单纯的经济问题，完善征税、用税体制必须立足于宪法，在尊重宪法的基础上建立现代财税体制实现国家治理的现代化已成为执政党的共识和时代的最强音。

就在重写本后记时，适逢油价三连降而燃油消费税却三连升，对比发达国家低廉的油价，纳税人切实感受到税痛，"有权，任性"的批评滥殇于微信圈，未经纳税人许可而征税受到普遍的质疑。形势比人强，通过财税体制改革来解决当前突出的经济社会问题，缓解社会矛盾，实现经济社会平稳转型，已成为不容回避的时代命题。作为读书人，恭逢变革时代，能亲身参与时代变革之鼓呼，不亦幸哉！

感谢导师周永坤教授，2006 年我以初生牛犊之莽撞报考周老师博士，蒙周师不弃，成为周老师 21 位博士中唯一一位非法学专业考取的幸运者。四年的耳提面命，与导师建立了心灵上的相通与精神上的默契，导师以平民法理的精神、高洁的品性教育了我如何做人、做学问，时刻敦促我在是非问题上不能稍有懈怠。

在东吴求学期间，我有幸得到多位老师的指点，尤其特别感谢高屋建瓴、大气恢弘的杨海坤教授和博览群书、质朴敦厚、侠士古风的胡玉鸿教授！

2013 年 8 月至 2014 年 2 月，我有幸于台湾大学法律学院财税法学研究中心访学，期间亲炙葛克昌教授《税捐稽征法》、《税务诉讼专题研究》等课程，葛老师谦谦儒雅、温润如玉、授课不急不徐、娓娓道来给我留下了深刻的印象！在台大访学期间得到葛老师、师母的热情接待，葛老师多次赠送我各种生活用品、精美可口的点心，师母还帮我买了人身意外保险，点点滴滴，思之常感温暖。

感谢台湾大学蔡茂寅教授、黄茂荣教授、台湾东吴大学陈清秀教授、北京大学刘剑文教授、武汉大学熊伟教授、天津财经大学李炜光教授、上海交通大学许多奇教授、中国政法大学施正文教授、吉林大学那力教授、华东政法大学陈少英教授，在学术研究上受到诸位财税法前辈的启发良多！

感谢我工作单位江苏理工学院周兰珍、崔景贵、汤建石、侯强、龙一平、宋国英、洪燕云、秦苏滨、张晓忠以及苏州大学夏东民、南京艺术学院米如群、无锡职业技术学院朱爱胜等领导、朋友对我学业和工作的关爱和帮助！

感谢杜学文、薛华勇、张今文、王琼雯、汪祥胜、赵娴、赵哲等好友，我们同在美丽的东吴求学的岁月已深深嵌入我的记忆深处！

高军

2015 年 1 月

三印后记

　　本书初版于 2011 年 7 月，2015 年 2 月第二次印刷，迄今坊间已售罄，遂有第三次印刷。在学术书籍出版不景气的今天，本书能有三次印刷的机会，实属幸运，首先应归功于敬业的责任编辑王茵博士的大力支持，其次应归因于近年财税法学研究的异军突起和研究队伍的不断壮大，再则应归因于财税问题广受媒体与公众的关注。

　　2016 年年底，国内有关媒体相继报道"死亡税率"的问题，掀起了一场有关"死亡税率"的讨论。著名财政学者李炜光教授直言不讳地指出目前中国企业的税负过重，40％的税负对中国企业意味着死亡，可以称之为"死亡税率"。随后，玻璃大王曹德旺先生对比中美两国企业的生产成本，吐槽"中国税收全球最高"的言论更是一石激起千层浪。2016 年年末，国内媒体减税的呼声达到顶点。国家税务总局 12 月 21 日、22 日接连转载多篇文章，为税负辩护，指出"'死亡税率'说法不靠谱，更多属于情绪表达"、"'死亡税率'之说，严重误导了社会公众"云云。

　　以上争论，揭示了一个深刻的问题：税负是否沉重，到底谁说了算？

长期以来，在中国，对纳税人负担的认识一直存在着理论与现实的分歧。虽然中国法律明文规定的名义税率与发达国家相比可能看上去并不是很高，但中国的现实情况是除了名义上的税率，企业实际还要承受社保费、规费、罚款、甚至还包括因地区法治环境不佳而带来的潜规则成本等负担，以及由于大量行政垄断存在而带来的高地价、高房价、高油价、高过路费等成本。与此相对应的是，地方政府的财政收入包括预算内收入与预算外收入，而预算外收入则又包括制度内收入与制度外收入。此外，企业感到税负沉重另外还有一个重要原因是：长期以来，中国的高税率一直存在，此前由于信息化水平不高、征管手段缺乏以及一些地方政府为发展地方经济而故意"放水养鱼"等原因，企业得以通过事实上的偷逃税在某种程度上抵消了高税率对企业的伤害，但随着征管机关信息化水平的提高，大数据在税收征管中的广泛应用，以及税务风险管理的加强，"金税三期"工程的上马，全面营改增的推行，税务机关严格按照税法规定的税率对企业应征尽征，高税率对企业的伤害遂开始显现。

这些都是现实的存在，但并没有写在文本中，不是"纸面上的法律"，而是"行动中的法律"。争辩双方一方基于纸面上法律规定的"理论知识"，而另一方则基于自身体验的"实践知识"，因此，难免自说自话，难以达成共识，最终辩论只能不了了之。虽然税局官方和一些站在官方立场的学者认为中国的税率不高，但并不能掩盖近年来中国实体经济越来越空心化、民营企业大量倒闭和迁至外国的现实。

当前，我国改革已进入深水区，官方与民间缺乏共识已成为阻碍改革进一步走向深入的严重障碍。举税制改革为例，很多民众担心财税领域的改革会成为增税的代名词。长期以来，与民众生活密切相关的房产交易契税、股票交易印花税、以及燃油税的税率经常处于变动不居的状态，目前环境保护税已出台，房产税、遗产税呼之欲出，民众基于自身的体验，产生财税改革就是增税的理解其实不无原因。

就在写这篇后记时，又逢一年毕业季，校园里弥漫着离别的味道，一些考取行政机关、事业单位编制以及进入国企的同学意气风发，而不少进民企工作的同学则显得萎靡不振，整个社会对大学毕业生的评价仿佛是如果没有进入体制内工作在某种程度上相当于失业。记得本人1997年硕士毕业时，进外企是当时毕业生的首选，但曾几何时，风水轮流转，进入体制内工作又成了年轻人普遍的首选，难免着实让人产生"三十年河东，三十年河西"、今夕何夕之叹。可是，如果优秀的年轻人争相进入不创造财富的体制内工作，那么由谁来创造社会财富、"创新性社会"从何谈起？转变经济发展方式已提出多年，但如果不解决"食税者众"的问题，转变经济发展方式又从何谈起呢？

财税问题，从来都不仅仅是经济问题，更主要的是宪法问题、政治问题，是国家治理现代化的核心。"信心比黄金重要"、"民心是最大的政治"，树立民众的信心是深化财税体制改革、实现国家治理的现代化、以及任何一项改革取得成功的前提。当前，我国财税领域中的很多现实问题，都需要财税法学学术研究做出回应：例如，当前最热的"一带一路"战略，是政府投资占主角还是民营资本占主角？如果是政府投资，如何保证投资决策程序的合法性以及投资效率与投资责任？当前中国已全面实施"二孩政策"，老年社会也已悄然来临，政府应如何构筑社会安全网以保障民众符合人性尊严标准的生活？作为学者，通过学术研究普及常识，以此来促进社会的理性化，使社会从分歧走向达至基础性共识，使官方与民间对立得以消弭，是时代赋予学者的使命。

　　感谢北京大学刘剑文教授！2015 年本人参加财税法学术研讨会期间曾不揣浅陋将本书敬赠刘教授斧正，后刘教授在北京大学财经法研究中心的微信公众平台上向学界隆重推荐本书。先生之风，山高水长，感谢刘教授对学界后辈的褒奖和提携！

　　感谢常州地税局局长钱俊文博士！钱博士不仅是精通财税法理论与实务的专家，更难能可贵的是他具有深切的平民情怀，身体力行倡导尊重和保护纳税人权利，在常州地税系统率先试点纳税人保护官制度，本人有幸参与该制度的设计与论证，学术研究能为社会做些许贡献是读书人最大的安慰和乐趣。

高军

2017 年 5 月 31 日